KB071484

SELF US MEMBERSHIP

**SUM** 아이들의 자기인식, 타인수용, 역할수용을 위한

# 사회성 발달 가이드북

김지은 · 이지현 · 박희정 · 변미선 공저

자기인식
Self

역할수용
Membership

타인수용
Us

학지사

# 머리말

--------------------------------------------------------

　발달장애 아동들을 위한 개별화된 치료 지원이 점차 전문화되어 가면서 현장에서는 아이들의 전인적 성장과 주체적인 삶을 위해 필요한 사회성 발달 지원에 대한 관심과 요구도 함께 많아지고 있다. 또한 몇 해 전 갑작스럽게 시작된 코로나19 팬데믹의 영향으로 사회성을 함양할 수 있는 환경적인 제약이 많음에도 불구하고 여전히 치료 현장이나 교육 기관에서는 발달장애 아동들을 위한 사회성 지도에 관심과 열의는 더욱 커져 가고 있다. 우리는 이러한 관심 속에서 책을 준비함에 있어 수년간 현장에서 많은 장애 아동과 부모를 만나 지원하면서 사회성 함양이야말로 우리 아이들이 세상으로 나아갈 수 있는 통로가 되며 개별화된 치료 지원의 최종 목표가 될 수 있음을 직접 느끼고 확인할 수 있었다.

　최근 많은 치료 현장에서 발달장애 아동을 대상으로 한 사회성 프로그램을 진행하고 있지만, 각 치료 영역마다 별개로 사회성 프로그램을 진행하는 곳이 많으며 치료사와 부모가 참고할 만한 사회성 관련 도서가 부족한 것이 현실이다. 또한 사회성을 지도하는 초보 치료사들은 아이들에게 주호소나 발달수준에 맞지 않는 보편적인 사회적 기술만을 습득하도록 요구하거나, 효과적인 지도 방안을 찾지 못해 난감해하는 경우도 있다. 이에 우리는 발달장애 아동에게 '사회성'을 지도함에 있어 아이만이 가지는 특성과 발달수준, 주호소를 고려하여 통합적이고 장기적이며 아동 중심적인 관점으로 접근해야 한다는 뜻을 모았다. 각 치료 영역의 치료사들이 현장에서 고민하고 경험한 내용을 바탕으로 사회성을 지도하는 초보 치료사나 부모에게 도움이 되고자 발달장애 아동을 위한 사회성 지도 가이드로서 'SUM(Self Us Membership)'을 제작하게 되었다.

　사회성은 사회에 적응하는 개인의 소질이나 능력, 대인 관계의 원만성을 의미하는 것에서 나아가, 우리 아이들이 자기이해를 바탕으로 있는 그대로 자기 자신을 드러내며 상대방과 소통하고 공감하는 경험을 통해 자신이 살아가는 세상의 한 구성원으로서 성장해 나갈 수 있게 하는 능력을 말한다. 이러한 사회성 함양을 위해 고안된 SUM은 우리 아이들이 자신의 삶과 세상에서 나, 우리, 사회의 구성원으로 성장하며 주체적으로 살아갈 수 있도록 지원하는 프로그램이다.

SUM에서는 사회성 영역을 자기인식, 타인수용, 역할수용으로 나누고 있으며 각 영역에 해당하는 하위 영역들은 애착, 자율성, 자아개념, 자기감정, 주도성, 자기조절, 사회적 감정, 협력, 사회적 태도, 사회적 자기관리가 있다. 이러한 사회성 영역들은 에릭 에릭슨(Erik Erikson, 1902~1994)의 심리사회적 발달단계와 '유아의 건강과 행복, 놀이를 통한 배움의 가치를 최대한 존중하며 유아 주도의 놀이 중심'을 추구하는 2019 개정 '유아-놀이 중심의 누리교육과정'을 고려하여 구성하였다. 각 사회성 영역에 맞는 탐색, 경험, 모방, 의도성 발현, 의사소통, 공감, 상황해결 등의 지도단계는 '유아가 자신의 흥미와 관심에 따라 자유롭게 참여하고 주도하는 활동'에 중점을 둔 개정 누리과정과 비고츠키(Vygotsky) 근접발달 영역에 근거하여 아이들의 발달과정에 맞는 환경적/교수적 지원을 제공할 수 있도록 단계적으로 지원의 범주를 설정하였다.

SUM은 감각통합, 놀이치료, 언어치료, 인지치료의 전문가들이 장기적이며 통합적인 관점으로 사회성을 바라보며 아이들의 발달단계에 따른 사회성 영역과 그에 맞는 지도 방법을 결합하여 제시하고 있다. SUM에서 아이들은 자신의 선호, 신체, 능력, 감정에 대해 자세히 알아 가는 자기인식의 과정을 통해 다양한 생각과 감정을 느끼고 표현하며 자기 자신에 대해 이해를 쌓아 갈 수 있다. 이러한 자기이해를 기반으로 아이들은 또래와 함께 소통하고 공감하며 상황에 따라 자신의 감정과 행동을 조절하여 타인수용의 과정을 거치게 된다. 나아가 아이들은 또래와의 관계 안에서 주어지는 다양한 역할을 알고 수행하며 집단의 한 구성원으로서 성장할 수 있다.

이 책에서는 감각통합, 놀이치료, 언어치료, 인지치료, 학습치료 등 각 치료 분야의 전문가들이 모여 치료 영역 간 융합된 사회성 목표를 구성하였으며, 아이들의 전인적인 발달을 위해 필요한 통합적인 사회성 치료지원을 치료사의 태도와 목표, 준비사항, 지도 영역, 방법, 점검 등의 내용으로 체계적으로 정리하여 제시하였다. 또한 사회성 영역에 따른 치료사의 역할과 구체적인 사례를 통한 지도 과정의 이야기가 담겨 있다. 좀 더 자세하게 SUM의 구성을 살펴보면 다음과 같다.

사회성 지도 영역을 3개의 파트로 나누어 제시하고 있는데, 첫 번째는 자기인식 파트로, 아이가 치료실 환경에 적응하며 자기 자신에 대한 이해 기반을 가질 수 있도록 애착, 자율성, 자아개념, 자기감정의 소영역으로 이루어져 있다. 두 번째, 타인수용 파트는 또래와 함께하는 활동을 통해 아이들이 주도성, 자기조절, 사회적 감정의 능력을 키울 수 있도록 지원한다. 마지막 역할수용 파트는 다양한 관계 안에서 아이들이 필요한 역할을 알고 수행할 수 있도록 지원하고자 협력, 사회적 태도, 사회적 자기관리의 소영역으로 구성되어 있다.

아이들에게 필요한 사회성 영역을 각 아동의 현행 수준과 주호소에 맞추어 지도할 수 있도록 탐색, 경험, 모방, 의도성 발현, 의사소통, 공감, 상황해결의 지도단계와 함께 제시하였으며, 치료사와 일대일 또는 소집단으로 진행할 수 있도록 내용을 구성하였다.

현장의 많은 치료사가 발달장애 아동의 사회성 발달 정도를 가늠하고 이해하여 적절한 치료적 개입을 할 수 있도록 제안하며 치료적 개입을 위한 구체적인 전략과 지도방안을 안내함으로써 사회성 발달에 어려움을 겪고 있는 발달장애 아동들에게 실제적인 도움이 되고자 한다.

우리는 발달장애 아동이 자기인식을 통해 스스로를 이해하고 표현하며, 타인을 수용하는 경험을 하고 또래와 함께하며 나아가 자신이 속한 집단의 한 구성원으로서 맡은 역할을 수행해 나가는 것을 지원하는 데 있어 이 책이 좋은 길잡이가 될 수 있기를 바란다. 또한 현장에서 수년간 사회성 프로그램을 직접 진행했던 경험과 노하우를 바탕으로 치료사가 갖추어야 할 태도 및 사회성 치료 지원의 방향을 제안하며, 발달장애 아동의 사회성 발달을 위해 애쓰시는 치료사, 교사, 부모님에게 조금이나마 도움이 되었으면 한다.

아울러 이 책이 출간될 수 있도록 도움을 주신 놀이치료사 이진주 선생님, 학지사 김진환 사장님, 박지영 과장님께도 깊이 감사드린다.

# 차례

## 1부 자기인식

# SUM 가이드북 사용법

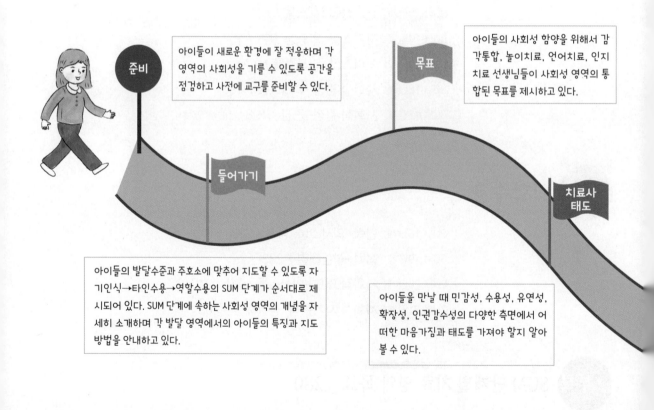

아이들이 새로운 환경에 잘 적응하며 각 영역의 사회성을 기를 수 있도록 공간을 점검하고 사전에 교구를 준비할 수 있다.

아이들의 사회성 함양을 위해서 감각통합, 놀이치료, 언어치료, 인지치료 선생님들이 사회성 영역의 통합된 목표를 제시하고 있다.

아이들의 발달수준과 주호소에 맞추어 지도할 수 있도록 자기인식→타인수용→역할수용의 SUM 단계가 순서대로 제시되어 있다. SUM 단계에 속하는 사회성 영역의 개념을 자세히 소개하며 각 발달 영역에서의 아이들의 특징과 지도 방법을 안내하고 있다.

아이들을 만날 때 민감성, 수용성, 유연성, 확장성, 인권감수성의 다양한 측면에서 어떠한 마음가짐과 태도를 가져야 할지 알아볼 수 있다.

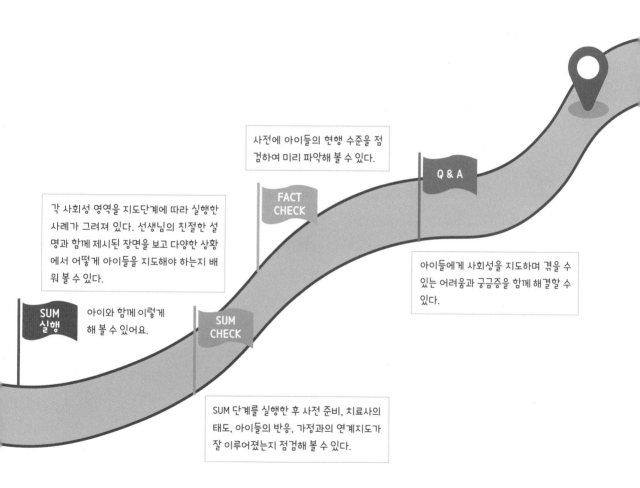

사전에 아이들의 현행 수준을 점검하여 미리 파악해 볼 수 있다.

각 사회성 영역을 지도단계에 따라 실행한 사례가 그려져 있다. 선생님의 친절한 설명과 함께 제시된 장면을 보고 다양한 상황에서 어떻게 아이들을 지도해야 하는지 배워 볼 수 있다.

아이들에게 사회성을 지도하며 겪을 수 있는 어려움과 궁금증을 함께 해결할 수 있다.

아이와 함께 이렇게 해 볼 수 있어요.

SUM 단계를 실행한 후 사전 준비, 치료사의 태도, 아이들의 반응, 가정과의 연계지도가 잘 이루어졌는지 점검해 볼 수 있다.

# SUM 테이블

| 대상연령 | | | 5~8세 | | | | | |
|---|---|---|---|---|---|---|---|---|
| 사회성 영역 | 지도단계 | 탐색 | 경험 | 모방 | 의도성 발현 | 의사소통 | 공감 | 상황해결 |
| 자기인식 개별 | 애착 | 1단계 | 2단계 | | | | | |
| | 자율성 | | 3단계 | 4단계 | 5단계 | | | |
| | 자아개념 | | 6단계 | 7단계 | 8단계 | | | |
| | 자기감정 | | 9단계 | 10단계 | 11단계 | | | |
| 타인수용 2~4명 | 주도성 | | | | 12단계 | 13단계 | | |
| | 자기조절 | | | | 14단계 | 15단계 | | |
| | 사회적 감정 | | | | | 16단계 | 17단계 | |
| 역할수용 4명 이상 | 협력 | | | | | 18단계 | | 19단계 |
| | 사회적 태도 | | | | | 20단계 | | |
| | 사회적 자기관리 | | | | | | | 21단계 |

- SUM 프로그램은 **5~8세 아동**을 대상으로 하며, 아동의 주호소와 특성에 따라 개별 및 소그룹으로 진행할 수 있다.
- 사회성 영역과 지도단계를 **결합**하여 각 **단계를 설정**할 수 있으며, 본 교재에서는 **1~21단계**를 중점적으로 다루고 있다.
- 18단계와 20단계는 의사소통과 공감 지도단계를 통합하였으며, 이는 활동 안에서 치료사가 단계를 구분하지 않고 동시에 진행할 수 있다.
- 각 단계는 점진적인 발달과정으로 설정되었지만, 필요에 따라 **시작단계를 재설정**하거나 **통합**하는 등 융통성 있게 활용할 수 있다.

# SUM 사회성 발달의 단계

SUM(Self Us Membership)은 우리 아이들이 자신의 삶과 세상에서 나, 우리, 사회의 구성원으로 성장하며 주체적인 삶을 살아갈 수 있도록 지원한다.

SUM의 사회성 영역에서 자기인식 과정은 애착, 자율성, 자아개념, 자기감정 단계를 통해 아이가 자신의 선호, 신체, 능력, 감정에 대해 자세히 알아 가는 시간이다. 아이는 새로운 공간을 찬찬히 살피고 자연스럽게 경험하며 주변 환경이나 타인에게 친밀한 정서적 유대감을 가지게 된다. 스스로 무언가를 선택하여 시도하거나 자신의 신체, 선호, 능력 등에 관하여 확인하고 경험과 모델링을 하며 자기 자신에 대해 이해하게 된다. 나아가 아이는 자기 생각과 감정을 확인하고 마음껏 표현하며 자기 자신에 대해 더욱 알아 가게 된다.

SUM의 사회성 영역에서 타인수용 과정은 또래와 함께하는 즐거움을 알아 가는 시간이다. 아이는 또래와 함께하는 활동을 통해 아이들이 주도성, 자기조절, 사회적 감정 등의 능력을 키울 수 있다. 아이는 제 생각과 감정을 마음껏 표현하며 활동에서 또래를 이끌거나 따라가 보기도 하고, 또래와 소통하고 공감하며 상황에 따라 자신의 감정과 행동을 조절할 수 있게 된다. 이러한 과정을 통해 아이들은 상대방의 입장에서 생각하고 행동하며 타인을 수용하는 태도를 기를 수 있다.

SUM의 사회성 영역에서 역할수용 과정은 아이가 다양한 역할을 알아 가고 또래들과 우호적인 관계를 유지하기 위해 노력하는 시간이다. 이를 통해 아이들은 또래와의 관계 안에서 주어지는 다양한 역할을 알고 수행할 수 있도록 협력, 사회적 태도, 사회적 자기관리 기술 등을 배울 수 있다. 아이들은 다양한 활동에서 또래와 소통하고 서로 입장을 이해하며 여러 가지 역할을 맡아 수행하게 되며, 서로 도움을 주고받거나 힘을 합하여 당면한 문제를 해결해 나가며 자신이 맡은 역할에 기대되는 사회적 태도와 자기관리 능력을 기를 수 있다.

# SUM 테이블의 세로축 ■□ 사회성 영역

-------------------------------------------------------------------

### 자기인식 영역

- **애착**: 새로운 공간이나 낯선 대상과 형성하는 친밀한 정서적 유대를 말한다.
- **자율성**: 자기 스스로 해 보려는 의지를 가지고, 무언가를 선택하고 결정하며 시도하는 특성을 말한다.
- **자아개념**: 인지적·신체적·사회적 능력이나 흥미와 관련된 자기 모습에 대한 자기지각을 말한다.
- **자기감정**: 자신에 대해 스스로 느끼는 감정을 말한다.

### 타인수용 영역

- **주도성**: 자신을 주체로 놀이나 활동을 능동적으로 이끄는 능력을 말한다.
- **자기조절**: 자신의 감정과 행동을 직면한 상황에 맞게 조절할 수 있는 능력을 말한다.
- **사회적 감정**: 타인과 함께하는 상황과 관계 속에서 느낄 수 있는 다양한 감정을 말하며, 특히 상대방의 감정을 알고 이해하는 능력을 말한다.

### 역할수용 영역

- **협력**: 또래와 함께 공동의 목표를 이루기 위해 서로 돕고 교류하는 태도를 말한다.
- **사회적 태도**: 사람, 장소, 상황에 따라 달라지는 사회적 역할을 수행하기 위해 가지는 마음가짐이나 자세를 말한다.
- **사회적 자기관리**: 일상생활 및 사회적 관계를 유지하기 위해서 시간, 장소, 청결과 위생/외모, 자신의 수행 등을 스스로 점검하고 관리하려는 능력을 말한다.

## SUM 테이블의 가로축 ▭ 지도단계

---

### 탐색

아이가 새로운 공간, 사물, 사람에 대하여 살피며 확인하는 것을 말한다.

### 경험

아이가 실제로 해 보거나 겪으면서 얻은 정보를 확인하고 알게 되는 과정을 말한다.

### 모방

아이가 다른 대상의 행동이나 모습을 관찰하고 따라 하는 것을 말한다.

### 의도성 발현

아이가 자신의 생각과 느낌을 마음껏 표현하는 것으로 언어적·비언어적인 모든 표현을 포함한다.

### 의사소통

아이가 상대방에게 자신의 생각이나 느낌, 의도를 전달하는 상호 간의 교류를 말한다.

### 공감

아이가 상대방의 생각, 감정, 역할에 관심을 가지고 이해하는 것을 말한다.

### 상황해결

아이가 문제를 인식하여 해결책을 찾고 수행해 나가는 과정을 말한다.

## SUM 치료사 태도

------------------------------------------------------------

### 민감성

아이의 행동을 유심히 관찰하며 아이가 보이는 의도, 관심, 특성을 빠르게 파악하여 반응하는 태도를 말한다.

### 수용성

아이들 개개인의 특성을 있는 그대로 받아들이는 태도를 말한다.

### 유연성

예상하지 못한 아이의 행동에 대해 유연하게 반응하여 돕는 태도를 말한다.

### 확장성

아이가 습득한 사회성 영역들을 확인하며 다음 단계로 나아갈 수 있도록 연계하거나 새로운 활동을 제안하는 태도를 말한다.

### 인권감수성

아이를 활동의 주체로 생각하고 존중하며 아이의 생존권, 참여권, 발달권, 보호권을 지지하는 태도를 말한다.

# SUM 단계별 목표

| SUM 단계 | | SUM 목표 |
|---|---|---|
| 애착 | 1단계 탐색 | 1. 아이가 새로운 환경에서 적응하는 모습을 파악한다.<br>2. 아이가 선호하는 것을 파악한다.<br>3. 아이가 안정감과 즐거움을 느낄 수 있도록 환경을 조성한다. |
| | 2단계 경험 | 1. 아이의 행동과 말에 즉각적으로 반응한다.<br>2. 아이의 선택과 의도를 있는 그대로 수용한다.<br>3. 아이의 새로운 시도를 발견하고 격려한다. |
| 자율성 | 3단계 경험 | 1. 아이가 하는 대로 놀이와 행동을 함께한다.<br>2. 아이가 원하는 바를 실행할 수 있도록 지원한다.<br>3. 아이의 새로운 시도가 늘어나도록 지지한다. |
| | 4단계 모방 | 1. 아이를 모방하여 다양한 반응에 관심을 가질 수 있도록 돕는다.<br>2. 아이의 놀이와 행동에 방법을 더하여 재미있게 시범을 보인다.<br>3. 서로 모방하여 아이의 놀이가 유지되거나 확장되도록 지원한다. |
| | 5단계 의도성 발현 | 1. 아이의 행동과 말을 주의 깊게 관찰하여 의도를 파악하고 반응한다.<br>2. 아이가 자신의 의도를 확인하고 마음껏 표현할 수 있도록 돕는다.<br>3. 아이가 자신의 의도를 표현하며 수용되는 경험을 할 수 있도록 돕는다. |
| 자아개념 | 6단계 경험 | 1. 아이가 자신의 신체, 능력, 선호에 대해 스스로 인식하도록 돕는다.<br>2. 구체적인 칭찬과 정보를 제공하여 아이의 자기인식 과정을 돕는다.<br>3. 자신에 대해 새롭게 발견할 수 있는 기회를 제공한다. |
| | 7단계 모방 | 1. 자신의 능력, 선호를 표현할 수 있도록 충분히 시범을 보인다.<br>2. 구체적인 정보를 통해 자신의 특징을 발견할 수 있도록 시범을 보인다.<br>3. 상대방과의 다름을 파악하는 과정을 통해 자신에 대해 인식할 수 있도록 돕는다. |
| | 8단계 의도성 발현 | 1. 자신과 관련된 정보를 능동적으로 표현할 수 있도록 돕는다.<br>2. 자신의 선호와 능력수준을 고려해 활동을 계획하고 수행할 수 있도록 유도한다.<br>3. 자신에 대한 새로운 정보를 다양하게 표현할 수 있도록 지원한다. |
| 자기감정 | 9단계 경험 | 1. 여러 가지 상황에서 다양한 감정을 파악할 수 있도록 기회를 제공한다.<br>2. 아이의 상태나 상황에 대한 구체적인 정보를 제공하여 자신의 감정을 인식하도록 돕는다.<br>3. 아이가 자신의 감정을 스스로 인식하도록 돕는다. |

| | | |
|---|---|---|
| 자기감정 | 10단계<br>모방 | 1. 아이의 감정을 확인하여 표현하는 시범을 보인다.<br>2. 감정을 다양하게 표현하는 시범을 보인다.<br>3. 상대방의 정서반응에 주의를 기울이도록 유도한다. |
| | 11단계<br>의도성 발현 | 1. 자신의 감정을 능동적으로 표현할 수 있도록 돕는다.<br>2. 상황에 맞게 자신의 감정을 표현할 수 있도록 돕는다.<br>3. 자신의 감정표현에 대한 상대방의 반응을 인식하도록 돕는다. |
| 주도성 | 12단계<br>의도성 발현 | 1. 자신이 원하는 것을 하기 위해 계획을 세워 수행하도록 지원한다.<br>2. 선택한 활동을 끝까지 진행하여 마무리해 보도록 지지한다.<br>3. 아이가 주도적인 역할을 하고 있음을 인식할 수 있도록 돕는다. |
| | 13단계<br>의사소통 | 1. 자신이 하고자 하는 바를 또래에게 제안할 수 있도록 지원한다.<br>2. 서로의 반응을 확인하며 함께 활동할 수 있도록 돕는다.<br>3. 풍부해지는 놀이 경험을 통해 활동에 대한 만족감과 기대감을 가질 수 있도록 돕는다.<br>4. 활동의 과정과 결과에서 서로의 기여를 확인할 수 있도록 돕는다. |
| 자기조절 | 14단계<br>의도성 발현 | 1. 자신의 상태(생각, 감정, 의도)를 상대방에게 표현할 수 있도록 돕는다.<br>2. 자신의 상태에 영향을 미치는 상황변수를 확인하고 조절할 수 있도록 돕는다.<br>3. 상황에 따른 또래의 상태 변화를 확인할 수 있도록 돕는다. |
| | 15단계<br>의사소통 | 1. 아이가 자기조절기술을 스스로 사용할 수 있도록 돕는다.<br>2. 자기조절기술을 사용한 후의 변화를 스스로 인식할 수 있도록 돕는다.<br>3. 또래와 서로 자기조절을 위한 도움을 주고받을 수 있도록 지원한다. |
| 사회적<br>감정 | 16단계<br>의사소통 | 1. 또래의 감정을 인식할 수 있도록 돕는다.<br>2. 또래의 감정표현에 대해 자신의 생각과 느낌을 표현할 수 있도록 돕는다.<br>3. 감정을 조절하여 또래에게 표현할 수 있도록 돕는다. |
| | 17단계<br>공감 | 1. 또래의 감정에 대한 이유를 아이가 이해할 수 있도록 돕는다.<br>2. 또래와 비슷한 경험과 감정을 공유하여 공감할 수 있도록 돕는다.<br>3. 또래의 감정을 이해하여 공감적인 표현과 행동을 할 수 있도록 돕는다. |
| 협력 | 18단계<br>의사소통, 공감 | 1. 공동의 활동임을 인식하고 유지하며 함께 참여할 수 있도록 돕는다.<br>2. 공동의 활동에서의 다양한 역할을 탐색하고 선택할 수 있도록 돕는다.<br>3. 또래와 함께 친사회적 행동을 경험하며 느낌, 생각, 감정을 서로 주고받을 수 있도록 돕는다. |
| | 19단계<br>상황해결 | 1. 또래와의 공동활동에서 문제를 인식하고 해결 과정을 경험할 수 있도록 돕는다.<br>2. 문제의 결과를 예상하고, 함께 대안을 나누며 해결할 수 있도록 돕는다.<br>3. 또래와 함께 새로운 과업에 같이 도전할 수 있도록 돕는다. |
| 사회적<br>태도 | 20단계<br>의사소통, 공감 | 1. 상황, 장소, 사람에 따른 역할을 이해할 수 있도록 돕는다.<br>2. 상황, 장소, 대상을 고려하여 자신의 행동을 조절할 수 있도록 돕는다.<br>3. 다양한 문화적 상황을 이해하며 우호적인 태도를 익힐 수 있도록 돕는다. |
| 사회적<br>자기관리 | 21단계<br>상황해결 | 1. 자기관리의 필요성과 중요성을 이해할 수 있도록 돕는다.<br>2. 상황(시간, 장소, 타인)에 맞게 자신의 수행을 점검할 수 있도록 돕는다.<br>3. 자신의 수행을 점검하여 스스로 자기관리를 할 수 있도록 돕는다.<br>4. 독립적인 자기관리를 통해 바른 생활 습관을 기를 수 있도록 돕는다. |

1부

# 자기인식

아이들의 자기인식, 타인수용, 역할수용을 위한
# 사회성 발달 가이드북
## SUM(Self Us Membership)

## SUM 1단계: 애착 탐색

### 들어가기

선생님은 아이가 활동실로 들어와서 무엇을 보고, 만지며, 어떤 행동을 하는지를 잘 관찰하며, 아이의 등 뒤에서 아이의 시선을 따라가다 보면 어떤 것에 흥미와 호기심을 가지는지 파악할 수 있습니다.

아이는 시각, 소리, 냄새 등의 다양한 단서를 활용하여 공간과 놀잇감 그리고 사람을 탐색하려고 시도할 것입니다. 그 과정에서 특정 감각에는 과민하게 반응하여 회피하거나 방어하기도 하며 특정 자극을 지나치게 선호하여 찾아다닐 수도 있습니다.

우리는 아이가 활동실 안에서 무엇을 탐색하고 선호하는지 알아야 합니다. 선생님은 일방적으로 성급하게 개입을 시도하는 것보다는 아이의 시선과 행동을 지켜보고 민감하게 반응하여 새로운 공간과 사람에 대한 경계심을 풀도록 도와줄 수 있습니다.

선생님은 아이의 행동에 시선을 떼지 않으면서 아이의 제스처, 스킨십, 행동 반응의 크기나 양, 탐색과 놀이의 속도를 파악하고 아이의 특성에 맞추어 반응해 줄 수 있습니다. 자유롭게 주변을 탐색하는 과정에서 아이는 새로운 공간이나 대상에 대해서 안정감을 느끼게 될 것입니다.

### 목표

1. 아이가 새로운 환경에서 적응하는 모습을 파악한다.
2. 아이가 선호하는 것을 파악한다.
3. 아이가 안정감과 즐거움을 느낄 수 있도록 환경을 조성한다.

## 준비

〈공간〉

• 아이가 편안함을 느낄 수 있는 공간(조명, 소리 등)을 조성하기

〈교재 및 교구〉

• 아이가 선호하는 교구를 사전에 준비하여 잘 보이도록 배치해 두기
• 교구의 종류와 수가 적당한지 살펴보기
• 친밀감 형성에 도움을 줄 수 있는 교구(비눗방울, 풍선, 로션 등) 준비하기

## 치료사 태도

| | |
|---|---|
| 민감성 | • 아이의 행동을 보면서 스킨십, 제스처, 행동 반응의 크기나 양, 속도 등을 파악하고 맞추어 반응하기 |
| 수용성 | • 아이가 이끄는 대로 따라가기 |
| 유연성 | • 아이의 갑작스러운 행동에 의연하게 반응하기 |
| 확장성 | • 과도한 자극이나 친해지려는 시도를 자제하고 기다리기 |
| 인권감수성 | • 새로운 공간/대상에 마음을 여는 아이만의 특성을 존중하기 |

## 아이와 함께 이렇게 해 볼 수 있어요

**프롤로그**

아이와의 첫 만남 때 아이의 눈높이에서 얼굴을 바라보며 간단한 인사를 건넨 후 아이의 반응을 살피는 것이 중요해요. 아이는 선생님을 즉시 반길 수도 있고, 무관심하거나 거부할 수도 있어요. 선생님과 치료실에 대한 아이의 반응에 따라 앞으로의 지원(스킨십, 제스처, 행동 반응의 크기나 양, 속도 등)과 놀이에 대한 방향을 결정할 수 있기 때문에 아이의 행동을 유심히 살펴야 합니다.

새로운 환경에 아이를 무리하게 적응시키기 위하여 성급하게 먼저 놀잇감을 제시하며, 놀이를 이끌기보다는 천천히 다가가 기다리면서 아이가 무엇에 관심을 가지는지 지켜봐 주세요. 선생님의 이러한 태도는 아이가 낯선 공간에 자연스럽게 마음을 여는 계기가 될 수 있어요.

엄마가 인사를 유도했으나 하민이는 바로 활동실 문을 열고 들어간다.

하민: (들어가자마자 바닥에 앉아 가만히 있는다.)

선생님: (하민이를 지켜보며 하민이의 반응을 기다린다.)

> ### 스토리
>
> 아이가 탐색을 시작했다고 해서 환경과 선생님에게 안정감을 느낀다고 성급히 판단하지 않도록 주의해야 해요. 선생님이 아이가 관심을 보이는 놀잇감을 가지고 갑작스럽게 놀이 상황으로 이끈다면 아이를 이해하고 들여다보는 것에 오히려 방해가 될 수 있어요.
>
> 아이와 같은 공간에 머물며 시선을 따라가기도 하고 아이의 입장에서 온전히 함께 느껴 보는 것이 중요합니다. 아이도 이런 선생님에게 점차 편안함과 친밀감을 느낄 수 있을 거예요.
>
> 혹시나 아이가 예측하지 하지 못한 행동을 할 때 안전하지 않다고 느낄 수 있어요. 이때 아이의 행동을 성급하게 제지하기보다는 아이의 욕구나 의도에 더 집중해 주세요.

하민: (갑자기 소방차를 두고, 비눗방울 뚜껑을 잡는다. 뚜껑이 열리지 않자) 안 돼, 안 돼.

 (하민이 가까이로 이동하여) 비눗방울을 하고 싶어?

 (하민이에게 소방차를 다시 건네며) 하민아, 소방차 다 놓고 가야지~.

하민: (비눗방울 용액이 나오자 흔들어 더 나오도록 행동한다.)

 (하민이 가까이 다가가며) 흔드니깐 비눗물이 많이 나오네! (떨어지는 비눗방울 용액 아래 플라스틱 통을 받혀 준다.)

 하민아, 그만! 비눗물 다 흘리잖아.

**에필로그**

처음 만난 후 1~2회기 동안은 아이가 특히 관심을 보이는 장난감이나 활동에 대해 잘 기억하는 것이 중요해요. 앞으로 활동 공간을 구성하거나 교재 및 교구를 준비할 때 참고할 수 있어요.

특히 활동 초기에는 아이가 낯선 공간에 편안함을 느끼는 것이 중요해요. 선생님은 적극적인 개입을 하기보다는 아이가 원하는 활동을 민감히 알아채고 인정해 주며 마음껏 할 수 있도록 지원해 주세요.

이 과정을 통해 아이는 점차 선생님과 활동실에 대해 친밀감을 형성하고 자신이 수용받고 있다고 느낄 수 있답니다.

 하민: (자동차를 하나씩 모두 뒤집어 바퀴가 위를 향하도록 한다.)

선생님: (하민이가 자동차를 뒤집어 바퀴를 눈여겨보는 것을 보고) 어! 바퀴가 보이네. 어! 또 바퀴가 보이네.

## 1단계 **SUM** CHECK

| 사전 준비/환경 구성하기 | ✔ Check | ✏ Memo |
|---|---|---|
| • 사전 인터뷰를 통해 아이가 특별히 선호하는 것에 대해 알아보았나요? | | |
| • 아이와 친해지면서 유의할 점(큰 소리를 무서워하거나 문 닫는 것을 싫어하는 것 등)을 알아보았나요? | | |
| • 수집한 정보를 반영하여 환경을 구성해 보았나요? | | |

| 치료사 태도 CHECK | ✔ Check | ✏ Memo |
|---|---|---|
| • 아이에 따라 스킨십, 제스처와 같은 행동의 크기나 양, 속도 등을 맞추어 반응해 주었나요? | | |
| • 아이가 이끄는 대로 따라가 보았나요? | | |
| • 아이의 갑작스러운 행동을 허용해 주었나요? | | |
| • 새로운 공간/대상에 마음을 여는 아이만의 특성을 존중해 주었나요? | | |

| 아이와의 SUM CHECK | ✔ Check | ✏ Memo |
|---|---|---|
| • 아이가 주로 하는 주된 의사소통 방식(눈맞춤, 손짓, 울음, 말 등)을 파악했나요? | | |
| • 아이가 활동실에서 좋아하는 것이 무엇인지 파악했나요? | | |
| • 아이가 활동실에서 자주 하는 행동이 무엇이었는지 파악했나요? | | |
| • 아이가 불편해하는 상황(분리의 어려움, 공간에 대한 낯섦, 외부 소리에 대한 민감함, 선생님이 주는 자극 등)이 있었다면 이유를 파악해 보았나요? | | |

| SUM PLUS 되새기기 | ✔ Check | ✏ Memo |
|---|---|---|
| • 활동실과 가정에서 아이의 행동에 차이나 변화가 있는지 확인해 봅시다. | | |
| • 이번 회기를 통해 아이와의 치료적 애착(탐색)에 대해 내가 새롭게 알게 된 것이 있는지 확인해 봅시다. | | |

## 1단계 **FACT** CHECK  아이의 행동을 관찰해 보고 체크하세요.

| 움직임 | 관찰내용 |
|---|---|
| • 조절을 위해 이런 방법으로 활동해요.<br>□ 뜀뛰기 □ 흔들기 □ 빙빙 돌기 □ 거친 몸 놀이 □ 왔다 갔다 달리기 | |
| • 움직임에 민감하여 이런 모습을 보여 주기도 해요.<br>□ 계단이나 에스컬레이터를 무서워함<br>□ 그네, 미끄럼틀, 시소를 두려워함 □ 멀미를 심하게 함 | |
| • 운동 계획에 어려움이 있어요.<br>□ 여기저기 부딪힘 □ 장난감을 제대로 갖고 놀지 못함<br>□ 계속 같은 장난감만 갖고 놂 □ 엄마나 아빠가 하는 행동을 따라 하지 못함<br>□ 재미있더라도 행동을 딱 한 번만 하고 그만함 □ 이유 없이 서성이거나 돌아다님 | |

| 감각 | 관찰내용 |
|---|---|
| • 아이들은 이렇게 자극을 찾기도 해요.<br>□ 오랫동안 안아 주기를 요구함 □ 좁은 공간에 끼어 있으려 시도함<br>□ 꽉 끼는 옷만 입으려 함 □ 바닥에 바짝 누워 있음<br>□ 사람이나 사물을 부딪치고 다님 □ 박수를 침 □ 물건을 쥐고 있음<br>□ 물건들을 입에 넣음 □ 이를 갈기도 함 □ 부딪혀도 아파하지 않음<br>□ 특정 소리를 내는 장난감을 반복하여 들음 □ 연기하는 톤에 잘 반응함<br>□ 불을 자주 껐다 켰다 함 □ 사물들을 한 줄로 세움<br>□ 반복적인 움직임(문이 열리고 닫히는 것, 얼굴 앞에서 자기 손가락이 움직이는 것,<br>한 가지 움직임이 반복되는 것, 돌아가는 것)을 지켜봄<br>□ 사물을 옆으로 흘겨봄 □ 독특한 각도로 사물을 살펴봄 | |
| • 예민한 아이들은 이렇게 방어 행동을 해요.<br>□ 손에 끈적한 것(클레이, 물감 등)이 닿는 것을 싫어함<br>□ 좋아하고 싫어하는 특정 감촉이 있음<br>□ 말하는 걸 듣지 않는 것 같음 □ 음악이나 특정 소리를 거부함<br>□ 어두운 곳을 피함 □ 눈을 자주 깜빡임 □ 햇빛을 피함<br>□ 낯선 사람이 만지는 것을 싫어함 □ 노크 소리나 갑자기 나는 소리에 깜짝 놀람 | |

# SUM 2단계: 애착 경험

## 들어가기

아이는 활동실에서 안정감을 느끼게 되면 공간과 사람에 대한 탐색이 더 활발해지며 점차 행동반경이 확장되고 선호하는 놀이를 적극적으로 보여 줄 수도 있습니다. 이때 선생님은 자신의 의도대로 아이를 이끌려고 하거나 아이의 행동을 제지하거나 수정할 수도 있습니다. 하지만 아이가 활동실과 선생님에 대해 충분히 안정감을 느끼게 하려면 놀이 패턴이나 반복적인 행동, 도전적인 행동에도 아이가 부여하는 의미가 있다고 생각하며 반응해야 합니다.

또한 선생님은 아이의 행동과 말에 즉각적으로 반응하면서 아이의 선택과 의도를 있는 그대로 수용해 주어 아이에게 선생님이 함께 즐거운 시간을 보낼 수 있는 사람이라는 것을 확인시켜 주어야 합니다. 그래야 이 과정에서 아이는 선생님을 편안한 대상으로 인식하게 됩니다. 점차 아이는 자신의 놀이에 선생님의 참여를 허락해 줄 것이고 함께 즐길 수 있는 친구 또는 지지자로 인식하게 될 것입니다.

아이를 있는 그대로 인정하고 수용하는 태도로 반응하는 것이 애착 관계의 핵심입니다. 아이가 하는 모든 놀이와 행동에 무의미한 것은 없습니다. 천천히 아이와의 놀이를 즐기며 아이가 어떤 생각으로 놀이를 시도하는지 알아봅시다.

## 목표

1. 아이의 행동과 말에 즉각적으로 반응한다.
2. 아이의 선택과 의도를 있는 그대로 수용한다.
3. 아이의 새로운 시도를 발견하고 격려한다.

준비 ●──────────────────────────────────────●

〈공간〉

- 아이가 새로운 공간에 적응하며 능동적으로 참여할 수 있을 때까지 큰 변화를 두지 않고, 그대로 유지하기
- 아이의 민감성을 고려하여(34쪽 2단계 FACT CHECK 참조) 환경 조정하기

〈교재 및 교구〉

- 안정감을 가지고 활동에 참여할 수 있도록 동일한 교구 준비하기

치료사 태도 ●──────────────────────────────────────●

| 민감성 | • 아이의 행동에 대하여 즉각적으로 반응하기 |
|---|---|
| 수용성 | • 아이의 선택을 존중하며 반응하기 |
| 유연성 | • 아이의 시도에 제한을 두지 않기 |
| 확장성 | • 아이가 새로운 시도를 하는지 발견하기 |
| 인권감수성 | • 아이를 관찰하며 섣불리 아이의 의도를 판단하지 않기 |

## 아이와 함께 이렇게 해 볼 수 있어요

**프롤로그**

선생님은 아이가 선호하는 놀잇감이나 활동을 확인하며 함께 놀이할 수 있어요. 아이의 행동에 관심을 가지고 즉각적으로 반응해 주거나, 아이가 자신이 원하는 대상이나 활동을 선택했을 때 그 시도를 존중해 주세요. 선생님의 이러한 태도는 아이와 관심사를 쉽게 공유할 수 있으며 자연스럽게 친밀감을 형성하는 데 도움이 됩니다.

 하민: (공룡을 선생님 얼굴 쪽으로 가까이 대며) 으르렁~.

선생님: (공룡이 무서운 듯 뒤로 조금씩 물러서며) 공룡 무서워~ 도망갈래!

 하민: (선생님의 반응이 재밌는지 계속 쫓아다니며 더 큰 소리로) 으르렁~ 으르렁~.

선생님: 으아~ 선생님 살려~.

**스토리**

아이가 활동실에서 선호하는 대상을 찾아 놀이할 때, 성급하게 개입하여 놀이를 방해하기보다는 아이가 새로운 공간과 대상에 안정감을 가질 수 있도록 여유롭게 기다려 주세요.
아이의 시도나 사소한 행동을 유심히 관찰하며, 아이의 입장과 시각에서 함께 사물을 바라보고 활동에 동참해 주세요. 아이가 바라보는 것을 함께 바라보며 아이의 행동을 반영한 표현을 들려줌으로써 아이와 정서적 친밀함의 거리를 좁혀 나갈 수 있어요.

하민: (자신이 좋아하는 공룡을 가져와 일렬로 세운다.)

선생님: 공룡이 줄지어 서 있네~ 티라노사우루스 옆에는 트리케라톱스다~ 옆에는 어떤 공룡이 올까 궁금하다.

하민: (공룡이 일렬로 다 세워지자 옆으로 흘겨보기도 하고, 아래에서 위로 올려다보기도 하며) 힘이 센 티라노사우르스~!

선생님: (하민이의 시선과 같은 방향, 높이에서 공룡을 보며) 선생님도 하민이처럼 힘이 센 티라노사우르스 자세히 봐야겠다. (공룡을 보며) 하민이는 어디 보고 있어?

하민: (선생님을 잠시 쳐다보더니 바닥에 엎드려 공룡의 이빨을 보고 흉내 내며) 티라노사우르스는 이빨이 뾰족해.

선생님: (하민이처럼 바닥에 엎드려 공룡을 바라보며) 진짜 뾰족하다. 찔리면 아플 거 같아.

아이가 새로운 공간에서 자신의 관심사를 발견하고, 즐겁게 놀이해 본 경험은 낯선 공간에 대한 호감과 안정감을 갖게 할 수 있어요.

선생님은 아이가 자신이 좋아하는 장난감으로 활동실에서 다양한 시도를 할 수 있도록 격려하되, 아직 적응이 덜 된 상황에서 아이의 시도에 제한 두지 않도록 유의해야 해요. 선생님의 이러한 과도한 제한이나 간섭은 아이의 애착 형성에 방해가 될 수 있어요. 자연스럽게 새로운 시도를 할 수 있도록 아이가 이끄는 대로 함께해 주세요.

하민: (하민이는 선생님을 바라보면서 공룡을 하나씩 책상 아래로 떨어뜨리며) 공룡이 떨어진다~.

 우와~ 티라노사우르스가 책상에서 떨어진다.

 공룡을 책상 밑으로 떨어뜨리면 안 돼요.

하민: (선생님의 반응에 음식 모형을 가지고 와 떨어뜨리며) 이제 고기가 떨어진다. 티라노사우루스는 고기를 좋아해.

선생님: 진짜 티라노사우르스가 좋아하는 고기가 떨어졌네. 다음에는 어떤 게 떨어질까? 궁금하다~.

### 에필로그

새로운 공간과 대상과 친밀감을 쌓을 수 있도록 아이의 시도에 제한을 두지 않도록 유의해야 하지만, 활동실 안에서 안전하게 활동하는 것도 중요해요!

다양한 시도를 하는 놀이 상황에서 다칠 수 있는 위험 요소를 사전에 배제하거나, 활동 중 아이의 위험한 행동을 제지해야 할 수 있어요. 또한 교구를 망가뜨리거나 활동실 밖으로 교구를 가지고 나가려는 행동 등에 대해서는 선생님이 아이의 특성에 맞게 융통성 있게 지도해 주세요.

활동 초기에 선생님이 아이의 행동을 단호하게 다그치거나, 통제하는 것은 적응을 어렵게 할 수 있어요. 선생님은 아이의 시도에 대한 의도를 알고 마음을 헤아려 주는 시간을 충분히 가지며, 활동실에서 안전하고 더 즐거운 시간을 보내기 위한 방법들을 자연스럽게 지도해 주세요.

하민: (공룡 한 마리를 집어 들고 나가려고 하며) 이 티라노사우르스 가져갈 거야. (끄덕이며 공룡을 꼭 쥐고 있다.)

선생님 1: 하민이가 공룡을 더 가지고 놀고 싶구나. 장난감을 집에 가져갈 수는 없지만, 다음 시간에 또 가지고 놀 수 있어. 다음번에 또 할 수 있게 하민이가 놓고 싶은 자리에 두고 가 보자.

선생님 2: 하민이가 공룡놀이 더 하고 싶구나. 그런데 공룡은 다른 친구도 함께 가지고 놀아야 하거든. 대신에 다음 시간에 또 가지고 놀 수 있게 선생님이 잘 보관해 둘게.

선생님 3: 하민이가 공룡을 더 가지고 놀고 싶구나. 그럼 선생님이 공룡 빌려줄게. 다음번에 올 때 꼭 잘 가지고 와야 해~ 약속할 수 있어? 그래, 그럼 꼭 약속이다~.

## 2단계 **SUM** CHECK

| 사전 준비/환경 구성하기 | ✔ Check | ✎ Memo |
|---|---|---|
| • 활동 시, 아이가 특별히 거부하거나 관심을 가지고 몰두하는 요소를 체크하여 환경에 변화를 주었나요? | | |
| • 지난 시간에 아이가 관심을 보이던 놀잇감을 고려하여 배치해 보았나요? | | |
| **치료사 태도 CHECK** | ✔ Check | ✎ Memo |
| • 아이의 시도에 대하여 즉각적으로 반응하였나요? | | |
| • 아이의 선택을 존중하며 반응해 주었나요? | | |
| • 아이의 시도에 제한을 두지 않고 따라가 보았나요? | | |
| • 아이를 관찰하며 섣불리 의도를 판단하지 않았나요? | | |
| **아이와의 SUM CHECK** | ✔ Check | ✎ Memo |
| • 아이가 즐겁거나 불편할 때 보이는 특정한 행동이 있나요? | | |
| • 선생님의 반응에 대해 아이가 우호적이었나요? | | |
| • 아이가 자신의 놀이에 선생님을 허용해 주었나요? | | |
| • 아이의 새로운 시도가 발견되었나요? | | |
| **SUM PLUS 되새기기** | ✔ Check | ✎ Memo |
| • 아이가 적응 시 주로 하는 행동이나 놀이의 의미를 양육자와 함께 이야기 나누어 봅시다. | | |
| • 이번 회기를 통해 아이와의 치료적 애착(경험)에 대해 내가 새롭게 알게 된 것이 있는지 확인해 봅시다. | | |

## 2단계 FACT CHECK  아이의 행동을 관찰해 보고 체크하세요.

| 직접 해 보는 아이 | 관찰내용 |
|---|---|
| ☐ 보이고 들리는 것을 직접 확인해야 함 | |
| ☐ 직접 해 보고 방법을 알아차림 | |
| ☐ 다양한 방법으로 시도함 | |
| **구경하는 아이** | **관찰내용** |
| ☐ 보는 것으로 만족함 | |
| ☐ 시도를 주저함 | |
| ☐ 시범을 보아야 함 | |
| ☐ 상대에게 지시하는 것을 더 좋아함 | |
| **자신의 놀이에 몰입하는 아이** | **관찰내용** |
| ☐ 특정 주제에만 관심을 두고 행동함 | |
| ☐ 같은 행동을 반복함 | |
| ☐ 특정 감각 활동들을 반복함 | |

## 애착 Q & A | 고민을 함께 해결해 보아요.

활동 시간에 저의 역할이 너무 작게 느껴지는 것 같아요.

**인지 지은샘**: 너무 조급해하지 마세요. 아이가 낯선 공간과 사람에 대해 적응하는 데는 충분한 시간이 필요해요. 함께 같은 공간에 머무르면서 여유를 가지고 아이의 선호 대상, 말투, 행동을 관찰해 보세요. 아이를 관찰하는 것만으로도 의미 있는 시간이될 수 있어요.

**감통 미선샘**: 아이의 활동을 관찰하면서 선생님은 아이의 기능, 선호를 파악하는 시간을 가지게 됩니다. 이때 아이의 신체 기능이나 조작 능력, 아이가 어떤 감각적 특성을 보이는지, 작업 수행은 어떠한지를 파악할 수 있습니다. 앞으로의 활동에서 목표설정을 위한 기초가 되는 시간이니 생각보다 할 일은 많답니다.

**인지 희정샘**: 아이와 안정적인 관계를 형성하고 아이에 대해 알아 가는 시간입니다. 아이도 선생님에 대해서도 알아 가는 시간이 될 수 있습니다. 아이에게 가르쳐 주고설명해 주어야만 하는 나의 마음 습관을 잠시 내려놓아 보세요.

부모 상담 시간에 치료적 애착에 대한 활동을 어떻게 설명해야 하나요?

**언어 지현샘**: 부모님들께는 아이의 행동과 정서반응을 관찰하고 이해하는 과정과 아이에게 무엇을 제공하고 어떤 것을 중심으로 반응하고 있는지에 대해 구체적으로설명해야 합니다. 이러한 설명을 통해 부모님들은 현재 양육 방식과 상호작용을 비교하여 어떻게 아이와 관계를 맺어 나가야 하는지에 대해 알아 갈 수 있어요.

**인지 지은샘**: 선생님과 아이가 라포(친밀감)를 만들어 나가는 매우 중요한 시간임을안내합니다. 아이가 치료실에서 어떤 행동과 반응을 보이는지, 새로운 환경과 대상에대해 어떻게 적응해 나가고 있는지 자세히 설명해 주세요. 이 시간을 통해 어머님과의 관계 맺기도 자연스럽게 이루어질 수 있을 거예요.

아이가 치료실에서 나간다고 하면 어떡하죠?

**인지 희정샘**: 아이가 치료실 밖으로 나가려고 하기 전에 미리 아동의 특성을 파악해서 대처해 볼 수 있어요. 불안이 높거나 새로운 환경에 적응이 오래 걸리는 경우라면 아이와의 첫 만남 전에 선생님과 활동실 사진을 양육자에게 보내 아이에게 먼저 안내해 주는 방법이 있어요. 또한 아이가 활동실에 들어와 선생님을 만나는 것보다는 선생님이 대기실에서 아이를 만나 이곳저곳을 구경하고 활동실에 들어가면 아이의 불안을 낮출 수 있어요.

**언어 지현샘**: 아이가 나가려고 하는 이유를 먼저 파악해 봅니다. 낯선 공간과 사람이 싫어서, 관심 있는 놀잇감이 없어서, 엄마를 보려고 등의 이유에 따라 잠시 문을 열고 엄마를 확인하거나 더 좋아하는 놀잇감이 치료실 안에 있는지 함께 살펴볼 수 있도록 유도하는 것도 좋아요.

**놀이 진주샘**: 아이가 치료실에 있지 못하는 이유가 분리불안 때문이라면 몇 회기는 부모님과 함께 들어가 활동하는 것도 좋은 방법이에요. 부모님은 치료실 구석 한 켠(되도록 문 앞이 좋아요)에 앉고 핸드폰이나 책을 읽으며 아이와는 최대한 대화나 스킨십을 자제해 달라 요청드려요. 치료실을 부모님과의 특별한 놀이시간으로 인식하게 되면 적응을 더 어렵게 만들 수 있기에 주의하셔야 돼요. 그런 다음 아이와 즐겁게 놀이해 보세요. 아이가 선생님과의 놀이에 흠뻑 빠져 있을 때쯤 눈짓으로 부모님은 살짝 나가 계시라 신호를 보냅니다. 부모가 나간 걸 눈치챘음에도 별로 개의치 않는다면 그대로 즐겁게 시간을 보내면 된답니다. 반대로 불안한 듯 다시 부모를 찾으면 "엄마가 안 보여 무섭구나~ 문 밖에서 기다리시는데 보고 싶다면 갔다 올 수도 있어."라고 말해 주세요. 이런 과정을 몇 차례 하다 보면 차츰 아이의 행동에 작은 변화가 생길 겁니다.

## SUM 3단계: **자율성** 경험

### 들어가기

편안하고 자유로운 상황에서 아이에게 스스로 무언가를 선택하고 결정할 수 있는 기회가 많아진다면 아이는 놀이에 대한 즐거움을 느끼며 더 자신 있게 시도를 하려고 할 것입니다. 또한 선생님이 아이의 놀이 방법대로 충분히 따라가 준다면 아이는 자신의 의지와 욕구가 수용되는 경험을 하게 될 수 있습니다. 아이는 자신에 대한 믿음이 생기게 되고 자유롭게 자신을 드러내며 보다 더 많은 시도와 선택을 할 수 있게 됩니다.

이때 선생님이 아이에게 일방적으로 놀이를 제안하거나 설명과 지시가 많으면 아이의 의지와 동기는 쉽게 사라지게 됩니다. 선생님은 아이의 놀잇감과 비슷한 장난감들이 있는 곳을 알려 주거나 아이의 놀이에서 힌트를 얻어 놀이를 풍부하게 할 수 있는 환경을 만들어 줄 수 있습니다. 선생님은 지시적이거나 직접적으로 놀이를 제안하기보다 재료를 마련해 아이가 주변을 탐색하고 놀이를 경험해 보도록 도와줄 수 있습니다.

아이가 스스로 선택하고 결정한 행동은 완벽할 수 없습니다. 비록 서툴고 불완전해 보여도 아이가 선택한 시도와 결정을 격려하고 지지해 줄 필요가 있습니다. 아이가 자신이 머무는 환경에서 원하는 바를 성취할 수 있도록 아이가 하려는 것에 기꺼이 함께 참여하고 도움의 양과 강도를 조절해 봅시다.

### 목표

1. 아이의 방법대로 놀이와 행동을 함께한다.
2. 아이가 원하는 바를 실행할 수 있도록 지원한다.
3. 아이의 새로운 시도가 늘어나도록 지지한다.

## 준비

〈공간〉

• 다양한 시도를 할 수 있는 여유 있는 공간 확보하기

〈교재 및 교구〉

• 아이가 새로운 시도를 해 볼 수 있는 놀잇감을 배치하기
• 아이가 선호하거나, 잘 다루는 놀잇감을 준비하기

## 치료사 태도

| 민감성 | • 아이의 새로운 시도를 발견하고 함께하기 |
|---|---|
| 수용성 | • 아이의 놀이 방법대로 따라가기 |
| 유연성 | • 아이의 선택과 시도에 대한 도움의 양과 강도를 조절하기 |
| 확장성 | • 아이가 새로운 시도를 할 수 있도록 자연스러운 기회 마련하기 |
| 인권감수성 | • 아이의 성장은 자유로운 놀이와 경험에서 나올 수 있음을 기억하기 |

## 아이와 함께 이렇게 해 볼 수 있어요

### 프롤로그

선생님은 이전 차시의 활동을 토대로 아이가 선호하거나 잘 다루는 놀잇감을 미리 준비해 둘 수 있어요. 익숙한 놀잇감으로 아이는 스스로 동기를 가지고 능동적으로 놀이하는 데 도움이 되며 새로운 놀이 방법을 시도해 볼 수 있어요. 선생님은 익숙한 놀잇감 이외에도 새로운 놀잇감을 준비함으로써 아이가 자연스럽게 새로운 시도를 할 수 있도록 도울 수 있어요. 아이는 새로운 놀잇감과 기존의 익숙한 놀이 방법을 연결하며 다양한 놀이를 시도해 보고 성취하는 경험을 할 수 있을 거예요. 이때 선생님은 꼭 새로운 놀잇감을 사용하는 것에 목표를 두기보다 아이가 새롭게 시도해 볼 수 있는 가능성에 중점을 두고 지원해 주세요.

 하민: (활동실에 들어와 놀잇감이 있는 장을 살펴보다가 점토로 손을 뻗는다.)

선생님: 하민아, 오늘은 무슨 놀이를 할까?

 하민: (점토를 들고 선생님을 바라본다.)

선생님: 어, 그거 하민이가 저번에 가지고 놀았던 거다. 선생님이 오늘 더 많이 준비해 놨어!

 하민: 우와, 진짜네. 여기 점토 찍는 것도 있다. 이것도 할래요.

## 스토리

선생님은 아이의 놀이 방법을 잘 관찰하고, 그 방법대로 놀아 보면서 아이가 자신의 놀이에 대한 자신감과 다양한 표현이 나올 수 있도록 도울 수 있어요. 이러한 과정을 통해 아이는 자신의 욕구나 의도를 표현하고 인정받는 경험을 자연스럽게 할 수 있어요.

아이의 시도에 의문을 가지고 확인하는 것보다 아이의 요구를 들어주면서 놀이를 따라가는 것이 도움이 될 수 있어요. 놀이 방법을 지지하면서 아이가 새로운 시도를 할 수 있게 도와주세요.

아이는 스스로 놀이를 선택하고 다양한 시도, 결정, 결과를 확인하는 과정을 통해 자율성을 키울 수 있어요.

하민: (점토를 들며) 선생님, 이것 봐요. 엄청 길죠?

 우와, 진짜 길게 만들었네. 선생님 거는 아직 짧은데.

 왜 이렇게 길게 만든 거야?

하민: 바닥에 대고 밀면 길어져요. 자, 봐요.

선생님: (하민이의 행동을 열심히 보고 따라 한다.)

하민: (점토를 장난감 그릇 안에 넣으며) 선생님, 물이 필요해요.

선생님: 물?! 물 여기 있어. (종이컵에 담긴 물을 건넨다.)

하민: (물을 점토 위에 부으며)이거 봐요. 색깔이 막 나와요.

선생님: 우와, 진짜네. 노란색 물이 나오네!

선생님은 아이의 놀이를 그대로 따라 하면서 우연한 기회로 발견되는 상황을 아이가 관심 가질 수 있도록 유도해 볼 수 있어요. 우연히 얻어진 상황들은 아이가 새로운 시도를 할 수 있는 기회들이에요. 또한 아이가 새로운 시도를 해 볼 수 있도록 관련된 놀잇감을 주변에 갖다 놓아 주세요.

선생님이 준비한 것을 아이가 발견하고 시도하는 것을 수용하고 지지해 줌으로써 아이가 자신감을 가지고 익숙하지 않은 활동이나 방법도 시도해 볼 수 있는 기회를 만들어 줄 수 있어요.

선생님: (만들기 재료가 있는 도구를 하민이 옆에 슬쩍 둔다.)

하민: (폼폼이를 집어 들며) 선생님, 여기에 이거 넣어도 돼요?

선생님: 그거 넣으면 색깔이 예쁘겠다. 좋은 생각이야! 혹시 더 필요한 거 있으면 말해! (색종이, 스티커가 있는 통을 가져다준다.)

하민: (통에 든 스티커를 꺼내며) 네! 그럼 스티커도 여기 넣을래요!

**에필로그**

선생님은 아이의 시도가 풍부해질 수 있게 아이의 놀이를 준비해 주고 확장할 수 있게 도와줄 수 있어요. 선생님은 아이가 새롭게 하고 싶어 하는 놀이나 시도에 관심을 가지고 반응해 주거나 아이의 관심사를 반영한 다양한 놀잇감을 준비해 둠으로써 새로운 활동으로의 확장을 도울 수 있어요.

더불어 아이와의 약속을 기억하고 메모하는 것은 아이와의 신뢰를 쌓고 아이의 의견이 수용되고 있다고 느끼게 해 줄 수 있어요.

선생님: 하민아, 이제 갈 시간인데 오늘 너무 재밌었다. 다음 시간에는 무슨 놀이하지?

하민: 네! 다음에 이 놀이 또 할래요.

선생님: 그럼 선생님이 또 할 수 있게 준비해 둘게. 다음에 혹시 선생님이 준비해야 할 게 있을까?

하민: 과일 장난감이랑 빨대요! 주스를 만들 거예요.

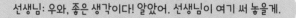

선생님: 우와, 좋은 생각이다! 알았어. 선생님이 여기 써 놓을게.

## 3단계 **SUM** CHECK

| 사전 준비/환경 구성하기 | ✔ Check | ✏ Memo |
|---|---|---|
| • 다양한 시도를 할 수 있는 여유 있는 공간을 확보해 보았나요? | | |
| • 아이가 새로운 시도를 해 볼 수 있는 놀잇감을 준비하였나요? | | |
| • 아이가 선호하거나, 잘 다루는 놀잇감을 준비하였나요? | | |
| **치료사 태도 CHECK** | ✔ Check | ✏ Memo |
| • 아이의 방법대로 놀이를 해 보았나요? | | |
| • 아이의 새로운 시도를 발견하고 함께해 주었나요? | | |
| • 아이의 선택과 시도에 대한 도움의 양과 강도를 조절해 주었나요? | | |
| • 아이가 새로운 시도를 할 수 있도록 자연스러운 기회를 마련해 주었나요? | | |
| • 아이가 자유롭게 놀이하며 경험할 수 있도록 지원하였나요? | | |
| **아이와의 SUM CHECK** | ✔ Check | ✏ Memo |
| • 아이가 놀이에서 자주 시도하는 행동이나 놀잇감은 무엇이었나요? | | |
| • 놀이에서 아이만의 규칙이나 특별한 욕구가 있었나요? | | |
| • 아이가 특별히 회피하거나 거부하는 시도가 있었다면 무엇이었나요? | | |
| • 어떠한 상황에서 아이가 선생님에게 수용적인 모습을 보였나요? | | |
| • 아이가 놀이에서 새롭게 시도하는 것은 무엇인가요? | | |
| **SUM PLUS 되새기기** | ✔ Check | ✏ Memo |
| • 아이가 스스로 선택과 시도를 하는 과정에서 양육자의 반응에 대해 이야기 나누어 봅시다. | | |
| • 이번 회기를 통해 아이의 자율성에 대해 내가 새롭게 알게 된 것이 있는지 확인해 봅시다. | | |

## 3단계 **FACT** CHECK  아이의 행동을 관찰해 보고 체크하세요.

| 놀잇감 | 관찰내용 |
|---|---|
| • 아이가 주로 가지고 노는 놀잇감이 무엇인지 부모님과 이야기해 보아요.<br>☐ 버튼 놀잇감(버튼 누르거나 당기면 소리가 나는 교구)<br>☐ 패턴 놀잇감(글자나 숫자, 퍼즐, 도미노 등)<br>☐ 짓기 놀잇감(올려 짓거나 부수거나 할 수 있는 교구)<br>☐ 주고받기 놀잇감(공과 같은 장난감)<br>☐ 작동 조작 놀잇감(태엽완구, 비눗방울, 바람개비, 팽이 등)<br>☐ 가상 놀잇감(실제 사용하는 용도를 떠올리며 다른 대체물을 사용)<br>☐ 역할 놀잇감(실제 사용하는 사물 또는 사물을 본떠 만든 장난감)<br>☐ 표현 놀잇감(물감이나 모래 등 마음대로 끄적여 볼 수 있는 도구)<br>☐ 대형 놀이 기구(트램펄린, 시소, 그네 등 몸 전체를 움직이는 기구)<br>☐ 규칙, 게임 놀이(가위바위보 또는 보드게임 등 사회적 규칙을 이해해야 하는 놀이)<br>☐ 그 밖의 놀이방식 | |

| 놀이방식 | 관찰내용 |
|---|---|
| • 아이 혼자 인식하는 방법으로 놀잇감을 다뤄요.<br>☐ 떨어뜨릴 때 나는 소리를 듣기 위해 놀잇감을 다룬다.<br>☐ 놀잇감을 입으로 가져가는 행동, 돌리는 행동 등 몇 가지 단순한 행동만으로 놀잇감을 다룬다. | |
| • 놀잇감의 사용 방법에 맞게 놀아요.<br>☐ 작동 부위(손잡이, 레버, 단추, 스위치 등)를 이해하고 적절하게 다루어 놀이할 수 있다<br>☐ 짧은 활동을 결합하여(인형 흔들어 침대에 눕히기, 숟가락으로 떠 인형에게 먹이기) 놀이할 수 있다. | |
| • 타인과 관계를 맺으며 놀 수 있어요.<br>☐ 인형에게 욕구, 감정을 부여하여 놀이할 수 있다.<br>☐ 상호적인 관계역할을 설정(나는 의사하고, 선생님은 환자해요)하여 놀이를 전개할 수 있다. | |

# SUM 4단계: **자율성** 모방

1부 자기인식

## 들어가기

아이들은 다른 사람의 말과 행동을 관찰하고 따라 하며 다양한 시도를 하게 됩니다. 상대방의 선택이나 행동을 비슷하게 따라 함으로써 낯선 대상이나 활동에 대한 경계심, 실패에 대한 두려움을 이겨 낼 수 있습니다. 반대로 아이는 자신을 모방하는 상대방의 모습을 관찰하면서 다른 사람의 행동, 표정에 주목하고 흥미를 느끼게 될 수 있습니다.

선생님은 아이를 모방하면서 자연스럽게 다른 방법을 보여 줄 수 있습니다. 아이는 선생님의 모습을 보고 따라 하고 싶다는 생각을 하기도 하고, 자연스러운 상황에서 아이의 모방과 선생님의 모방이 서로 연결되어 즐거운 경험과 감정을 공유할 수 있게 됩니다.

아이는 선생님이 모방하는 표정, 행동, 방법을 주의 깊게 살펴보고 다시 따라 해 보기도 하며 방법을 바꿔 보거나 장난을 치면서 선생님의 반응을 다르게 유도할 수도 있습니다. 또한 기대하는 반응을 이끌어 내고 싶어서 새로운 시도와 방법을 생각해 내기도 합니다.

이때 아이에게 보이는 선생님의 행동이 일방적인 제안으로 받아들여지지 않을 수 있도록 아이의 발달수준과 흥미를 고려한 활동이 되어야 합니다. 아이가 선택하고 시도한 놀이에서 선생님의 시범이 많은 양을 차지하게 된다면 아이는 자신의 놀이를 방해받았다고 생각할 수 있습니다. 아이의 놀이에 재미를 더한다는 느낌으로 서로 모방하며 놀이를 하거나, 아이가 새로운 도전이나 실행을 어려워하는 경우 약간의 도움을 주어 성취할 수 있도록 자연스러운 상황을 만들어 봅시다. 선생님이 아이가 모방하는 행동에 대해서 정확도나 결과에 중점을 두지 않고 시도하는 과정 자체를 지지한다면 아이의 자율적인 행동은 더욱 늘어나게 될 것입니다.

## 목표

1. 아이를 모방하여 다양한 반응을 인식할 수 있도록 돕는다.
2. 아이의 놀이와 행동에 방법을 더하여 재미있게 시범을 보인다.
3. 서로 모방하여 아이의 놀이가 유지되거나 확장되도록 지원한다.

## 준비

〈공간〉

• 상대방의 수행을 관찰할 수 있는 자리/배치 고려하기

〈교재 및 교구〉

• 아이의 수행 동기와 흥미를 유발할 수 있는 놀잇감 배치하기
• 다양한 방법으로 놀이할 수 있는 열린 장난감 준비하기

## 치료사 태도

| | |
|---|---|
| 민감성 | • 아이만의 놀이방식을 알아차리고 재미있게 모방하기<br>• 선생님의 모방 행동에 아이가 관심을 가질 수 있도록 하기 |
| 수용성 | • 아이가 모방해 가는 과정을 그대로 인정하기(수행에 대한 평가로 이어지지 않기) |
| 유연성 | • 일반적인 놀이방식이 아니더라도 아이의 흥미를 고려하여 시범 보이기 |
| 확장성 | • 아이가 좋아하는 방식을 유지하면서 새로운 내용을 더해 보기 |
| 인권감수성 | • 놀이하며 배우는 놀이의 주체로 아이를 인식하기 |

## 아이와 함께 이렇게 해 볼 수 있어요

### 프롤로그

선생님은 아이가 주로 선택하고 시도하는 놀이의 종류를 살펴보면서 매번 반복적으로 진행하는 놀이방식을 발견하게 되는 경우가 많을 거예요.

아이가 선호하고 익숙한 놀이방식을 선생님이 그대로 똑같이 모방해 보세요. 아이가 선생님의 모방 행동에 관심을 보이는지 살펴보면서 선생님과 주변 반응에 흥미를 느낄 수 있도록 도와주세요.

하민: (숫자 자석을 보드에 붙이며) 삼, 사.

 선생님도 붙여 볼래! 삼~ (자석을 붙이고 하민이의 반응을 살피다 하민이가 붙인 자석을 보며) 사~.

 하민이 또 숫자 붙여? 이제 그만 붙이고 다른 놀이 해 보자.

**스토리**

선생님의 모방에 아이가 관심을 가질 수 있도록 하기 위해서는 아이의 놀이방식을 조금 더 재미있는 방식으로 따라 해 볼 수 있어요.

이때 선생님이 놀잇감의 보편적인 놀이 방법을 시범 보이거나, 설명을 많이 하게 되면 아이의 놀이에 대한 흥미와 동기가 사라질 수 있어요. 아이의 흥미와 놀이방식을 고려하여 재미와 즐거운 요소를 첨가하는 방식으로 다가가주세요.

자신의 놀이방식에 몰두해 있던 아이는 점차 선생님을 따라 하기도 하고 자신의 놀이방식을 다르게 바꾸어 가며 선생님의 반응을 유도하기도 할 거예요.

하민: 4, 5.

선생님: (숫자 자석을 붙이며) 어흥~ 나는 무서운 사자 4다~.

하민: 나도 무서운 사자 4다~.

선생님: 그렇다면 5는…… 오징어 5다~.

하민: 나는 오리 5다~.

아이가 좋아하는 놀이방식이 변화 없이 반복되는 경우에 선생님은 아이의 상태를 더 주의 깊게 살펴볼 필요가 있어요. 아이는 반복적인 놀이방식으로 안정감과 즐거움을 얻기도 하지만, 자신이 알고 있는 방식 외에 다른 내용을 시도해 본 경험이 적을 수 있어요. 아이가 반복적인 놀이를 즐기기보다 습관화되어 관성적으로 하는 행동일 수도 있으니 여러 관점에서 관찰해 보세요.
선생님은 아이의 놀이방식에 새로운 내용을 첨가해 보는 시도를 해 보면서 아이가 자율적으로 자신의 놀이를 확장시켜 보는 경험을 할 수 있도록 지원할 수 있어요.
아이의 반응을 살피면서 낯설어하거나 관심 없다면 철회했다가 나중에 시도하는 것이 중요해요. 상황마다 아이의 욕구와 동기를 존중해 주세요.

하민이가 보드에 숫자 자석으로 버스 번호를 붙이고 있다.
#1

선생님: 어? 6514? 이거 버스 번호인가?

하민: 6514 버스.

선생님: 하민이가 좋아하는 버스네~. (6514를 가운데 두고 매직으로 버스 모양으로 네모를 그린다.)

하민: (선생님이 네모를 그리자 바퀴와 창문을 그린다. 다 그린 후) 버스 출발~.

선생님: 정류장도 그릴까?

하민: 정류장 싫어! (고개를 돌리며 거부 반응을 보인다.)

정류장 그리는 게 싫구나. 그래, 알았어. 그럼 나도 출발~.

 정류장을 그리면 더 재미있을 거야. (하민이의 손을 이끌며 그린다.)

#2

 하민: 5712 버스다~. (6514를 떼고 숫자를 다시 붙인다.)

선생님: 2층 버스다~ (말하면서 네모를 그린다. 하민이가 관심 있어 하는 것을 확인한 후) 3층 버스도 그릴까?

 하민: 좋아요! 내가 그릴래요. (3층을 그린다.) 4층, 5층, 6층……. (연속해서 계속 그린다.)

선생님: 우와~ 100층 버스가 되겠는데?

## 에필로그

아이는 선생님을 모방할 때 주로 재미와 흥미가 있는 방식을 따라 할 가능성이 큽니다.
선생님은 아이가 선택하고 따라 하는 과정에서 행동이나 표현, 수행의 정확도와 내용을 평가하기보다는 아이가 모방을 시도하는 과정 자체를 더 지지해 주세요.

SUM
4단계

 하민: (버스 각 층마다 창문을 그리기 시작한다.)

 선생님: 큰 창문, 작은 창문~ 창문이 많다. 3층 버스에는 엄마가 타고 있어요. (3층 창문에 사람을 그린다.)

 하민: 1층에는 아빠가 타고 있어요~. (사람을 그린다.)

 1층에는 아빠가 타고 있구나. 그럼 2층에는 누가 타고 있어?

 눈, 코, 입은 어디 갔어? 사람을 잘 그려야지.

## 4단계 SUM CHECK

| 사전 준비/환경 구성하기 | ✔ Check | 🖉 Memo |
|---|---|---|
| • 상대방의 수행을 관찰할 수 있도록 공간을 구성해 보았나요? | | |
| • 아이의 수행 동기와 흥미를 유발할 수 있는 놀잇감을 배치하였나요? | | |

| 치료사 태도 CHECK | ✔ Check | 🖉 Memo |
|---|---|---|
| • 아이만의 놀이방식을 알아차리고 재미있게 모방해 주었나요? | | |
| • 아이가 모방해 가는 과정을 그대로 인정해 주었나요? | | |
| • 일반적인 놀이방식이 아니더라도 아이의 흥미를 고려하여 시범을 보여 주었나요? | | |
| • 아이가 좋아하는 방식을 유지하면서 새로운 내용을 더해 보았나요? | | |
| • 놀이에 새로운 방식을 더할 때 아이가 좋아하는 방식으로 하였나요? | | |

| 아이와의 SUM CHECK | ✔ Check | 🖉 Memo |
|---|---|---|
| • 주로 어떤 것(행동, 소리, 말 등)을 서로 모방했나요? | | |
| • 선생님의 새로운 시도에 대한 아이의 반응은 어떠하였나요? | | |
| • 아이가 선생님을 따라 시도한 것이 있다면 무엇이었나요? | | |
| • 아이가 선생님을 모방할 때 방해가 되는 것이나 어려워하는 점은 무엇인가요? | | |
| • 선생님의 시도에 주의나 관심을 가지게 하는 특별한 방법이 있었나요? | | |

| SUM PLUS 되새기기 | ✔ Check | 🖉 Memo |
|---|---|---|
| • 가정에서 놀이활동 시, 상호 간 나타나는(수행하는) 모방행동에 대해서 양육자와 함께 이야기 나누어 봅시다. | | |
| • 가정에서 제한된 상황에 따라 아이가 자신의 요구를 어떻게 조절하는지 양육자와 이야기 나누어 봅시다. | | |

# SUM 5단계: 자율성 의도성 발현

## 들어가기

아이는 스스로 할 수 있는 기회와 경험이 많아질수록 자신의 의도를 실행하고 싶은 욕구가 커지며 더욱더 다양한 표현을 하게 됩니다. 이때 놀이 과정에서 자연스럽게 감탄사를 연발하거나 재미를 느끼는 리듬과 억양을 포함한 말을 흥얼거리는 모습도 발견할 수 있게 됩니다. 그리고 선생님이 보여 준 다양한 말과 행동을 자신의 것으로 사용하기도 할 것입니다. 이런 과정들이 충분히 쌓이면서 아이는 선생님에게 자신의 의도를 전달하기 위해, 원하는 결과를 얻기 위해, 도움을 요청하기 위해서 몸짓과 말을 사용하여 표현하기 시작합니다.

선생님은 아이가 자신이 원하는 바가 무엇인지 상대방에게 잘 전달할 수 있도록 도와주며, 아이의 다양한 표현방식 속에 전달하고자 하는 의도가 무엇인지를 적극적으로 파악하여 반응해 주어야 합니다.

아이의 의도가 상대방에게 전달되어 수용되는 성공 경험이 많아지면 자발적으로 자신의 의사를 표현하고자 하는 행동이 폭발적으로 증가할 것입니다. 이러한 과정에서 아이의 적극성과 의욕이 높아지고 놀이의 과정 역시 즐거워집니다. 물론 결과는 아이가 생각한 대로 이뤄지지 않을 수 있습니다. 선생님이 아이의 의도를 확인하며 공감적 표현으로 아이를 지지해 줄 때 아이는 자신의 의도를 보다 다양한 방식으로 표현하며, 말, 몸짓, 소리, 표정, 행동으로 나타낼 수 있습니다. 아이의 능숙하지 않은 표현을 고치려는 행동으로 놀이의 흐름이 깨지지 않도록 주의해야 합니다. 바로 지적하거나 표현을 교정하려고 하기보다 자발적으로 시도하는 표현들을 인정하고 지지해 줌으로써 아이는 자신의 의도를 더욱 적극적으로 상대에게 표현하려는 행동을 하게 될 수 있습니다.

아이 자신이 선택하고 스스로 표현하는 기회가 많아지면서 아이는 자신의 모습에 관심을 갖게 되고 선호와 능력을 알아 갈 수 있습니다. 아이는 자기의 다양한 모습을 인식하여 자신에 대한 개념을 점차 형성하게 됩니다.

**목표** ▶───────────────────────────────────●

1. 아이의 행동과 말을 주의 깊게 관찰하고 의도를 파악하여 반응한다.

2. 아이의 시도를 격려하며 자신의 의도를 확인하도록 돕는다.

3. 자신의 시도에 대해 긍정적인 경험을 할 수 있도록 돕는다.

**준비** ▶───────────────────────────────────●

〈공간〉

• 다양한 활동 중 일어날 수 있는 위험 요소 점검하기

• 놀이에서 공간을 다양하게 활용할 수 있도록 열린 생각하기

〈교재 및 교구〉

• 아이의 수준과 흥미를 고려한 다양한 놀잇감 배치하기

• 이전 차시에 성공 경험을 했던 놀잇감 배치하기

• 놀이 확장을 위해 열린 장난감 배치하기

**치료사 태도** ▶───────────────────────────────────●

| 민감성 | • 아이의 다양한 표현방식과 의도를 알아차리기 |
|---|---|
| 수용성 | • 아이의 어떠한 시도에도 함께 즐거워하며 반응하기 |
| 유연성 | • 아이가 좋아하거나 즐거워하는 활동을 반복하더라도 함께하기<br>• 아이가 시도하는 다양한 방식을 인정해 주기 |
| 확장성 | • 아이의 작은 시도가 확장될 수 있도록 지지하기 |
| 인권감수성 | • 아이(만)의 의도와 다양한 표현방식을 존중하기 |

## 아이와 함께 이렇게 해 볼 수 있어요

### 프롤로그

아이들은 자신이 하고자 하는 바를 시도하는 과정에서 다양한 아이만의 비언어적인 표현방식을 사용할 수도 있어요. 아이가 자신의 놀이를 선택하고 다양한 시도를 하는 과정에서 어떤 방식으로 표현을 하고 의도를 드러내는지 파악하는 것은 중요해요.

아이가 무엇에 관심을 보이며 가까이 하는지 어떤 행동을 반복하는지 살펴본다면 아이의 의도를 알아차리는 데 도움이 될 것입니다. 오랜 관찰에도 아이의 의도를 알아차리기 어렵다면 놀이 상황 안에서 아이가 이전에 함께 놀이했던 방식이나 행동들을 떠올리며 생각들을 읽어 줄 수 있어요.

#1

하민: (놀잇감을 선택하지 않고 교구장을 서성인다.)

선생님: (하민이가 수줍어서 주저하는 것을 보고) 하민이가 하고 싶은 장난감을 골라도 돼. (하민이가 지난 시간 관심을 가졌던 공룡 피규어가 든 통을 잘 보이게 밀어 두며) 여기에는 하민이가 좋아하는 장난감이 없네.

#2

하민: (놀잇감이 든 통을 와르르 쏟는다.)

선생님: (하민이가 장난감을 찾고 있는 것을 보고) 어떤 장난감을 찾고 있을까? (하민이가 공룡 피규어가 든 통을 와르르 쏟으려 하는 것을 보고) 여기에 공룡이 엄청 많이 있네.

**스토리**

선생님에게 자신의 의도가 수용되는 성공 경험이 많아지면 자발적으로 자신의 의사를 표현하고자 하는 행동이 늘어날 거예요.

놀이를 통해 다양한 시도를 해 보고 더 재미있는 방법을 알게 되면 아이의 선호로 이어지게 된답니다. 자기 주도적인 놀이시도를 통해 마음껏 즐거움을 느낄 수 있도록 응원해 주세요.

아이가 놀이를 통해 많은 시도를 하게 되면 놀이 상황에 대한 개념을 이해하고 다양한 상징을 사용하는 모습도 보일 거예요. 이를 통해 아이는 더 많은 생각들을 떠올리게 되고 자신의 생각을 활발히 표현하려는 모습을 보일 수 있어요. 만일 아이의 놀이 방법이 이해되지 않는다면 자연스럽게 아이가 대답할 수 있는 쉬운 질문을 통해 아이의 의도를 알아 보는 것도 좋아요. 아이의 의도를 알아챈다면 선생님도 더욱 즐겁게 놀이를 함께할 수 있을 거예요.

하민: (주차하는 놀이를 오랫동안 반복하다가 자동차 위에 다른 자동차를 올려놓는다.)

 어! 자동차 위에 자동차가 올라갔네? 왜 올라갔는지 너무 궁금하다.

 하민아, 자동차는 주차하는 자리에 해야지.

하민: 주차하는 곳이 없잖아요. 자동차 위에 주차하는 거예요.

선생님: 아~ 주차하는 거였구나! (하민이의 의도를 알아채고 박수를 치며) 이렇게 하면 자리가 없어도 주차할 수 있겠다.

아이가 놀이에 새로운 시도를 시작할 때 선생님은 아이의 의도를 잘 포착할 수 있어야 해요. 아이의 시도를 말로 표현해 주거나 아이가 시도하는 놀이에 필요한 다양한 재료 또는 장난감을 가져오는 행동으로 지지하고 있음을 표현하고 드러내 보아요.

아이는 신나게 놀이를 이어 가며 다음에 이어 갈 새로운 시도를 떠올려 보게 될 거예요.

하민: (테이프로 붙여 놓은 2개의 자동차 위에 사과 모양의 과일 모형을 덧붙이려 시도한다. 선생님을 보며) 택배. 택배. 택배 와요~.

SUM
5단계

선생님: (새로운 시도를 할 수 있도록 바나나를 가까이 두며) 자~ 사과 택배가 출발합니다! 택배가 갑니다~.

하민: 또 바나나 택배가 갑니다!

**에필로그**

선생님이 아이의 놀이에 관심을 가지고 민감하게 반응하며 아이가 미처 상대에게 잘 전달하지 못한 의도도 알아차려 주세요. 시간에 쫓기거나 해야 할 목표에만 초점을 두다 보면 중요한 아이의 시도를 놓칠 수도 있어요.
선생님이 자신의 의도나 표현을 가장 잘 알아주는 사람임을 아이가 알게 된다면 아이는 점차 더 다양한 놀이를 시도하며 마음껏 자신의 마음과 생각을 표현하기 시작할 거예요.

하민: (마무리 인사를 하고 나서 갑자기 물티슈로 자동차를 닦기 시작한다.)

 하민이가 차를 닦고 있네! 이건 무슨 놀이인지 말해 줄래? 들어 보고 정리하면 되겠다.

 하민아, 인사했잖아. 이제 갈 시간이야. 정리 다 했어?

하민: 자동차 목욕 놀이요.

선생님: 우와! 재미있겠다. 우리 다음 시간에 자동차 목욕 놀이 꼭 하자!

## 5단계 **SUM** CHECK

| 사전 준비/환경 구성하기 | ✓ Check | ✏ Memo |
|---|---|---|
| • 다양한 활동 중 일어날 수 있는 위험 요소를 점검하였나요? | | |
| • 아이의 수준과 흥미를 고려한 다양한 놀잇감을 배치하였나요? | | |
| • 이전 활동에서 성공 경험을 했던 놀잇감을 배치하였나요? | | |
| • 놀이 확장에 사용할 만한 열린 교구들을 준비해 두었나요? | | |

| 치료사 태도 CHECK | ✓ Check | ✏ Memo |
|---|---|---|
| • 아이의 다양한 표현방식과 의도를 알아차려 보았나요? | | |
| • 아이의 어떠한 시도에도 함께 즐거워하며 반응해 주었나요? | | |
| • 아이가 시도하는 다양한 방식을 존중해 주었나요? | | |
| • 아이의 작은 시도가 확장될 수 있게 지지해 주었나요? | | |

| 아이와의 SUM CHECK | ✓ Check | ✏ Memo |
|---|---|---|
| • 아이가 자신의 욕구와 의도를 표현하는 방식(언어표현/비언어적 행동/정서적 반응)은 무엇이었나요? | | |
| • 놀이 시 선생님에게 아이가 자주 표현하는 요구는 무엇이었나요? | | |
| • 아이가 자신감을 가지고 적극적으로 시도한 활동은 무엇이었나요? | | |
| • 아이의 시도가 증가하는 데 도움이 되었던 선생님의 표현이나 반응은 무엇이었나요? | | |
| • 자신의 선택과 시도에 대한 결과를 수용하는 아이의 반응은 어떠하였나요? | | |

| SUM PLUS 되새기기 | ✓ Check | ✏ Memo |
|---|---|---|
| • 가정에서 아이가 자신이 하고자 하는 바를 어떠한 방식으로 표현하는지 양육자와 함께 이야기 나누어 봅시다. | | |
| • 가정에서 아이의 시도나 수행 결과에 따라 양육자가 어떻게 반응하는지 이야기 나누어 봅시다. | | |
| • 아이가 가정에서도 다양하고 더 많은 시도를 하며 자율성을 키울 수 있는 방안(의도 알아차리기, 정서적 지지하기, 수행 난이도 조절하기 등)을 함께 고민해 봅시다. | | |

**〈  자율성 Q & A | 고민을 함께 해결해 보아요.**                    Q :

> 놀이 상황에서 파괴적인 행동을 보이는 경우나 도전적 행동을 보이는 경우에 어떻게 해야 할까요?

**인지 지은샘:** 아이가 불편함을 느끼는 이유가 무엇인지 파악하는 것이 필요해요. 아이의 불편함을 공감하고, 이해해 주며 즉각적으로 해결할 수 있는 어려움이라면 수용해 주어 아이가 낯선 환경에 잘 적응할 수 있게 도와주세요.

**인지 희정샘:** 그러한 행동이 아이에게 이미 형성된 놀이 방법인지 확인해 보세요. 재밌고 즐거운 상황을 놀잇감을 던지거나 부수는 행동으로 표현하는 방법에 익숙해져 있을 수 있어요. 아니면 선생님의 반응을 유도하기 위한 행동일 수 있어요. 이럴 경우에 아이의 행동에 반응하지 않고 차분히 기다려 보세요. 아이가 화가 난 상황이 아니라면 조금 뒤 선생님의 반응을 살피고 차분히 다시 놀이로 돌아올 거예요. 즉각 다시 돌아온 아이의 행동을 칭찬해 주세요.

**놀이 진주샘:** 파괴적인 행동이 상대에게 직접적인 공격행동으로까지 나타난다면 제한설정이 필요할 수도 있습니다. 가령 놀잇감을 던진다거나 선생님을 공격한다면 아이가 치료실을 안전한 공간으로 느끼게 돕기 위해서라도 어떤 행동까지 허용되고 그 이상은 무슨 책임이 따르는지 경험할 필요가 있어요. 장난감을 의도적으로 던진다는 느낌을 받는 행동이 몇 번 보인다면 그럴 때마다 해서는 안 될 행동이라는 걸 말해 주면서 대신할 대안 행동을 제시합니다. 개인적으로 저는 속으로 4~5번 부적절한 행동을 세고 그런 후에도 지속하면 마지막으로 경고해요. 이때는 다시 똑같은 행동을 하면 감당해야 될 책임도 설명해 줍니다(예: "장난감을 던지는 건 위험한 행동이라 안 돼. 화가 나서 마음이 불편하다면 대신 펀치백은 칠 수 있어. 다시 한번 던지면 그 장난감을 갖고 놀지 않을 거야. 네가 선택한 거야."). 그런 후에도 아이가 같은 모습을 보였다면 단호하고 담담한 목소리로 말한 후 약속한 대로 놀잇감을 놀지 못하게 치워요. 그 순간 아이는 몹시 고통스러워하며 당면한 상황을 받아들이지 못하겠지만 결국 같이 견뎌 주는 시간이 더해져 아이는 성장할 것입니다.

아이가 시도하는 행동이 의도나 의미가 없어 보이는데 어떻게 하는 게 좋을까요?

**감통 미선샘**: 아이가 하는 행동을 잘 관찰하면 그런 행동의 의미를 찾을 수가 있을 것입니다. 아이의 행동의 특별한 점을 발견하고 그것을 같이 해 보세요. 그냥 뛰어다니는 것처럼 보일지라도 질감이 다른 곳을 왔다 갔다 한다든가, 점프와 뛰기를 반복하는 등의 패턴을 보이는지 확인할 수 있습니다.

**인지 지은샘**: 아이가 하는 행동에서 무의미한 행동은 없답니다. 어른의 시각에서는 의도성이 없거나, 의미 없는 행동으로 느껴질 수 있지만, 아이의 입장에서는 사소한 사건과 자극도 흥미나 재미로 느껴질 수 있습니다. 이러한 행동을 제지하거나, 다른 활동으로 전환하기보다는 조금 여유를 가지고 지켜봐 주세요. 아이의 관심 영역이나 흥미 포인트를 찾을 수도 있을 테니까요.

**인지 희정샘**: 아이가 그 행동을 재미있어하는지, 아니면 할 줄 아는 행동이 적고 다른 것을 어떻게 놀아야 할지 모르기 때문에 그 행동을 그냥 반복하는 것인지 파악해 본다면 단순히 의도 없이 무의미해 보이기보단 아이의 상황을 이해할 수 있는 마음이 생길 거예요.

 아이가 놀이시간이 짧아 배회하거나 누워 있는 모습이 자주 보여요. 노는 것을 힘들어하는 것 같아요.

**인지 희정샘**: 아이들마다 놀이의 모습은 다양할 수 있어요. 놀잇감이나 활동적으로 놀이를 하는 아이들도 있지만 어른들이 보기에 아무것도 하지 않는 모습을 보이는 아이들도 있어요. 아이가 놀잇감을 선택하지 않거나 쉬려고 하는 것도 그 상황에서 아이의 시도이며 선택일 수 있습니다. 아이의 선택에 따라 선생님이 반응을 해 보시면 좋겠어요. 누워 있는 아이의 경우 선생님도 아이와 마주 보고 누워서 눈맞춤을 시도하고 표정을 달리하면서 놀이할 수도 있습니다. 아이가 선택한 상황에서 선생님과의 상호작용은 새롭게 발견하게 되는 놀이들이 많아질 수 있어요.

**감통 미선샘**: 아이가 힘들어하면 아이와 쉬면서 다른 상호작용이나 몸놀이를 한다거나 천천히 놀이를 시도해 볼 수도 있어요. 쉬는 것에도 의미를 부여하고 다른 상호작용이라 여겨 보세요. 우울감이 있는 아이들, 쉽게 지치는 아이, 반응이 느린 아이, 속도가 느린 아이, 수동적 기질을 가지고 있는 아이일 수 있으니 아이의 기질을 잘 알고 이해해야 합니다.

 아이가 활동을 주저하며 선생님의 눈치를 볼 때 어떻게 접근하는 것이 좋을까요?

**인지 지은샘**: 아이가 스스로 해 보겠다는 시도가 많아지면서 실패에 따른 좌절감과 수치심을 느낄 수 있어요. 이러한 과정에서 자신의 행동을 조절하고, 주어진 환경이나 대상에 적응하는 능력을 키울 수 있답니다. 아이가 다양한 시도를 할 수 있도록 수용적인 태도를 보여 주세요.

**언어 지현샘**: 교실 내에서 해 보았던 대로 행동해야 한다고 생각하며 자신만의 과정이 생겨났을 수도 있어요. 이전과 똑같지 않아도 안전하며 다양한 결과를 선생님도 함께 즐거워한다는 느낌을 전달해 보세요. 아이는 이전보다 더욱 다양하게 시도할 수 있게 될 거예요.

 아이가 자율성 단계에서 짜증이 많아져요.

**감통 미선샘**: 선생님에게 신뢰감을 느끼고 있을 때 자신의 의도를 몰라 주거나 욕구가 지연되면 짜증을 내거나 감각놀이가 많아지는 것을 다수의 아이들에게서 관찰할 수 있습니다. 이 단계에서 이는 자연스러운 과정일 수 있음을 보호자에게 설명해 두는 것이 좋습니다.

**인지 지은샘**: 아이는 자율성 단계에서 외부 환경이나 제약 없이 자신이 원하는 대로 하려는 시도와 도전이 많아집니다. 이러한 과정에서 자신이 뜻대로 되지 않았을 때 좌절감을 느끼면서 짜증이 많아집니다. 이때 무조건적인 격려와 칭찬으로 수행을 리드하기보다는 속상한 아이의 마음을 이해해 주고, 아이가 다시 성공 경험을 가질 수 있도록 몰래 도움을 주는 것이 좋습니다. 이러한 과정에서 아이는 어른에게 의존하지 않고 스스로 자율성을 키워 나가게 된답니다.

# SUM 6단계: **자아개념** 경험

## 들어가기

아이는 외부와의 상호작용을 통해 자신을 알아 가게 되고 타인과 세상을 경험하게 됩니다. 이러한 과정은 매우 자연스럽게 진행되며 아이는 수많은 경험을 통해 자신의 신체, 학습, 외모, 또래와 부모관계에 대한 능력과 선호를 알게 됩니다. 아이는 신체적인 자기를 확인하고 이해하는 것에서 시작하여 점차 소속된 환경에서의 능력과 강점, 선호, 소유와 관련된 자신의 모습을 새롭게 인식할 수 있습니다.

이때 선생님은 놀이를 하는 동안 아이의 행동에 대해 설명하여 아이의 시도나 선택, 활동 결과와 관련된 객관적인 정보를 제공하거나 구체적인 칭찬과 같은 지지를 통하여 아이가 자신을 인식하는 것을 도울 수 있습니다. 선생님은 아이와 직접 경험해 보면서 '키 재기' '거울 보며 관찰하기' '가장 좋아하는 것을 골라 보기' '서로의 신체 그려 보기' '사진 보기' 등 일상적이고 자연스러운 활동을 제공할 수 있습니다. 또한 아이가 자신이 할 수 있는 것과 없는 것에 대한 능력 수준을 파악할 수 있는 다양한 활동을 해 볼 수 있습니다.

선생님은 아이의 능력이나 수행 수준에 대한 평가를 하기보다는 다양한 상황과 대상을 확인하고 비교함으로써 자신의 신체, 학습, 외모, 또래와 부모관계에 대해서 인식하는 부분과 정도를 파악하고, 아이가 자신을 인식하는 과정에서의 판단을 있는 그대로 수용하며 지지해 주어야 합니다. 아이는 자신에 대한 인식이 늘어나면서 자신과 관련된 다양한 관계나 환경에 대해서 알아 가게 됩니다.

## 목표

1. 아이가 자신의 신체, 능력, 선호에 대해 스스로 인식하도록 돕는다.
2. 구체적인 칭찬과 정보를 제공하여 아이의 자기인식 과정을 돕는다.
3. 자신에 대해 새롭게 발견할 수 있는 기회를 제공한다.

## 준비

〈공간〉
• 상대방의 모습이나 행동을 관찰함으로써 자신을 인식할 수 있도록 충분한 공간과 시야 확보하기

〈교재 및 교구〉
• 신체적 자아를 확인할 수 있는 도움이 되는 도구들(거울, 인형 등)을 준비하기
• 관계적 자아에 대한 아이의 인식을 확인할 수 있는 주제(가족/직업)의 다양한 교구(책, 인형, 스티커 등) 준비하기

## 치료사 태도

| | |
|---|---|
| 민감성 | • 아이가 자신에 대해 어떠한 표현을 하는지 알아차리기 |
| 수용성 | • 아이의 부정적인 자기인식을 있는 그대로 수용하기 |
| 유연성 | • 아이가 자기를 인식하는 인지적 · 감정적 반응을 있는 그대로 존중하기 |
| 확장성 | • 새로운 환경과 대상을 마주하는 경험을 통해 자신을 인식할 수 있는 기회 마련하기<br>• 스스로 인식한 자기를 다시 확인해 볼 수 있는 기회 마련하기 |
| 인권감수성 | • 있는 그대로 나 자신을 느끼고 알아 갈 수 있도록 '나다움'을 지지하기<br>• 성별, 연령과 관련된 편견, 고정관념을 배제하기 |

## 아이와 함께 이렇게 해 볼 수 있어요

### 프롤로그

아이들은 자신의 몸을 움직이고 주변을 탐색하면서 자신의 신체, 외모, 선호, 능력, 소속 및 관계 등에 대한 자아개념을 형성하게 돼요.

선생님은 아이의 수준에서 자연스럽게 자신의 특징을 발견하고 탐색할 수 있는 기회를 만들어 주세요. 그리고 자연스러운 상황 안에서 아이가 자신에 대해 어떠한 표현들을 하는지 살펴보도록 해요.

선생님은 아이가 새로운 환경과 대상을 만나며 관찰과 탐색을 통해 자신을 인식할 수 있도록 환경을 구성해 주는 것이 필요해요. 그리고 거울, 인형, 책, 신체활동 교구 등 아이의 신체적·언어적·관계적 자아개념을 확인할 수 있는 교구들을 준비해 두는 것도 좋아요.

하민: (활동실에 들어와서 바닥에 붙어 있는 다양한 색깔과 크기의 발바닥 모양의 시트지를 보고 가까이 가며) 이게 뭐지?

선생님: 바닥에 발바닥 그림이 붙여져 있네~.

하민: (자신의 발바닥을 대보며) 이 발바닥은 엄청 작다. 저기 발바닥은 진짜 커요!

선생님: 선생님 발에 딱 맞는 게 없네. 내가 좋아하는 색깔도 없구~ 새로 만들어 봐야겠다.

하민: 나도요! 내가 좋아하는 파란색도 없어요.

## 스토리

선생님은 아이가 자신의 선호, 능력, 신체의 모습을 스스로 확인할 수 있도록 다양한 선택의 기회를 제공할 수 있어요. 아이들은 선택의 과정에서 신체적 특징과 소유물을 확인하면서 좋고 싫음의 정서적 반응이나 할 수 있고 없음의 성취적 반응을 느끼고 표현할 수 있어요.

이때 선생님은 성별, 연령과 관련된 편견과 고정관념을 가지고 아이를 대하기보다는 아이가 자기를 인식하는 다양한 반응을 있는 그대로 존중해 주어야 해요. 아이 입장에서의 충분한 공감과 칭찬은 아이의 자기인식 과정을 도울 수 있답니다.

선생님: (다양한 색깔의 시트지를 보여 주며) 하민이는 어떤 색깔 좋아해?

하민: 나는 노란색이 좋아요~ 그리고 주황색!

 하민이는 노란색이랑 주황색을 좋아하는구나! 선생님도 노란색 좋아해.

 남자 친구들은 보통 파란색을 많이 좋아하던데……

하민: (자신의 옷을 가리키며) 나는 옷, 신발도 노란색인데~.

선생님: 하민이는 노란색이 잘 어울린다.

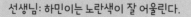

하민: (교실에 있는 거울로 자신을 비춰 보며) 맞아요.

아이가 자신에 대해 부정적으로만 표현한다면 섣불리 이러한 반응을 교정하기보다 우선 아이가 자신을 어떻게 느끼며 수용하는지 확인해 주세요. 선생님은 아이의 자기표현을 진지하게 경청하며 공감해 주고, 아이가 긍정적인 자기 모습을 발견할 수 있도록 도와줄 수 있어요.

아이가 자신의 감정이나 생각을 확인하며 스스로 선호나 능력에 맞게 다시 시도할 수 있는 기회를 만들어 주는 것이 좋아요. 긍정적인 자아개념은 아이의 선택이나 수행을 지지하며 신뢰감이 쌓일 때 형성될 수 있어요. 아이를 불안하게 하지 말고, 마음껏 탐색하려고 하는 행동을 격려해 주세요.

하민: 나는 가위질 잘 못해. 선생님 이거 해 주세요.

선생님: 그래~ 가위질이 어려울 수 있어. 선생님이 하민이가 얘기하는 대로 오려 줄게.

하민: (다 오린 후) 이거 실패야. 할 수 없어요. 딱 맞게 안 돼요.

선생님: 하민이 발보다 너무 크게 오려져서 속상했구나. 어떻게 해 볼까?

하민: 발바닥을 다시 작게 할 거야. (다시 종이를 작게 오린 후 발에 대보며) 이제 똑같다~.

여러 회기를 통해 아이가 인식하는 자신의 모습을 발견하고 확인할 수 있도록 다양한 활동을 확장시켜 주세요. 비슷한 방법이나 내용의 놀이 안에서 아이의 점진적인 시도와 선생님의 정서적 지지는 자신을 다양하게 인식할 수 있도록 도와줍니다.

선생님이 구체적인 정보를 제공할 때 아이의 능력이나 수행 수준에 대한 평가를 하기보다는 아이가 스스로 자신의 능력이나 선호를 확인하며 시도할 수 있도록 도와주세요. 이때 선생님은 아이가 쉽게 성공할 수 있는 단계도 함께 마련해 두는 것이 좋아요.

하민: (만든 시트지 위로 점프를 하거나 발자국을 밟으며 건너간다.)

선생님: 우와, 하민이가 지금 발자국만 밟고 건너갔어! 파란색 발자국은 점프하지 않고도 지나갔네.

하민: (선생님의 말에 아이는 으쓱하고, 더 멀리 떨어져 있는 시트지로 점프하며) 성공~ (비교적 가까운 거리의 발자국을 뛰지 않고 건너며) 이건 너무 쉽다~.

선생님: 하민아, 또 점프할 수 있는 데 있어?

하민: (주변을 두리번거리며) 여기랑 저기요!

 그래! 좋아. 한번 점프해 보자~.         저기는 너무 멀어서 힘들 것 같은데~.

**에필로그**

선생님은 아이가 자신이 할 수 있는 것과 없는 것에 대한 능력 수준을 파악하거나, 아이가 속한 소속(가정, 유치원, 또래 집단)에서 자신을 모습을 확인할 수 있도록 다양한 활동을 준비할 수 있어요.
아이와 함께 지난 활동을 돌아보는 시간을 가지면서 아이가 스스로 인식한 자기를 다시 확인해 볼 수 있도록 도와주세요. 있는 그대로 자기 자신을 느끼고 알아 갈 수 있도록 지지해 주는 선생님의 태도는 아이의 긍정적인 자아상 형성에 도움이 되어요.

선생님: 오늘 선생님이랑 하민이랑 바닥에 좋아하는 색깔의 발자국도 붙여 보고, 점프도 해 봤어요~.

 하민: 내가 좋아하는 노란색, 파란색 발자국 저기 있어요.

선생님: 맞아. 하민이가 좋아하는 노란색 여기에도 있네. 선생님은 하민이가 점프를 아주 멀리까지 해서 깜짝 놀랐어~.

 하민: (점프를 하며) 내가 이렇게 했어요!

## 6단계 **SUM** CHECK

| 사전 준비/환경 구성하기 | ✔ Check | 🖋 Memo |
|---|---|---|
| • 상대방의 모습이나 행동을 관찰함으로써 자신을 인식할 수 있도록 충분한 공간과 시야를 확보하였나요? | | |
| • 신체적/관계적 자아에 대한 아이의 인식을 도울 수 있도록 다양한 주제의 교구(책, 거울, 인형, 미술도구 등)를 준비하였나요? | | |

| 치료사 태도 CHECK | ✔ Check | 🖋 Memo |
|---|---|---|
| • 아이의 부정적인 자기인식을 있는 그대로 수용해 주었나요? | | |
| • 성별이나 연령에 따른 일반적인 고정관념(성취, 선호)을 최대한 배제하고 아이와 활동하였나요? | | |
| • 새로운 환경과 대상(타인 혹은 사물)을 마주하는 경험을 통해 자신을 인식할 수 있는 기회를 충분히 마련하였나요? | | |

| 아이와의 SUM CHECK | ✔ Check | 🖋 Memo |
|---|---|---|
| • 아이가 스스로 인식한 자기를 다시 확인해 볼 수 있는 기회를 충분히 마련하였나요? | | |
| • 있는 그대로 나 자신(나다움)을 느끼고 알아 갈 수 있도록 지지하였나요? | | |
| • 아이가 자신을 세부적으로 분류하여 반응하는 방식(비교와 대조, 동일시, 유목화)은 어떠하였나요? | | |
| • 아이가 주로 사용하는 자기인식의 반응(비교와 대조, 동일시, 유목화)은 무엇이었나요? | | |
| • 아이가 활동 안에서 인식한 자신을 다시 확인하는 반응을 보였나요? | | |
| • 아이가 자기인식 과정에서 나타나는 정서적 반응(만족, 불만족)은 어떠하였나요? | | |

| SUM PLUS 되새기기 | ✔ Check | 🖋 Memo |
|---|---|---|
| • 가정에서 아이가 자신의 신체/관계/능력에 대해서 어떻게 이해하고 표현하는지 양육자와 함께 이야기 나누어 봅시다. | | |
| • 이번 회기를 통해 아이의 자아개념에 대해 치료사나 양육자가 새롭게 알게 된 것이 있는지 확인해 봅시다. | | |

SUM
6단계

## SUM 7단계: **자아개념** 모방

### 들어가기

유아기 때 아이들은 자신이 알고 경험한 정보를 토대로 자신의 신체상, 선호, 소속과 같은 관계에 대해서 파악하며 그것을 반복해서 확인하는 과정을 거쳐 자신에 대해 자세히 알아 가게 됩니다. 자기 자신에 대해 잘 인식하지 못한 채로 성장하게 되면 자신의 선호나 능력, 소속에 대해 타인이 제공한 정보만을 의지하여 세상을 바라보게 됩니다. 이러한 아이들은 자칫 발달과업에 잘 따라가는 것처럼 보이지만, 자신과 관련된 많은 선택과 표현활동에서 주저하며 수행을 회피하게 될 수 있습니다. 그러므로 선생님은 아이가 다양한 경험을 통해 자신을 확인하고 인식하며 표현할 수 있도록 도와주어야 합니다.

선생님은 아이가 인식한 자기를 확인하고 상대방과 비교해 자아개념을 형성할 수 있도록 시범을 보일 수 있습니다. 아이가 선택한 놀이 안에서 서로의 신체를 비교할 수도 있고, 자신의 선호와 소유물에 대해 이야기 나눠 볼 수 있습니다. 또한 아이가 속한 소속 안에서 자기를 발견할 수 있도록 시각적 자료와 시범을 활용할 수 있습니다.

아이는 선생님의 시범을 관찰하고 따라 하면서 자신과 자신을 둘러싼 환경에 대해 보다 깊게 이해하게 됩니다. 선생님은 아이가 자신의 모습을 제대로 바라볼 수 있게 해 주는 거울의 역할을 할 수 있습니다. 이러한 과정을 통해 아이는 자신만의 고유한 특성을 발견하며 자아개념을 형성하게 됩니다.

### 목표

1. 자신의 능력, 선호를 표현할 수 있도록 충분히 시범을 보인다.
2. 구체적인 정보를 통해 자신의 특징을 발견할 수 있도록 시범을 보인다.
3. 상대방과의 다름을 파악하는 과정을 통해 자신에 대해 인식할 수 있도록 돕는다.

## 준비

〈공간〉

• 상대방의 모습이나 행동을 관찰하여 비교하거나, 타인의 행동을 모델링함으로써 자신의 선호/
비선호도, 능력수준을 파악할 수 있는 충분한 공간과 시야 확보하기

〈교재 및 교구〉

• 타인과 자신의 외모, 관계성, 취향, 능력 수준 등을 비교하여 자신의 신체적/관계적 자아를 확인/
확장할 수 있는 다양한 교구(신체적 놀이 도구, 거울, 소꿉놀이, 가족 및 친구들 사진 등) 준비하기

• 차이점이 확연히 눈에 띄는 놀잇감(색, 크기, 소리 등 다른 것)을 2개 이상 충분히 준비하기

## 치료사 태도

| 민감성 | • 아이가 자신의 외모, 소유, 취향, 감정 및 관계에 대해 인식하는 방식과 정도를 알아차리기<br>• 아이가 자신과 상대방을 비교함으로써 나타내는 반응양식(수용, 저항, 회피) 패턴 알아차리기 |
|---|---|
| 수용성 | • 상대방과의 비교를 통해 자신을 인식하는 아이의 다양한 반응을 수용하기 |
| 유연성 | • 아이가 상대방과 동일시하거나, 차이를 인식할 때 과대평가나 과소평가하는 부분을 객관화하도록 돕기 |
| 확장성 | • 비교 대상의 범주를 넓혀 갈 수 있도록 기회 마련하기 |
| 인권감수성 | • 외모, 소유, 취향, 감정 및 관계에 대한 좋고 나쁨의 기준을 배제하고, 다양한 개성을 존중하기 |

## 아이와 함께 이렇게 해 볼 수 있어요

자아개념은 아이 자신이 타인과의 비교를 통해 자신을 구별할 수 있는 능력을 말해요. 아이는 자신의 신체와 정서에 대해 '나는 ~하다.'라고 스스로 지각할 수 있어요.

아이는 실제로(직접) 확인할 수 있는 신체에 대한 지각을 통해 자아 인식이 가능해지며 상대방과의 비교를 통해 더 쉽게 자신에 대해 확인할 수 있어요.

아이는 타인과 자신의 다름을 직접 보고 비교하기도 하고, 주변인의 설명이나 안내를 통해 알아 갈 수도 있어요. 선생님은 아이가 자신의 외모, 소유, 취향, 감정 및 관계에 대해 인식하는 방식을 파악하며 스스로 자신을 인식하는 수준과 범위를 확인하여 확장할 수 있도록 도와야 해요.

아이는 선생님이나 주변 사람들의 평가지향적인 반응에 크게 영향을 받기 때문에 자신과 타인을 비교할 때, 자신의 모습에 대해 저항하거나 회피할 수도 있어요. 비교는 자신의 모습을 있는 그대로 인식하는 과정임을 기억하세요.

하민: (활동실에 들어와서 그림을 그리고 싶다고 말하며 벽면에 붙은 전면 거울에 여러 가지 색의 보드마커로 그림을 그린다. 거울에 자동차를 그리며) 멋진 자동차~.

선생님: 하민이가 멋진 자동차를 진짜 잘 그렸네.

하민: 네, 자동차 잘 그렸어요(모방).

선생님: (거울에 손바닥을 대고) 선생님은 손바닥 그려 봐야지.

하민: (선생님을 따라 거울에 손바닥을 대고 따라 그리며) 나도 그려야지~ 선생님 건 크다. 나는 작은데…….

선생님: 하민이 손바닥은 작지만, 너무 귀엽다~ 잘 그렸는데……. 다른 것도 그려 볼까?

하민: 내 몸처럼 큰 거 그려요~ 사람! (큰 동그라미로 얼굴을 그리며) 이렇게 크게.

선생님: 좋아! 그럼 엄청 큰 하민이를 그려 보자.

**스토리**

유아기 때 아이들은 자신이 알고 경험한 정보를 토대로 자신의 신체상, 선호, 소속과 같은 관계에 대해서 파악하며 그것을 반복해서 확인하는 과정을 거쳐 자신에 대해 자세히 알아 가게 돼요.

선생님은 아이가 자신의 모습을 파악할 수 있도록 구체적인 정보를 제공할 수 있어요. 아이의 수준에서 상대방과의 차이를 인식할 수 있도록 자세하게 설명해 주거나, 직접 그 차이를 확인할 수 있도록 시각화할 수 있는 단서를 활용해 주세요.

하민: (머리, 몸통, 팔, 다리가 있는 사람 형태의 그림을 그리며) 내 몸처럼 크게 그렸어요~ 나랑 똑같다.

선생님: 하민이가 사람을 진짜 크게 그렸네. (하민이가 그린 그림과 하민이의 키를 비교하여 차이가 나는 만큼 손으로 나타내 주며) 그런데 이 그림보다 하민이가 이만큼 더 큰 거 같은데~ 하민아, 여기 서 봐. 선생님이 하민이 키만큼 선을 그려 줄게!

하민: 어! 내가 더 크네~ 다시 그릴래요.

선생님: 좋아. 선생님도 그리고 싶다.

아이는 선생님의 시범을 관찰하고 따라 하면서 자신과 자신을 둘러싼 환경에 대해 보다 깊게 이해하게 돼요. 선생님은 아이가 자신의 모습을 바라볼 수 있게 해 주는 거울의 역할을 할 수 있어요. 이때 선생님은 아이가 자신을 인식하는 외모, 소유, 취향, 감정 및 관계 등에 좋고 나쁨의 기준을 배제하고 자신만의 고유한 특성과 개성을 가지고 있음을 느끼게 해 주세요.

선생님: (자신의 그림에 머리카락을 길게 그려 넣기 시작한다.)

 하민: 선생님 머리다.

선생님: 맞아. 선생님 머리카락처럼 긴 머리 그렸어.

 하민: 나도 긴 머리 그릴 거야. (하민이는 자신의 머리 길이보다 더 길게 그림을 그린 후, 선생님에게 자랑을 하며) 선생님 제 머리 진짜 길죠?

선생님: 하민이 머리는 짧은데, 그림은 머리를 굉장히 길게 그렸네.

 하민: 나는 머리 긴 게 좋아요.

 하민이는 긴 머리를 좋아하는구나. 그림처럼 이렇게 머리가 길어도 잘 어울릴 것 같아.

 하민이는 머리가 짧은데, 똑같이 그려야지. 이건 하민이랑 다른데…….

아이가 자기를 인식하는 과정에서 상대방과의 비교를 통해 자신에 대한 실망이나 분노를 표출할 수도 있어요.
아이의 부정적인 반응에만 초점을 두어 중재하려고 하기보다는 아이의 입장에서 우선 마음을 헤아려 주세요. 이러한
과정에서 선생님은 자신을 인식하는 아이만의 방식을 파악할 수 있고, 아이가 자신의 모습을 편안하게 인식하고 수용
할 수 있도록 도울 수 있어요.

하민: (완성된 그림을 본 후 갑자기 시무룩한 표정을 하고 있다.)

선생님: (하민이의 반응을 보고 혹시 그림에 마음에 들지 않는 것이 있는지 물으며) 하민
아, 혹시 마음에 안 드는 게 있어?

하민: (씩씩대며 자신의 그림 옆에 엄청 큰 사람 모양을 다시 그리려고 하며) 선생님이
더 커. 하민이는 작아서 싫어. 나도 크게 그릴래.

 그래. 하민이 그림이 작아서 많이 속상했구
나. 그럼 하민이가 그리고 싶은 대로 다시
그려 보자.

 하민이 키만큼 잘 그렸는데~ 이건 너무 크
잖아.

하민: (그림을 다시 완성한 후) 다했다!

선생님: 우와~ 진짜 크다. 하민이가 어른이 돼서 이만큼 커지고 싶구나. 하민이가 아빠처
럼 어른이 되면 선생님보다 더 커지겠다.

하민: (자신의 그림을 가리키며) 우리 아빠는 이만큼 커요! 엄마가 없네. 엄마도 그릴래요.

선생님: 좋아~ 선생님도 우리 가족을 그려야지.

## 에필로그

아이는 자신에 대한 인식이 늘어나면서 다양한 관계 속에서 사람들과의 같고 다른 점이나 환경을 둘러싼 사물, 공간의 특징을 확인할 수 있어요.

선생님은 아이가 속한 소속 안에서 자기를 발견할 수 있도록 시각적 자료와 시범을 활용할 수 있어요. 비교 대상의 범주를 넓혀 갈 수 있는 다양한 기회를 마련해 주세요.

선생님: 하민아, 이 사람은 선생님 엄마야. 우리 엄마는 안경을 썼어.

 하민: (자신 그림에 안경을 그리며) 나도!

선생님: 하민이 엄마도 안경을 썼어?

 하민: (아빠 그림에 안경을 그리며) 아니요. 우리 아빠가 안경 썼어요. 우리 엄마 신발도 그려야지.

선생님: 하민이 엄마 신발 예쁘다. 선생님도 아빠가 쓰시는 멋진 모자를 그려야겠다. (가족의 키, 헤어스타일, 평소 옷 입는 취향이나 특징에 대해 이야기 나누며 그림을 완성한다.)

## 7단계 **SUM** CHECK

| 사전 준비/환경 구성하기 | ✔ Check | ✏ Memo |
|---|---|---|
| • 상대방의 모습이나 행동을 관찰–비교하거나, 타인의 행동을 모방할 수 있는 충분한 시야와 공간이 확보되었나요? | | |
| • 타인과 자신의 외모, 관계성, 취향, 능력 수준 등을 비교하여 자신의 신체적/관계적 자아를 확인/확장할 수 있는 다양한 교구(신체적 놀이 도구, 거울, 소꿉놀이, 가족 및 친구들 사진 등)를 준비하였나요? | | |
| • 차이점을 확연히 비교할 수 있는 놀잇감(색, 크기, 소리 등)을 충분히 준비하였나요? | | |

| 치료사 태도 CHECK | ✔ Check | ✏ Memo |
|---|---|---|
| • 아이가 자신의 외모, 소유, 취향, 감정 및 관계에 대해 어떻게 인식하는지 파악해 보았나요? | | |
| • 아이가 자신과 상대방을 비교함으로써 나타내는 반응양식(수용/저항/회피)의 패턴을 파악해 보았나요? | | |
| • 아이가 상대방과의 비교를 통해 자기를 인식하고 표현하는 반응을 그대로 수용해 주었나요? | | |
| • 아이가 상대방과 동일시하거나, 차이를 인식할 때 과대평가나 과소평가하는 부분이 있다면 객관화하여 이해하였나요? | | |

| 아이와의 SUM CHECK | ✔ Check | ✏ Memo |
|---|---|---|
| • 아이가 선생님을 모방할 때 쉽게 모방을 하는 부분(말/행동/표정 등)은 무엇이었나요? | | |
| • 아이가 자신을 인식하기 위해 상대방과 비교하는 대상(소유 대상, 신체적인 능력, 선호도 등)은 주로 무엇이었나요? | | |
| • 아이가 상대방을 관찰하며 모방을 통해 자신을 인식할 때 비교하는 방식(공통점/동일시, 차이점/개별성 강조)은 어떠하였나요? | | |
| • 아이가 상대방과 자신을 비교하는 과정에서 나타나는 태도와 정서적 반응(과시, 자랑, 좌절 등)은 어떠하였나요? | | |
| • 아이가 자신의 주변과의 관계(대상, 장소, 소유, 소속)에 대해 어느 정도 관심이 있고 파악하고 있나요? | | |

| SUM PLUS 되새기기 | ✔ Check | ✏ Memo |
|---|---|---|
| • 가정에서 아이가 자신을 인식하기 위해 주로 모방하는 대상과 구체적인 반응에 대해 이야기 나누어 봅시다. | | |
| • 가정에서 상대방과의 차이를 인식할 때 아이가 보이는 정서적인 반응에 대해 양육자와 이야기 나누어 봅시다. | | |

## SUM 8단계: **자아개념** 의도성 발현

### 들어가기

아이는 직접 경험하거나 타인을 모방하고 비교하면서 고유한 자아에 대해서 알아 가게 됩니다. 자신의 외형과 선호, 소속과 같은 외부와의 관계와 감정을 알고 점점 더 풍부한 자아에 대한 정보를 가지면서 자신을 다양하게 표현하려는 의도성이 증가합니다.

이때 아이는 주로 자신의 소유나 자부심을 느끼는 행동들에 대해 자랑하기 시작합니다. 자신을 표현하고 인정받기 위해 관심을 요구하는 모습도 많아집니다. 아이가 주로 표현하는 발화나 행동을 살펴보면 무엇을 자랑하는지(자신, 관계, 소유 등), 관심을 요구하는지 알 수 있습니다.

선생님은 아이가 주로 표현하는 발화나 행동을 통해 자신에 대해 인식하고 있는 부분과 정도를 파악하며, 아이와의 직접적인 경험을 통해 상대방과 비슷하거나 다른 점을 발견할 수 있습니다. 아이가 자신에 대해 새롭게 인식하거나 관심 있어 하는 부분을 언어나 신체 동작 등의 다양한 방식으로 표현할 수 있도록 도울 수 있습니다. 예를 들어, '좋아' '싫어' '별로' '마음에 들어' '~는 좋고 ~는 싫어' '잘해' '어려워' '내 거' '네 거' '우리 거'와 관련된 단어들과 비슷한 맥락의 말을 사용하려고 하는지 잘 살펴보고 말과 함께 동작에 대한 시범도 보여 줄 수 있습니다. 아이가 자신에 대해 표현하는 말들에 감탄하거나, 아이가 말하는 문장에서 대상이나 조건에 관련된 어휘를 바꾸어 말해 보는 등의 활동을 통해 더 다양한 표현을 할 수 있도록 확장을 시도할 수 있습니다.

아이는 자신의 선호와 능력수준의 정보를 토대로 스스로 할 수 있는 활동을 알아 가고 즐기게 되며, 나중에는 새로운 활동이나 지금까지 했던 것보다 어려운 단계의 활동을 예측하고 계획해 보게 됩니다. 이 과정에서 아이가 편안하게 자신을 인식하고 드러낼 수 있도록 수용적인 분위기를 만들어 봅시다. 아이는 다양한 결과를 경험함으로써 자신의 선호와 능력에 대해 구체적으로 알아 가고 자신만의 고유한 특성과 자신에 대한 새로운 정보를 발견하며 성장할 수 있습니다.

## 목표

1. 자신과 관련된 정보를 능동적으로 표현할 수 있도록 돕는다.
2. 자신의 선호와 능력수준을 고려해 활동을 계획하고 수행할 수 있도록 유도한다.
3. 자신에 대한 새로운 정보를 다양하게 표현할 수 있도록 지원한다.

## 준비

〈공간〉

• 자신의 신체적 · 관계적 자아를 마음껏 표현할 수 있는 충분한 공간과 시야 확보하기

〈교재 및 교구〉

• 자기 표현을 마음대로 할 수 있는 공백이 있는 교구(크고 작은 종이나 천, 칠판 등) 준비하기
• 아이가 자신을 둘러싼 관계(가족, 이웃, 유치원 등의 주제)를 이해하고 자유롭게 표현할 수 있도록 교구 준비하기
• 아이가 자신의 신체적 능력을 발휘하여 활동을 계획하고 도전할 수 있는 교구(다양한 난이도의 신체적 놀이도구) 준비하기

## 치료사 태도

| | |
|---|---|
| 민감성 | • 아이가 상대방에게 주로 나타내는 자신과 관련된 표현(선호나 취향, 능력에 대한 과시나 실패로 인한 무력감, 관계 지향 등)이 무엇인지 알아차리기 |
| 수용성 | • 아이가 자신을 인식하여 나타내는 모든 표현을 경청하고 우호적으로 반응하기 |
| 유연성 | • 아이가 자신에 대해 인식한 바를 표현하기 어려워할 때 적절하고 다양한 방식으로 표현을 안내하기 |
| 확장성 | • 구체적인 정보를 제공하여 아이가 자신을 더 표현할 수 있는 기회 마련하기<br>• 아이만의 고유한 특성과 새로운 정보를 발견하기 |
| 인권감수성 | • 아이가 자신을 인식하는 과정에서 평가적 반응 지양하기 |

## 아이와 함께 이렇게 해 볼 수 있어요

### 프롤로그

아이가 자기를 인식하는 과정에서 개인적으로 느끼고 경험한 이야기를 경청하고 수용적인 반응을 보여 준다면 아이는 자신에 대한 표현을 더욱 적극적으로 할 거예요.

이때 선생님은 아이의 표현에 대해 일반적으로 통용되는 관념이나 이미지, 느낌을 가능한 배제하고 아이가 생각한 이유에 대해 궁금해하고 알아 간다면 수용적인 반응을 하는 데 도움이 될 거예요.

자신을 둘러싼 관계를 이해하고 경험한 내용을 자유롭게 표현할 수 있는 놀잇감이나 교구를 배치하는 것도 좋답니다.

선생님: (하민이의 동물 가족 놀이에 동참하고자 동의를 구하고 토끼 피규어를 놓는다.)

 하민: 안 돼~ 토끼는 안 돼요!

선생님: 왜? 토끼 가족도 놓자~.

 하민: 토끼 무서워요.

 하민이는 토끼가 무섭구나. 선생님이 토끼 가족은 놓지 않을게.

 토끼가 무서워? 토끼는 귀엽지. 토끼를 무섭다고 하는 사람은 없어.

## 스토리

아이가 자신과 관련하여 어떠한 표현을 하는지 체크해 두는 것이 좋아요. 아이가 스스로 자신에 대한 느낌, 신체, 능력, 소유, 관계에 대해 주로 표현하는 말과 행동을 파악하는 것은 아이의 자아상과 그 변화를 확인하는 데 도움이 돼요.
아이가 자신에 대해 인식하고 있지만 이를 적절하게 표현하기 어려워할 수 있어요. 몸짓, 표정, 언어 등 다양한 방식으로 표현할 수 있도록 안내해 주고 긍정적 피드백을 많이 해 주세요. 아이는 자신에 대해 좋은 느낌을 가지고 표현하는 경험이 많아질수록 동기가 생기고 실제로 시도해 보는 계기가 돼요.

하민: (동물가족을 놓고 동물원을 만든 상황에서) 동물원이에요.

선생님: 하민이가 좋아하는 동물원이네~ 우와 굉장하다. 진짜 동물원 같아. (박수친다.)

하민: (활짝 웃는다.)

선생님: 하민이가 자랑할 만큼 멋지다~ 하민아, 자랑하고 싶을 때에는 선생님처럼 양 손을 살짝 들고 짠~ 멋지죠? 이렇게 말해도 돼.

선생님은 아이가 자신과 관련된 신체, 소유, 능력, 관계에 대해 표현할 수 있도록 구체적인 정보를 제공하거나 시범보일 수 있어요.

아이가 자신에 대해 인식하는 정도를 파악하여 선호, 비교에 대한 표현을 할 수 있도록 단계를 나누어 정보를 제공할 수 있고 대상이나 조건 등의 어휘를 바꿔 보면서 아이가 다양한 표현을 할 수 있도록 도와주세요.

또한 아이가 일상적으로 알고 있어 대수롭지 않다고 생각하는 표현들 속에서도 아이가 새롭게 인식하는 정보들이 있을 수 있어요. 이러한 내용을 선생님이 새롭게 발견해 준다면 아이는 자신과 관련하여 인식할 수 있는 범위가 훨씬 더 넓어질 수 있어요.

하민: (동물원을 구경하는 상황에서 사람 피규어가 멘 가방을 짚으며) 나도 가방 있어요.

선생님: 그래? 가방에 뭐가 들어 있으려나~ 선생님은 동물원 갈 때 가방에 맛있는 거 가져갔는데.

하민: 나는 곰젤리요. 좋아해요.

선생님: 오, 그렇구나. 선생님은 초콜릿 좋아해서 가져갔어.

하민: 우리 아빠는 과자 좋아해요.

 선생님 아빠는 사과를 좋아해.

 아빠? 지금 하민이랑 선생님이 좋아하는 거 이야기하고 있는데……

하민: 우리 형은 아이스크림 좋아해요.

선생님: 하민이는 가족이 좋아하는 간식을 다 아는 거야? 어떻게 다 기억해?

하민: 어…… 어…….

선생님: 선생님은 좋아하면 기억하게 돼. 아빠도 좋고, 엄마도 좋고, 그래서 좋아하는 간식 기억해.

하민: 나도 아빠 좋고, 엄마도 좋고, 형도 좋아해요.

선생님: 하민이는 가족들이 좋아하는 간식을 다 기억하네. 아빠, 엄마, 형을 좋아해서 다 기억할 수 있나 봐.

SUM
8단계

에필로그

아이들은 선생님의 태도와 정서적 반응을 재빨리 파악해요. 특히 상대방의 평가적 반응은 아이가 자신의 모습을 여러 관점에서 바라보는 것을 어렵게 할 수 있어요.
선생님은 아이가 자신에 대해 인식하거나 표현할 때 어떻게 느끼고 있는지 파악하고 그 느낌과 상황에 맞춰 적절하게 반응해 주세요.

선생님: 하민이는 오늘 재미있었던 게 뭐야?

 하민: 동물원이요!

선생님: 오호, 그래. 멋진 동물원이 선생님을 깜짝 놀라게 했어. 선생님한테 자랑할 때 기분이 어땠어?

## 8단계 **SUM** CHECK

| 사전 준비/환경 구성하기 | ✔ Check | ✏ Memo |
|---|---|---|
| • 아이가 신체적/관계적 자아를 마음껏 표현할 수 있는 충분한 공간과 시야를 확보하였나요? | | |
| • 다양한 표현을 위해 공백이 있는 교구나 관계를 표현할 만한 주제별 교구를 준비하였나요? | | |
| • 아이가 자신의 신체적 능력을 발휘하여 활동을 계획하고 도전할 수 있도록 교구를 준비하였나요? | | |

| 치료사 태도 CHECK | ✔ Check | ✏ Memo |
|---|---|---|
| • 아이가 상대방에게 주로 나타내는 자기표현(선호나 취향, 능력에 대한 과시/실패로 인한 무력감, 관계 지향 등)이 무엇인지 파악해 보았나요? | | |
| • 아이가 자신을 인식하여 나타내는 모든 표현을 경청하고 우호적으로 반응해 주었나요? | | |
| • 아이가 자신에 대해 인식한 바를 표현하기 어려워할 때 적절하고 다양한 방식으로 안내해 주었나요? | | |
| • 구체적인 정보를 제공하여 아이가 자신을 더 표현할 수 있는 기회를 제공하였나요? | | |
| • 아이만의 고유한 특성과 새로운 정보를 발견하였나요? | | |
| • 외모, 소유, 취향, 감정 및 관계에 대한 좋고, 나쁨의 기준을 배제하고, 아이의 다양한 개성을 존중해 주었나요? | | |

| 아이와의 SUM CHECK | ✔ Check | ✏ Memo |
|---|---|---|
| • 아이가 자신이나 자신을 둘러싼 관계와 관련된 다양한 정보 중 주로 관심을 두거나 표현하는 주제와 대상은 무엇이었나요? | | |
| • 치료사가 아이가 마주한 다양한 상황과 관련된 구체적인 정보를 제공할 때, 아이의 태도(수용, 무관심, 거절, 회피 등)는 어떠하였나요? | | |
| • 아이가 자신의 선호와 능력수준(성공 가능한 과제만 시도/안정 지향, 자신의 능력 수준보다 상위 과제 도전/성취 지향)을 고려하여 활동을 계획하고 수행하였나요? | | |
| • 자신의 수행시도나 결과에 대한 생각을 어떠한 방식으로 표현하였나요? | | |
| • 자신이 수행한 결과를 받아들이는 태도는 어떠하였나요? | | |

SUM
8단계

| SUM PLUS 되새기기 | ✔ Check | 🖉 Memo |
|---|---|---|
| • 가정에서 아이가 주로 관심을 두며 자주 표현하는 주제와 대상이 무엇이며, 어떠한 방식으로 표현하는지 양육자와 함께 이야기 나누어 봅시다. | | |
| • 가정에서 아이가 자신의 선호와 능력수준을 고려하며 활동을 계획하는지, 수행 시 양육자가 어떻게 반응하는지에 대해 이야기를 나누어 봅시다. | | |
| • 가정에서도 아이가 자신에 대해 알아 가며 마음껏 자기표현을 할 수 있도록 적절한 방안을 함께 고민해 봅시다. | | |

## 자아개념 Q & A | 고민을 함께 해결해 보아요.

자기 자신에게 너무 관심이 없고 교구에만 관심 있어요. 활동실에서 몸을 사용한 다양한 활동을 구성하려 해도 몸을 움직이는 활동을 거부해요.

**인지 지은샘**: 아이가 선호하지 않는 활동을 억지로 유도하기보다는 다양한 시범과 언어적 촉구로 아이가 자연스럽게 신체활동에 호기심을 가질 수 있도록 지도해 주세요. 자신이 좋아하는 교구를 얻기 위한 신체활동으로 내용을 구성한다면 아이가 동기를 가지고 활동에 참여할 수 있을 거예요. 그리고 아이가 성공 경험을 통해 활동에 흥미를 가질 수 있도록 난이도를 적절히 조절해 주세요.

**감통 미선샘**:교구를 사용하여 자아개념을 익힐 방법을 유도해 볼 수 있습니다. 무조건 몸을 사용하는 놀이를 권하기보다 아이가 주로 가지고 노는 장난감을 먼저 그네에 올려놓고 밀어 본다든가 사다리에 장난감을 올려놓고 떨어트려 본다든가 하는 등 아이가 쉽게 접근할 수 있는 활동부터 시작해 보는 것이 좋습니다.

자기가 선호하거나 비선호하는 대상을 선택하지 못하고 오랜 시간 망설여요.

**인지 지은샘**: 아이들은 다른 사람의 행동을 따라 하며 많은 것을 배웁니다. 아이가 선택하기를 어려워한다면 먼저 선호, 비선호하는 대상에 대한 자신의 생각을 표현하며, 선택하는 시범을 구체적으로 보여 주세요. 또한 아이가 선호, 비선호 대상을 선택하기 어려워한다면 선택할 수 있는 대상의 가지 수를 줄여 주는 것도 도움이 됩니다. 선택의 대상이 많다면 아이가 고르기를 더 주저할 수 있을 테니까요.

**감통 미선샘**: 선택하지 않는 것도 아이의 표현일 수 있어요. 확실한 선호와 비선호가 없으면 당연한 것일 수도 있습니다. 선택할 수 있는 범위를 줄여 보거나 아이가 확실히 알고 있는 범위 안에서 선택을 하는 것이 도움이 될 수 있을 거예요.

**언어 지현샘**: 자율성 단계에서 아이의 태도와 관련하여 체크했던 것을 현재 다시 점검해 보세요. 아이가 선호하는 놀잇감을 파악했던 것을 다시 상기하여 적절한 배치가 이루어졌는지 확인하거나, 최근 아이가 활동실 이외의 환경에서 주로 가지고 노는 것들을 다시 알아보는 것이 필요할 수도 있답니다.

다른 사람이나 상황의 차이 또는 변화를 알아채지 못해요.

**인지 지은샘**: 아이가 주변 상황이나 대상에 대한 변화를 알아채지 못한다면 주변 환경을 적절히 탐색하거나, 관찰하는 활동을 충분히 수행하여 보는 것이 좋습니다. 항상 일정한 위치에 교구를 배치하여 아이가 주변 상황에 대해 안정감을 얻으며 환경 구성에 대해 확인할 수 있게 도와준다면 주변 상황에 변화가 생겼을 때 스스로 알아챌 수 있을 거예요. 또한 날씨의 변화를 확인하거나 활동에 대한 기록을 남겨 두어 아이가 이전 시간 활동 등을 회상하고 확인하며 달라진 상황에 대해 자연스럽게 관심을 가질 수 있도록 도와줄 수 있어요.

**언어 지현샘**: 상황의 변화, 차이의 인식 순간에 다양한 감탄사를 들려줌으로써 다른 자극점들을 발견할 수 있도록 도와주세요. 갑작스럽게 달라진 상대나 상황에 대해 "우와~"라고 시점을 표현해 준다면 아이로 하여금 달라진 때를 발견하게 하고 무엇이 달라졌는지를 인식하게 하도록 도움을 줄 수 있어요.

자신의 수준보다 항상 쉬운 것만 고르려고 해요.

**인지 희정샘**: 아이가 조금 더 구체적이고 다양한 놀이를 할 수 있기를 바라는 마음이 우리에게는 늘 큽니다. 아이는 간단하고 쉬운 놀잇감이나 단순한 패턴에서 즐거움을 느낄 수 있어요. 선생님은 아이가 즐거움을 느끼는 포인트를 알고 공감해 주세요. 이것 또한 아이가 자신의 선호에 대해 알아 가는 과정이 될 거예요.

**감통 미선샘**: 도전을 두려워하는 아이들에게 도전하라는 것 자체가 어려운 일일 수 있어요. 선생님은 아이의 활동에서 우연히 수행한 활동들을 찾아서 아이에게 성공을 확인시켜 주고 이를 확장하는 것도 좋은 방법입니다.

자신이 원하는 것을 하기 위해 계획을 세우는 것에 대해 어려워해요.

> **감통 미선샘**: 원하는 결과를 위해 계획 세우는 건 당연히 어려운 일일 수 있음을 이해하고 수용하는 것이 가장 중요합니다. 아이가 완벽한 계획을 세우는 것을 기대하기보다 아이의 수행에서 작은 계획들을 짜고 수정해 보기를 같이 하는 것이 좋습니다.

> **인지 지은샘**: 자신이 원하는 목표를 달성하기 위해 계획을 세우는 것은 쉬운 일이 아닙니다. 아이가 성급하게 시도하여 실패로 인한 좌절감을 느끼지 않도록 수행 전 구두로 어떻게 하면 좋을지 생각을 말해 보는 시범("이건 이렇게 할 수 있겠다!" "~하면 잘할 수 있겠는데!")을 많이 보여 주세요. 아이가 이러한 선생님의 시범을 따라 하면서 활동 전 자신이 어떻게 수행할지 생각해 보고 행동할 수 있을 거예요.

> **인지 희정샘**: 우선 아이가 원하는 것이 있다는 것은 좋은 신호입니다. 원하는 것은 아이가 즐거웠던 경험을 토대로 뻗어 나가는 가지들일 것이에요. 아이의 경험을 세분화된 단계로 나누어 한두 단계씩 인식하고 결과까지 이어지는 과정을 먼저 많이 함께하고 시범도 보여 주세요. 아이가 수행한 활동들을 단계별로 사진 찍어 보여 주는 방법도 좋습니다.

 아이가 자신이 잘한 것을 자랑하거나 뿌듯해하는 경우가 별로 없어요.

> **인지 지은샘**: 칭찬은 고래도 춤추게 한다고 하죠. 아이들은 자신의 유능함을 확인할 때, 이를 과시하고 싶어 자랑하거나 스스로를 인정하며 뿌듯해할 수 있습니다. 아이가 스스로 자신도 할 수 있다는 것을 체감하며 표현할 수 있도록 아이의 수행을 구체적으로 칭찬해 주시고, 자신이 수행한 결과를 확인하는 시범도 자주 보여 주세요.

> **인지 희정샘**: 아이가 자랑하고 뽐내고 싶은 것은 따로 있을 수 있습니다. 어른 기준에서 잘하고 뿌듯함을 느껴야 하는 시선보다는 아이가 정말 스스로 해서 자랑하고 싶은 것을 찾아보는 건 어떨까요? 또한 아이가 자율성의 경험이 충분하지 않다면 자신의 행동에 의미를 가지기 시작하는 데 어려움이 있을 수 있습니다.

## SUM 9단계: **자기감정** 경험

### 들어가기

활동실에서 마주하게 되는 여러 가지 상황 속에서 우리는 아이들의 얼굴 표정, 목소리, 자세, 움직임 등을 유심히 지켜보는 것만으로도 아이가 경험하게 되는 다양한 정서를 이해할 수 있습니다. 아이는 미소, 찡그리기, 웃음 등과 같이 우리가 쉽게 확인할 수 있는 다양한 표현으로 자신의 감정을 나타냅니다.

아이들은 동일한 상황에서도 각자 느끼는 감정의 정도가 다르며 그러한 감정을 표현하는 방식도 다양합니다(Kring, Smith, & Neale, 2004). 아이들마다 손을 꽉 쥐는 자세나 주저앉는 움직임, 거친 숨소리나 미소, 찡그림, 입술 내밀기와 같은 얼굴 표정 등으로 감정을 표현하며, 또 어떤 아이는 "아~ 이게 뭐야." "나 화났어."와 같은 직/간접적인 언어 표현으로 자신의 감정을 나타낼 수 있습니다. 이러한 표현을 보고 우리는 아이에게 지금 어떠한 일이 일어나고 있는지 그 경험 속에서 인식하는 정서가 무엇인지 확인하게 됩니다.

아이들은 때때로 신체적·심리적으로 나타나는 다양한 감정의 반응들을 인식하는 데 어려움이 있으며, 상대방이 알아챌 수 있도록 자신의 감정을 가시적으로 표현하는 것에 서툴 수 있습니다. 선생님은 아이가 자신의 감정을 인식하며 이해할 수 있도록 아이의 행동을 주의 깊게 관찰하며, 아이가 보이는 여러 가지 반응에 민감하게 반응해 주어야 합니다. 또한 아이의 감정을 읽어 주며, 여러 가지 상황에서 유발된 감정들을 거울, 사진, 동영상 기록물을 활용하여 확인할 수 있도록 도와줄 수 있습니다. 이때 아이가 인식하지 못하는 감정이 있다면 감정과 관련된 다양한 '정서반응'을 구체적으로 설명하여 주되, 다양한 감정카드나 시청각 자료 등을 활용하여 대체적인 경험을 제공하거나 아이의 지난 경험들을 회상하여 지도해 봅시다. 이러한 과정은 아이가 자신의 감정을 인식하고 이해하는 데 도움이 되며 타인과 감정을 공유하고 관계를 만들어 가는 발판이 됩니다.

## 목표

1. 여러 가지 상황에서 다양한 감정을 파악할 수 있도록 기회를 제공한다.
2. 아이의 상태나 상황에 대한 구체적인 정보를 제공하여 자신의 감정을 인식하도록 돕는다.
3. 아이가 자신의 감정을 스스로 인식하도록 돕는다.

## 준비

〈공간〉

- 아이가 안정감을 가지고 자신의 감정을 마음껏 표현할 수 있는 공간 마련하기
- 상대방의 표정, 목소리 톤이나 행동을 관찰함으로써 다양한 정서를 인식할 수 있도록 충분한 공간과 시야 확보하기

〈교재 및 교구〉

- 표정 및 제스처를 확인할 수 있는 큰 거울 준비하기
- 아이가 다양한 감정을 이해하고 경험하는 데 도움을 줄 수 있는 시각적 교구(표정 카드, 얼굴 도장, 이야기 그림책-목소리, 동작 따라 하기 등) 준비하기
- 아이가 자신의 기분이나 감정을 마음껏 표현할 수 있도록 다양한 감각, 미술 및 놀이 교구(클레이, 그림도구, 색칠 도구, 손인형, 얼굴 가면 등) 준비하기

**치료사 태도**

| | |
|---|---|
| 민감성 | • 아이가 자신의 기분이나 감정을 표현하는 방식(신체적 · 언어적 표현, 무반응) 알아차리기<br>• 아이가 감정을 표현하는 여러 상황 정보를 확인하기 |
| 수용성 | • 아이가 느끼고 표현하는 주된 감정 상태를 파악하고 이해하기<br>• 아이만의 독특한 정서반응을 파악하고 이해하기 |
| 유연성 | • 아이의 정서반응에 따라 선생님의 반응 정도를 조절해 가기<br>• 아이가 자신의 감정을 숨기거나, 회피하고 싶은 마음 헤아리기 |
| 확장성 | • 아이가 다양한 감정을 이해할 수 있는 경험의 기회 제공하기 |
| 인권감수성 | • 아이에게 마음이 다치지 않고 감정을 보호받을 권리가 있음을 인식하기 |

> ## 아이와 함께 이렇게 해 볼 수 있어요

### 프롤로그

활동실에 들어오는 아이를 맞이할 때 아이의 감정은 매번 다를 거예요. 선생님에게 오기 전에 어떤 일로 인해 기분이 상해 있거나 화나 있는 상태로 올 수도 있어요. 선생님은 아이와 수업을 시작하기 전 그날의 아이가 주로 느낀 감정 상태를 먼저 파악해 보고 반응해 주세요. 이때 선생님은 아이의 감정을 이입하여 자연스럽게 표정, 목소리 톤 등을 달리하며 아이의 감정에 공감해 주세요.

선생님은 아이의 정서적 반응을 잘 관찰하며 아이가 자신의 감정을 인식하거나 표현하는 정도를 파악하고, 다양한 감정을 있는 그대로 표현할 수 있도록 민감하게 반응을 조절할 수 있어요.

예를 들면, 신체표현이 많은 아이에겐 신체표현을 해 줄 수도 있고 감정 반응이 약하고 큰 반응 표현을 어려워하는 아이에게 정서적 반응을 요구하거나 유도하려는 선생님의 과한 시도는 아이에게 부담이 될 수도 있어요.

다양한 기질이나 성향에 따라 제 각기 다른 정서적 반응을 보이는 아이들에게 선생님도 유연한 태도를 보여 주세요.

하민: (익숙한 듯 씩씩하게 활동실 안으로 걸어 들어오며 선생님과 눈을 마주치고는 미소 짓는다.)

선생님: (아이 키만큼 몸을 낮춰 눈을 맞추며) 안녕, 하민아~ 어서 와.

엄마는 하민이에게 "선생님, 안녕하세요~ 하고 인사해야지."라며 인사를 유도한다.

하민: (엄마 등 뒤로 몸을 숨기며 고개를 내밀고) 선생님, 안녕하세요.

 (문을 닫고 밝은 목소리로) 하민아, 선생님은 하민이 일주일만에 만나서 반갑다. (선생님이 하민이에게 손을 내밀어 아이의 반응을 기다린다.)

 하민아, 선생님한테 씩씩하게~ 반갑게~ 인사를 해야지.

선생님은 아이들마다 감정을 표현하는 다양한 방식을 관찰하고 파악해야 해요. 아이들은 감정을 제한적으로 알고 있거나 말로 표현하는 것을 어려워할 수 있어요. 이런 아이들의 경우 감정표현이 단조롭거나 행동이나 표정 등으로 나타나는 경우가 많아요.

이때 아이의 기분에 따라 감정을 표현하는 방식이 예상하지 못한 반응들일 수 있어요. 선생님은 아이의 행동을 잘 관찰해서 아이가 기분이 좋을 때 혹은 화났을 때 어떤 행동을 하는지 파악할 필요가 있어요.

선생님은 다양한 감정을 인식하고 표현하는 과정에서 아이가 자신의 상태 변화를 자세히 관찰하도록 도울 수 있어요. 감정에 따라 나타나는 표정 혹은 신체적 변화를 아이가 직접 확인하고 자신의 감정 상태에 대해 인식할 수 있는 경험을 제공할 수 있어요.

하민: (클레이 뚜껑을 열려고 낑낑거리는데 뚜껑이 열리지 않자 얼굴이 빨개지고, 이내 클레이 통을 던지며) 에잇, 뭐야! 이씨! (던진 통을 다시 발로 차 버린다.)

선생님: 어, 하민아. 무슨 일이야? 잘 안되는 일이 있어? 하민이 얼굴이 빨개졌어. (하민이의 얼굴과 거울 속 하민이의 얼굴을 번갈아 쳐다본다.)

하민: (선생님이 확인하는 모습을 보며 거울 속에 자신의 모습을 본다.) 안 열려요. 진짜. 이거, 안 돼. 으씨.

 뚜껑이 안 열리는 것 때문에 짜증이 났구나. 그래서 얼굴도 빨개지고 표정도 화나는 표정이 됐어. (하민이가 진정할 때까지 조금 기다렸다가) 지금은 얼굴도 안 빨갛고 화난 표정도 아닌데, 좀 괜찮아? 다시 한번 같이 열어 볼까?

 갑자기 화를 내거나 물건을 발로 차면 안 되지.

선생님은 관찰을 통해 아이마다의 독특한 정서적 반응을 발견할 수도 있을 거예요. 아이들은 같은 상황에서도 각기 다른 감정을 느끼고 특유의 반응을 보이기도 해요. 예를 들어, 감정에 기대되는 정서적 반응이 아니거나 감정과는 상반된 표현을 하는 등의 행동적인 반응을 보이기도 해요.

선생님은 아이만의 독특한 정서적 반응을 파악하며 아이가 어떠한 상황에서 어떻게 자신의 감정을 표출하는지 확인할 수 있어요. 이때 상황에 맞지 않는 아이의 정서적 반응을 제지하기보다는 아이가 자신이 느끼는 감정을 인식하고 표현할 수 있도록 수용적인 태도를 보여 주세요.

선생님은 아이가 감정을 인식하여 표현해 볼 수 있도록 객관적 정보(시각적 정보, 신체적 변화)를 제시하거나 상황을 구조화해 볼 수 있어요.

---

하민이와 선생님이 모양틀로 클레이 찍기를 하고 있다. 하민이가 새로운 모양의 클레이를 완성할 때마다 손을 흔든다.

선생님: (하민이를 관찰하고 있다가) 어, 하민이 거 엄청 잘됐다. 우와, 멋진데. (박수를 친다.)

 하민: (선생님에게 사자 모양을 보여 주며) 이것 봐요. 엄청 멋지죠? (두 손을 흔들어 부딪힌다.)

선생님: 하민이가 사자를 멋지게 만들어서 기분 좋구나. 하민이가 고개를 이렇게 했어~ 선생님 건 어때? (손으로 최고를 만들며) 멋지지~ (선생님의 사자를 보여 주며) 무서운 사자, 잘 나왔다. 신난다. 어흥.

 하민: (눈이 커져서 선생님을 쳐다본다.)

선생님: 하민이 눈이 엄청 커졌어. 선생님이 큰 목소리를 내서 놀랐어?

 하민: (거울을 보며) 네. 어흥. (갑자기 자기 사자를 보여 주며 크게 소리 낸다.)

선생님: (눈을 크게 뜨며) 어머 깜짝이야. 선생님도 깜짝 놀랐어. 진짜 놀라니깐 눈이 이렇게 커지네.

선생님이 거울을 보고 눈을 크게 뜨자 하민이가 거울을 쳐다보며 웃는다.

**에필로그**

선생님은 아이가 자신의 감정을 편안하게 표현할 수 있도록 환경을 만들어 줄 수 있어요. 아이는 편안한 장소에서 친밀한 상대방에게 더 많은 감정표현과 시도를 하게 되고, 자신의 감정을 인식할 수 있는 기회도 많아지게 될 거예요. 아이가 지난 활동을 돌아보며 여러 가지 상황에서 느꼈던 자신의 감정들을 확인할 수 있도록 거울, 사진, 동영상 기록물, 얼굴 도장 등을 활용해 주세요.

그리고 아이가 부정적인 감정을 인식하고 표현했던 상황을 되돌아볼 때 자신의 감정을 숨기거나 회피하고 싶을 때가 있어요. 선생님은 아이의 감정을 헤아려 주고 아이가 그 감정을 마주 보려고 할 때 편안하게 반응해 주세요.

선생님: 하민아, 오늘 하민이는 어떤 표정을 많이 지었는지 알아? 무서운 사자 흉내 내면서 깜짝 놀란 얼굴을 많이 보여 줬어. (놀란 표정의 얼굴 도장을 하민이 손에 찍는다.)

 하민: 깜짝 놀란 얼굴이다!

선생님: 그리고 아까 클레이통 열리지 않았을 때는~. (화난 표정 얼굴 도장을 집는다.)

 하민: (화났을 때가 민망해진 상황) 싫어요~. (도장을 든 선생님 손을 밀친다.)

선생님: (하민이가 회피하는 감정을 모른 체한다.) 놀란 표정 도장 더 찍어 줄까? 하민이가 해 볼래?

## 9단계 SUM CHECK

| 사전 준비/환경 구성하기 | ✔ Check | ✏ Memo |
|---|---|---|
| • 아이가 안정감을 가지고 자신의 감정을 마음껏 표현할 수 있도록 친숙한 공간을 마련하였나요? | | |
| • 아이가 다양한 감정을 이해하고 경험하는 데 도움을 줄 수 있는 시각적 교구를 준비하였나요? | | |
| • 아이가 자신의 기분이나 감정을 마음껏 표현할 수 있도록 다양한 감각, 미술 및 놀이 교구를 준비하였나요? | | |

| 치료사 태도 CHECK | ✔ Check | ✏ Memo |
|---|---|---|
| • 아이가 자신의 기분이나 감정을 표현하는 방식과 상황정보들을 확인해 보았나요? | | |
| • 아이가 느끼고 표현하는 주된 감정 상태나 독특한 정서반응을 파악하고 이해해 주었나요? | | |
| • 아이의 정서반응에 따라 선생님의 반응 정도를 조절해 주었나요? | | |
| • 아이가 자신의 감정을 숨기거나, 회피하고 싶은 마음을 헤아려 주었나요? | | |
| • 아이가 다양한 감정을 이해할 수 있는 경험의 기회를 제공하였나요? | | |

| 아이와의 SUM CHECK | ✔ Check | ✏ Memo |
|---|---|---|
| • 아이의 주된 정서반응은 무엇이었나요? 혹은 아이만의 독특한 반응(예: 기분이 좋으면 머리를 흔든다, 발을 까딱거린다)이 있었나요? | | |
| • 선생님의 감정표현을 수용하는 아이의 태도는 어떠하였나요? | | |
| • 선생님이 구체적인 정황정보를 제공할 때 아이의 정서반응은 어떠하였나요? | | |
| • 활동이 진행되면서 아이의 새로운 정서반응들을 발견했나요? | | |

| SUM PLUS 되새기기 | ✔ Check | ✏ Memo |
|---|---|---|
| • 가정에서 아이가 나타내는 정서반응에 대해 함께 이야기 나누어 봅시다(예: 감정을 표현하는 방식과 주로 나타내는 정서반응) | | |
| • 이번 회기를 통해 아이의 자기감정에 대하여 치료사/양육자가 새롭게 알게 된 것이 있는지 확인해 봅시다. | | |
| • 아이의 감정표현에 대한 양육자의 정서반응들에 대해서도 이야기 나누어 볼 수 있습니다. | | |

# SUM 10단계: 자기감정 모방　　　1부 자기인식

## 들어가기

아이들은 연령이 증가할수록 상대방의 정서반응이나 감정표현에 관심을 가지게 되고, 자신의 상태와 비교하며 자기감정에 대해서도 알아 가게 됩니다. 또한 정서가 다양해지며 느끼는 여러 가지 감정을 상대방에게 보다 구체적으로 표현하게 됩니다. 아이는 자신의 정서를 확인해 주는 선생님이나 또래의 반응을 통해서도 자신의 감정을 자연스럽게 인식하여 표현할 수 있게 됩니다. 하지만 아이 자신이 느끼는 정서를 구체적으로 인식하고 구분하기 어려운 경우도 있습니다.

이때, 선생님은 아이가 느끼는 감정에 대해 민감히 관찰하여 표정이나 목소리의 세기, 다양한 동작으로 감정을 표현할 수 있다는 것을 아이의 수준에서 알려 줄 수 있습니다. 아이가 자신의 실제 감정을 어떻게 표현하는지 잘 관찰하여 아이가 자주 느끼는 감정이나 표현하기 어려워하는 감정에 대해 시범을 보여 주어야 합니다.

아이가 선생님의 시범을 보고 자신의 정서를 인식하기 위해서는 선생님이 아이의 흥미를 유발하면서 선생님에게 주의를 기울일 수 있도록 해야 합니다. 선생님은 상황에 따라 아이가 표현하는 다양한 정서반응에 유연하게 대처하여 아이가 선생님의 시범을 모방하는 데 자연스러운 상황을 만드는 것도 중요합니다. 선생님은 감정표현에 대한 시범을 아이에게 직접 보여 주거나 자연스러운 상황에서 아이가 스스로 주의를 기울여 모방할 수 있도록 아이가 흥미 있어 하는 동화, 인형극과 같은 이야기나 시청각 매체를 활용할 수도 있습니다.

자신의 감정을 인식하며 마음껏 표현해 가는 과정에서 조절이 필요한 아이의 정서반응에 대해서는 선생님의 반응을 신중하게 고민해야 하며 아이의 정서반응을 막거나 성급하게 개입하기보다 이후 지속적으로 관심 있게 다루어 적절하게 표현할 수 있는 방법을 구체적으로 제시해야 합니다.

선생님이 아이의 감정에 대해 반응하고 거울처럼 표현해 주는 시범은 아이에게 자신의 마음을 이해하고 수용하고 있음을 전달하는 것입니다. 이로 인해 타인과의 정서적 유대감이 깊어지면 자신의 감정을 더 적극적으로 나타내고 싶은 동기가 높아질 수 있습니다.

SUM
10단계

## 목표

1. 아이의 감정을 확인하여 표현하는 시범을 보인다.
2. 감정을 다양하게 표현하는 시범을 보인다.
3. 상대방의 정서반응에 주의를 기울이도록 유도한다.

## 준비

〈공간〉

• 상대방의 표정, 목소리 톤이나 행동을 관찰함으로써 다양한 정서를 인식할 수 있도록 충분한 공간과 시야 확보하기(아이에 따라 주의가 산만해질 수 있는 자극 배제하기)

〈교재 및 교구〉

• 아이가 다양한 감정을 이해하고 표현하는 데 도움을 줄 수 있는 이야기책이나 감정카드 준비하기
• 감정을 전이시키거나 직접적인 감정표현을 대신할 수 있는 교구(인형, 피규어) 준비하기

## 치료사 태도

| | |
|---|---|
| 민감성 | • 아이의 상태와 감정에 집중하기<br>• 아이가 표현하기 어려워하는 실제 감정을 알아차리기 |
| 수용성 | • 자신의 부정적이거나 충동적인 감정을 수용받는 경험 제공하기<br>• 아이가 모방하는 감정표현(정서표현)을 이해하기 |
| 유연성 | • 상황에 따라 아이가 표현하는 다양한 정서반응에 유연하게 대처하기<br>• 상황에 따라 자신의 감정을 전환해 보는 경험을 제공하기 |
| 확장성 | • 아이가 상대방의 정서반응을 보고 반응할 수 있도록 돕기<br>• 자신의 감정을 상대방에게 직접 표현하는 시범 보여 주기 |
| 인권감수성 | • 아이가 인식하는 감정이 타인에 의해 결정되지 않는 주체적 존재임을 인정하기 |

## 아이와 함께 이렇게 해 볼 수 있어요

### 프롤로그

아이가 갑작스러운 상황에서 부정적이고 충동적인 감정을 느끼면 과격한 행동이나 짧은 말로 표현하기 쉬워요. 아이가 느낀 감정을 억압하거나 외면하면 아이는 자신의 감정을 인식하여 표현하지 못한 채 상대방의 반응에 따라 부정적 감정만 남을 수도 있어요.

이때 아이의 정서반응을 수정하기보다 아이의 상황에 따른 감정을 민감하게 파악하여 어떻게 표현해야 할지 안내하는 것이 필요해요.

선생님은 아이가 느끼는 감정에 대해 여러 표현 방법을 직접 들려주면서 아이가 어떤 감정, 어떤 표현방식에 대해 더 잘 모방하는지 살펴보도록 해요.

아이는 선생님의 시범을 통해 자신의 기분이나 감정을 표현해 보는 방법을 배우며 익히게 될 수 있답니다.

하민: (돼지 삼 형제 인형 중 하나가 없어진 것을 알아채고 흐느끼며 급한 말투로) 빨리! 돼지 인형!

선생님: (함께 긴박한 느낌으로) 왜! 무슨 일이야?

하민: (격렬하게 큰 소리로) 돼지 인형 찾아~!

 인형이 없어져서 화나고 속상하지. 돼지 인형이 없어서 놀이를 할 수가 없구나. (천천히 시범 보이며) 나~ 지금 속상해요. 화가 나요.

 화내지 말고, "선생님, 돼지가 안 보여요. 빨리 찾아 주세요."라고 해야지~.

**스토리**

선생님이 아이에게 직접 감정을 어떻게 표현해 볼 수 있는지 시범을 보여 주면 아이는 모방을 시도할 거예요. 아이가 선생님을 모방할 때 아이의 정서반응을 관찰하는 것은 중요해요. 아이가 모방하려는 감정표현이 익숙하지 않거나 자신의 감정을 제대로 인식하기 전이라면 어색한 반응을 할 수도 있기 때문이에요. 선생님은 차근차근 아이의 모방하려 하는 시도와 정서적 반응을 살펴보면서 시범의 내용을 달리해 보세요. 표현하기 어려워하는 감정에 대해서는 감정표현을 대신할 수 있는 인형이나 피규어를 사용하여 자연스럽게 모방할 수 있도록 하는 것도 도움이 될 수 있어요.

아이가 선생님의 어떤 감정표현을 모방하며 그 반응의 정도를 지켜보면서 아이가 감정을 상황과 함께 인식하고 있는 지도 자세히 관찰해 보세요. 선생님은 아이가 표현하기 어려워하는 감정이 무엇인지, 주로 표현하고 싶어 하는 감정이 무엇인지도 파악할 수 있을 거예요.

---

첫째 돼지(하민)와 둘째 돼지(선생님)는 늑대 때문에 집이 망가져서 슬픈 상황이다.

선생님: 늑대가 바람을 불어서 첫째 돼지와 둘째 돼지의 집이 멀리 날아갔어요.

 하민: (별다른 반응을 하지 않는다.)

선생님: (감정을 표현해서 모델링을 시도하며) 우리 집이 다 무너졌네. (어깨를 들썩이고 흐느끼는 소리를 내며) 늑대는 너무 무서워. 집이 없어져서 우리 어떻게 해? 첫째야, 너는 괜찮아? (하민이가 반응하지 않자 다른 감정에 대해 모델링을 시도하며) 난 무섭지만 용기를 내 볼래.

 하민: 맞아. 무서워도 집을 지키자!

선생님: 그래, 우리 벽돌집을 지키자!

상황에 따라 아이의 기분이나 감정을 섣불리 확정 짓기보다는 아이가 표현하는 다양한 정서반응에 유연하게 대처하며 우선 아이가 자신의 감정을 확인할 수 있도록 질문을 해 보세요.

감정을 크게 표현하여 드러내기, 다양한 시각적 교구로 표현해 보기, 비언어적 표현(행동과 말은 잠깐 멈추고 표정만 보여 주기, 손 쓰다듬기, 어깨 토닥토닥하기 등) 나타내기, 다양한 음성 표현을 사용하기 등의 다양한 방법은 아이가 선생님의 시범에 대해 관심을 가지고 모방하도록 하는 좋은 방법이 될 수 있어요.

아이의 정서적 반응을 그대로 반영해 보거나 선생님이 놀이 상황에서 느끼는 감정을 그대로 드러내 보면서 아이가 이전과는 다르게 선생님에게 주의를 기울여 새로운 반응을 시도해 볼 수 있도록 도와주세요.

선생님이 늑대, 하민이가 돼지 삼 형제 역할을 맡아 늑대가 돼지들에게 쫓기는 놀이를 한다.

선생님: 으악, 늑대 살려. 돼지 삼 형제들 너무너무 힘이 세다!

하민: (웃으며) 우리 집 부수지 마! 나쁜 늑대야!

선생님: 선생님도 하민이처럼 씩씩하고 용감하게 "우리 집 부수지 마! 나쁜 늑대야!" 해야겠다. 이제 선생님이 돼지 삼 형제 할게~.

하민: (갑자기 굳어진 표정으로 인형을 던지듯 팽개치며) 이제 안 할래.

 갑자기 하기 싫어졌구나. (하민이의 반응을 살피며 하민이가 선생님을 볼 수 있게 천천히) 선생님도 용감한 돼지 삼 형제 하고 싶었는데……. 아쉽지만, 알겠어.

 왜 기분이 나빠졌어? 우리 역할 바꾸기로 약속했잖아.

**에필로그**

아이가 감정을 전환해야 할 상황도 있어요. 정체되고 해결되지 않는 부정적인 아이의 정서는 이후 활동 참여와 자신의 감정을 표현하는 것에 영향을 줄 수 있어요.

선생님은 감정을 전환시키거나 직접적인 감정을 표현할 수 있는 인형, 피규어를 통해 표현할 수 있도록 도와줄 수 있어요. 또한 아이가 선호하거나 호기심이 생길 만한 상황을 제공할 수도 있어요.

감정이 발생한 상황에 대해 다양한 해결을 제안하거나 조절하는 모습을 시범 보이는 등의 방법을 통해 아이가 감정을 지속적으로 담아 두지 않고 전환할 수 있도록 도와주세요.

선생님: 하민아, 선생님이랑 정리하고 다음에 만나야 해. 벌써 시간이 이렇게 됐네.

기다려도 벽을 오래 응시하고 있는 하민이의 반응이 없자 선생님이 두 피규어를 마주 보게 한 후 하민이의 마음을 대신 말한다.

피규어 1: 나는 늑대를 하고 싶지 않았어. 돼지가 좋아. 선생님 미워.
피규어 2: 하민이는 그랬구나~ 선생님이 몰랐네~ 그런데 선생님도 돼지 역할을 해 보고 싶었어.

선생님: (하민이의 손을 잡고 등을 살짝 토닥이며) 다음에는 하민이가 용감한 돼지 삼 형제 두 번 하고 나서 선생님이 하면 어때?

하민: (고개를 끄덕인다.)

선생님: (활동실 문 쪽으로 이동하며) 하민이가 돼지 삼 형제를 너무 좋아했구나. 선생님이랑 바꿔 주다니 선생님도 기분이 좋다.

하민: (살짝 웃으며 선생님을 따라 활동실을 나간다.)

## 10단계 SUM CHECK

| 사전 준비/환경 구성하기 | ✔ Check | 🖊 Memo |
|---|---|---|
| • 상대방의 다양한 정서를 인식할 수 있는 충분한 공간과 시야를 확보하였나요? | | |
| • 아이가 다양한 감정을 이해하고 표현하는 데 도움을 줄 수 있는 교재를 준비하였나요? | | |
| • 감정을 전이시키거나 직접적인 감정표현을 할 수 있는 교구를 준비하였나요? | | |
| **치료사 태도 CHECK** | ✔ Check | 🖊 Memo |
| • 아이의 상태에 집중하며 표현하기 어려워하는 실제 감정을 파악해 보았나요? | | |
| • 부정적인/충동적인 감정에 대해 수용받는 경험을 충분히 제공하였나요? | | |
| • 아이가 표현하는 다양한 정서반응(모르는 척해 주기, 이입하여 표현하기 등)을 상황에 따라 유연하게 대처하였나요? | | |
| • 상황에 따라 자신의 감정을 전환해 보는 경험을 제공하였나요? | | |
| • 아이가 상대방의 정서반응을 보고 반응할 수 있도록 도와주었나요? | | |
| • 자신의 감정을 상대방에게 직접 표현하는 시범을 보여 주었나요? | | |
| **아이와의 SUM CHECK** | ✔ Check | 🖊 Memo |
| • 선생님의 정서반응을 보고 아이는 어떠한 반응을 보였나요? | | |
| • 선생님의 정서반응에 따라 수용하는 태도에 차이가 있었나요? | | |
| • 아이가 수용하기 어려워하는 특정한 감정표현이 있었나요? | | |
| • 감정의 주체가 누구인지 아이와 함께 확인해 보았나요? | | |
| • 선생님의 감정표현을 따라 하는 모습이 관찰되었나요? | | |
| • 아이가 자신의 감정을 표현하기 위해 노력하는 모습이 이전과 다르게 증가하였나요? | | |
| **SUM PLUS 되새기기** | ✔ Check | 🖊 Memo |
| • 가정에서 아이가 자신의 감정 상태를 주로 표현하는 대상과 구체적인 반응에 대해 이야기 나누어 봅시다. | | |
| • 가정에서 아이가 주로 모방하는 정서반응의 대상과 반응이 무엇인지 이야기 나누어 봅시다(예: 엄마의 행동을 따라 즐거울 때, 박수를 친다). | | |
| • 아이의 기질에 따라 감정을 인식하고 표현하는 데 시간이 걸리거나 양상이 다르다는 것을 이해하고 있는지 이야기 나누어 봅시다. | | |

## SUM 11단계: **자기감정** 의도성 발현

### 들어가기

아이는 일상생활에서 자신의 주변에 있는 다양한 사람들의 감정표현을 바라보거나, 미러링하면서 자연스럽게 자신의 감정을 어떻게 외부로 표현하는지 배우게 됩니다. 아이는 자신의 감정을 표현함으로써 상대방에게 원하는 바를 나타내거나, 주어진 상황을 회피 또는 모면하는 경험을 하기도 합니다. 이러한 경험과 모방을 통해 아이는 자신의 감정이 전달될 수 있도록 의도를 가지고 적극적으로 표현하는 모습을 보이게 됩니다. 주도적인 발현을 통해 아이는 상대방의 정서반응에도 관심을 가지게 됩니다.

선생님은 아이가 자신의 감정을 스스로 표현할 수 있도록 도와주는 바람직한 길잡이 역할을 할 수 있습니다. 아이의 상태와 행동을 면밀히 관찰함으로써 다양한 상황에서 아이가 느끼는 감정이 무엇인지, 왜 이러한 감정이 드는지에 대한 구체적인 정황 정보를 확인하여 줄 수 있습니다. 또한 아이의 마음을 읽어 주며 공감적인 반응을 보여 주는 것은 자기감정을 표현하고자 하는 아이의 시도를 보다 더 발현될 수 있도록 합니다.

SUM<br/>11단계

아이들은 때때로 부적절하게 자신의 감정을 드러내거나 자신이 처한 상황을 단순히 벗어나기 위해서 감정을 표현할 수 있습니다. 또한 자신의 감정 상태를 모호하거나 왜곡되게 표현할 수도 있습니다. 아이의 정서반응이 일어난 배경사건(소음, 온도, 질병, 싫어하는 대상의 존재 등)이나 선행사건을 더 객관화하여 구체적으로 확인해 줌으로써 아이가 자신의 감정을 스스로 적절하게 표현할 수 있도록 지원해 봅시다.

아이는 주변의 다양한 사람들과 만나며 신뢰를 형성하는 기회를 가지지만, 특정 대상이나 환경에서 자신의 감정을 보다 적극적으로 표현할 수 있습니다. 선생님은 아이만의 고유한 특성을 고려하고 존중하여 줌으로써 아이는 보다 다양한 대상과 환경에서 자신의 감정을 자유롭게 표현하며, 상대방의 반응이나 욕구를 수용할 수 있는 마음가짐을 다질 수 있습니다.

## 목표

1. 자신의 감정을 능동적으로 표현할 수 있도록 돕는다.
2. 마주한 상황에 맞는 자신의 감정을 적절하게 표현할 수 있도록 돕는다.
3. 자신의 감정표현에 대한 상대방의 반응을 인식하도록 돕는다.

## 준비

〈공간〉

• 아이가 자신의 감정을 마음껏 표현하거나 편하게 쉴 수 있는 약속된 공간/자리(매트, 소파, 텐트 등) 마련하기

〈교재 및 교구〉

• 아이가 자신의 다양한 감정을 표현하는 데 도움을 줄 수 있는 교구(색칠 교구, 옷, 천 등) 준비하기
• 다양한 정서의 정도와 강도를 인식할 수 있는 교구(악기, 공 등) 준비하기

## 치료사 태도

| | |
|---|---|
| 민감성 | • 아이의 정서반응에 기저한 욕구/의도 파악하기<br>• 아이의 감정 상태의 변화(조절, 인식 회피, 과잉 등)와 요인을 알아차리기 |
| 수용성 | • 아이가 자신의 감정을 표현하는 다양한 방식을 우선 수용하기 |
| 유연성 | • 우발적인 상황을 객관화해 주어 자신의 감정을 표현하는 과정에 도움 주기<br>• 아이가 자신의 감정을 표현하는 방식과 정도에 따라 선생님의 반응 조절하기 |
| 확장성 | • 자신의 감정표현에 대한 상대방의 정서반응에 관심을 가지게 하기 |
| 인권감수성 | • 자신의 감정을 표현하고 싶어 하는 특정 대상이나 조건을 존중해 주기 |

## 아이와 함께 이렇게 해 볼 수 있어요

### 프롤로그

아이들은 주변의 사람들과 친근한 정서적 유대를 형성하며 자연스럽게 자신의 감정을 표현하게 됩니다.

상대방의 말이나 행동으로 인해 아이가 나타내는 정서적 반응을 세심하게 관찰하고, 아이의 편에서 실제 속마음을 이해하는 반응을 해 주는 것이 필요해요. 이를 통해 아이는 자신이 원하는 바를 상대방에게 제대로 알리게 되고, 자신의 감정을 있는 그대로 표현할 수 있게 된답니다.

아이들은 기질이나 주변 환경의 요인으로 인하여 자신의 감정을 표현하는 것에 서툴 수 있어요. 선생님은 이러한 요인을 파악하여 아이가 자신이 느끼는 바를 표현하며 자신의 요구가 수용되는 경험을 할 수 있도록 도와주세요.

하민: (피규어 중 바다생물만 골라내고 있다.)

선생님: 하민아, 우와~ 해파리, 불가사리 다 찾았네!

하민: (급히 숨기며) 이거 내가 찾은 거예요. 내 거야! 내가 먼저 찾았거든요. 안 줄 거예요! 가요!

선생님: 아~ 선생님이 "나도 그거 줘!"라고 말할 거라 생각했구나. 선생님은 '하민이가 바다 친구들과 무슨 놀이 할까?' 하고 궁금해서 말한 거야~.

**스토리**

활동실에서는 예상치 못한 상황이 생기기도 한답니다. 예를 들면, 아이가 갑자기 공격적인 행동을 하거나 활동실 밖으로 나가려는 행동은 선생님을 당황하게 해요. 하지만 우발적인 행동 뒤에는 늘 아이의 감정이 숨어 있답니다. 이 감정을 선생님이 알고 있다는 것을 아이에게 표현해 주세요.

아이들은 주로 예상하지 못한 상황에서 당황하거나 난처한 감정들을 느끼면 우발적인 행동을 하게 돼요. 선생님은 아이가 느끼는 감정에 대한 상황을 객관화해 주면서 행동보다는 감정을 말로 표현할 수 있도록 시범을 보여 주세요. 이 과정에서 아이는 선생님을 따라 자신의 감정에 대한 표현의 방식과 정도를 다르게 할 수 있을 거예요.

선생님이 아이의 행동에 따른 정서적 반응을 확인해 주고, 주변 상황에 대한 구체적인 정보를 알려 주는 것만으로도 아이가 자신의 감정을 표현하는 것에 도움이 될 수 있어요.

---

파란색 색종이를 이어 바다를 만드는 중 파란색 색종이가 부족한 상황이다.

하민: 선생님! 파란색 찾아 주세요.

선생님: (파란색 색종이를 찾아본 뒤) 색종이 중에서 파란색을 다 써 버린 것 같아.

하민: (색종이를 크게 훑으며) 아니에요, 더 크게 만들어야 해요. 파란색 찾아봐요.

선생님: 지금 남은 색종이는 빨강색, 주황색, 노란색, 초록색이네~ 우리가 파란색을 다 썼어.

하민: (바닥에 얼굴을 가리고 주저앉으며) 안 돼~ 나 안 해! (갑자기 문 쪽으로 향하며) 가져올래!

하민이는 지금 파란 색종이가 없어서 화가 났어. 그래서 밖에 나가면 색종이가 있을 거라 생각하는 거야. 그렇지?

 (선생님이 문 앞을 가로막으며) 어디를 나가려고 하는 거야?

하민: (감정이 조금 가라앉아서) 맞아. 색종이 찾을 거야.

아이의 감정표현에 대해 수용적인 자세와 더불어 적절한 방식으로 해결해 가려는 시도를 하는 것은 아이가 선생님의 정서적 반응에 관심을 가지게 하는 좋은 방법이 될 수 있어요. 다양한 상황에 따라 달라지는 상대방의 정서적 반응에 아이가 관심을 가질 수 있도록 사진, 애니메이션과 같은 흥미로운 시청각 자료 등을 활용해서 지도해 주세요. 아이들은 자신과 유사한 상황에서 감정을 어떻게 표현해야 하는지 쉽게 알아 갈 수 있고, 다른 사람의 감정에도 자연스럽게 관심을 가지게 될 거예요.

선생님과 하민이는 바다를 표현할 수 있는 방법을 함께 고민하고 있다.

하민: (여러 가지 방법을 서로 고민하다가 노란색 색종이를 구기며) 이것도 바다가 아니에요.

선생님: 하민이가 파란색 색종이만 생각나는구나. 계속 속상하겠다. 선생님도 색종이가 없어서 속상해.

하민: (조금 진정되는 모습으로) 바다가 더 없는데…… 선생님도 속상해?

선생님: 그럼~ 하민이가 바다를 못 만들고 있으니깐 속상하지.

하민: (선생님 얼굴을 빤히 쳐다본다.)

선생님: (하민이 등을 토닥이며) 하민이 마음이 언제 괜찮아질까?

하민: 이제 괜찮아요. 다른 거 찾아볼래요. (파란색 색연필을 가져오며) 이거 어때요?

선생님: (하민이가 진정된 후 활동한 사진을 보여 주며) 선생님이 예전에 바다를 꾸미는데 색종이가 없어서 바다를 색연필로 그렸었어. 너무 멋있어서 마음에 들었는데······.

하민: 선생님이 웃고 있네~ 나도 색연필로 그려 볼래요.

SUM
11단계

**에필로그**

함께 놀이를 하는 순간 모든 것을 공유하고 나누고 싶겠지만 아이마다 감정과 상황을 공유하고 싶어 하는 대상이나 시기가 다를 수 있어요.

선생님은 아이가 정서적 경험을 표현할 수 있도록 충분한 시간과 편안한 상황을 만들어 주어야 해요. 그렇게 신뢰를 주고받는 과정을 통해 아이는 선생님 혹은 더 많은 대상에게 다양한 방법으로 표현하게 될 거예요.

선생님과 함께하고 있는 활동에서 발생된 감정이라 하더라도 이 감정을 선생님이 아닌 타인에게 전달하려 할 수도 있어요. 또는 상황과 감정을 공유해야 할 만한 다른 대상에게 숨기려 할 수도 있어요. 선생님은 아이가 느끼는 자신의 감정을 표현하도록 과한 기대나 요구를 하기보다는 편안히 아이가 감정을 표현해 낼 수 있도록 기다려 주고 지지해 준다면 아이는 점차 감정을 자유롭게 표현하는 것에 대해 안정감과 자신감을 느낄 수 있게 된답니다.

바닷속에서 찾은 것 중에 정말 소중한 것을 종이에 쓰고 있다.

선생님: 목걸이, 신발, 잠수함, 보석, 돈! 우리가 다 찾았네. 하민이는 뭐가 제일 소중하다고 썼어?

하민: (얼른 감추며) 안 돼요. 이건 비밀이에요.

선생님: 선생님은 보석이 제일 소중하다고 썼어! 하민이의 소중한 보물이 너무 궁금해! 혼자만 알고 있을 거야?

하민: 엄마한테 알려 줄 거예요.

선생님: 아! 하민이는 엄마에게 소중한 보물을 알려 주고 싶었구나! 선생님은 언제 알 수 있을까?

하민: 나~중에요.

(미소를 지으며) 그래, 다음 보물 찾을 때에는 하민이가 알려 주면 선생님은 너무 좋겠다~.

 지금 알고 싶은데~ 좀 알려 줘~.

## 11단계 SUM CHECK

| 사전 준비/환경 구성하기 | ✔ Check | ✏ Memo |
|---|---|---|
| • 아이가 제약 없이 자신의 감정을 마음껏 표현하거나 편하게 쉴 수 있는 약속된 공간을 마련하였나요? | | |
| • 다양한 정서의 정도와 강도를 인식할 수 있는 교구를 준비하였나요? | | |

| 치료사 태도 CHECK | ✔ Check | ✏ Memo |
|---|---|---|
| • 아이가 자신의 감정을 표현하는 다양한 방식을 우선적으로 수용하였나요? | | |
| • 아이의 정서반응에 기저한 욕구나 의도를 파악하고 반응하였나요? | | |
| • 아이가 자신의 감정을 표현하는 방식과 정도에 따라 반응 정도를 함께 조절해 보았나요? | | |
| • 아이의 감정 상태의 변화에 따라 요인(조절, 인식 회피, 과잉 등)을 파악하고 반응하였나요? | | |
| • 우발적인 상황을 객관화해 주어 아이가 감정을 표현하는 데 도움을 주었나요? | | |

| 아이와의 SUM CHECK | ✔ Check | ✏ Memo |
|---|---|---|
| • 아이가 상황에 맞는 적절한 감정을 표현을 하고 있었나요?(예: 속상한 상황에서 과장되게 웃는 경우) | | |
| • 아이가 다양한 감정을 표현할 때 주로 어떤 방식과 교구를 이용했나요? | | |
| • 선생님이 감정과 상황에 대해 객관화하여 설명할 때 아이의 반응은 어떠하였나요? | | |
| • 아이는 자신의 감정표현에 대해 상대방이 보이는 정서반응을 관심 보였나요? | | |
| • 아이가 자신의 감정을 표현하고 싶어 하는 특정 대상이나 조건(사건, 행동이나 환경)이 있었나요? | | |

| SUM PLUS 되새기기 | ✔ Check | ✏ Memo |
|---|---|---|
| • 가정에서 부모가 아이의 감정 상태의 변화와 요인을 파악하고 객관화하여 설명할 수 있는 방법과 태도에 대해 이야기 나누어 봅시다. | | |
| • 가정에서 아이가 주로 감정을 표현하는 대상이 누구이며, 어떠한 방식으로 표현하는지 양육자와 함께 이야기 나누어 봅시다. | | |
| • 이번 회기를 통해 아이가 자발적으로 자신의 감정을 표현하는 데 동력이 되는 요인 등 새롭게 알게 된 점을 찾아봅시다. | | |

## 〈　자기감정 Q & A | 고민을 함께 해결해 보아요.　🔍 ⋮

**아이가 자신의 물건을 빼앗기거나 속상할 만한 상황인데도 감정을 숨기거나 회피하려고 하기도 해요. 어떻게 접근해야 하나요?**

**인지 희정샘**: 물건을 빼앗기는 상황을 인지하고 있는지 못하는 것인지 부정적 감정에 직면하거나 노출되는 것이 어려운지 파악해야 합니다. 상황을 인지하고 있지 못하는 경우 정황적 정보 "하민이가 세민이 손에 있는 로봇 가져갔네."라고 밝혀 주는 것부터 시작. 감정 노출에 어려움이 있는 친구에게는 아이가 선택한 숨기는 방식을 수용해 주는 것부터 시작해야 합니다.

**인지 지은샘**: 우선 자신의 감정과 생각을 적절히 표현하는 시범을 많이 보여 주세요. 아이에게 주어진 상황에서 어떻게 행동해야 하는지 직접적으로 알려 주거나, 즉각적으로 문제를 해결해 주어 당장의 상황은 모면할 수 있지만, 비슷한 일이 다시 생겼을 때, 아이가 스스로 감정이나 생각을 표현하는 데 어려움을 겪을 수 있습니다. 우선 우발적으로 일어나는 다양한 상황에서 자연스럽게 자신의 생각이나 감정을 표현하는 시범을 많이 보여 주세요. 아이는 모델링을 통해 자신의 감정을 어떻게 표현해야 하는지 배울 수 있을 거예요.

**언어 지현샘**: 상황에 대해 자기감정이 일어나지 않아 그 상황에 적절한 감정을 표현하지 못할 수도 있어요. 아이가 감정을 표현하는 수준이 어느 정도인지를 다시 한번 확인하고 상황에 대한 이해와 표현을 돕는 것이 중요하답니다.

**사소한 일에도 불같이 화를 내며 폭발해 버려요. 한번 화나면 잘 조절하지 못하는 우리 아이를 어떻게 해야 할까요?**

**인지 지은샘**: 아이가 화를 내는 것은 슬픔, 기쁨, 즐거움과 마찬가지로 아주 자연스러운 감정입니다. 아이가 화를 낼 때, 화를 내는 이유를 확인하고, 우선 아이의 입장에서 속상하거나, 화나는 감정에 공감해 주는 것이 필요합니다. 이후에는 아이가 화를 누그러뜨릴 수 있도록 최대한 차분하게 대응해 주세요. 화가 났을 때 아이의 상태와 화가 나는 이유에 대해서 차분히 이야기 나누고, 아이가 울거나 떼쓰지 않고 어떻게 하기를 원하는지 자신의 기분이나 생각을 표현할 수 있도록 아이의 수준에서 지도해 주세요. 지속적인 지도를 통해 아이는 어떻게 해야 자신의 속상한 마음이 풀리고, 자신의 마음이 상대방에게 잘 전해질 수 있는지 알게 될 거예요.

SUM
11단계

**언어 지현샘:** 화가 나는 것에 대해 참으라 하거나 제지하는 방법은 자기감정을 인식하는 데 도움이 되지 않습니다. 화가 나지만 이유에 대하여 점차 수용하는 자세를 길러 보는 것을 목표로 해야 하는데요. 화가 난 이유에 대하여 아주 간단하게라도 표현해 볼 수 있다면 감정을 다루는 데 도움이 될 수도 있답니다.

**감통 미선샘:** 우리가 사소하게 생각하는 것들이 아이들에겐 긴장이나 불안을 유발하는 상황일 수 있어요. 아이가 화내는 상황이나 강도를 리스트로 작성해 보는 것이 도움이 될 수 있어요. 보통의 아이들은 자신에게 불쾌를 경험하게 하는 예측하지 못하는 상황을 못 견뎌 하는데 이 상황들을 선생님과 함께 조절해 보는 활동을 할 수 있습니다.

 전혀 감정의 변화가 없는 아이는 어떻게 감정을 인식하도록 도와야 할까요?

**언어 지현샘:** 모든 아이에게는 감정의 씨앗이 있다고 생각합니다. 아이가 느끼는 작은 감정선이라도 발견하여 감정의 전후 이해관계 안에서 밀접한 다른 감정을 객관화하여 알려 주는 방법은 어떨까요? 아직은 감정에 관해 관심이 없고 어떻게 표현해야 할지 모르는 아이에게도 감정을 안내하고 표현할 수 있도록 지속적인 관심과 지원을 아끼지 않는 것은 중요하답니다.

**인지 지은샘:** 아이가 다양한 상황에서 느낄 수 있는 감정에 대해서 인식할 수 있도록 아이 수준의 맞는 다양한 교구(예: 인형, 이야기책, 그림도구 등)를 활용하는 것도 좋은 방법이 될 수 있습니다. 특히, 아이에게 상황에 맞게 즉각적으로 감정 상태를 표현해 주는 시범(예: 표정이나, 움직임, 감정 상태를 말해 주기)을 통하여 여러 가지 상황에서 느낄 수 있는 다양한 감정에 대해 직접적으로 알려 줄 수 있습니다. 또한 아이의 수준에 맞는 이야기책이나 그림책을 통하여 아이가 자신이 좋아하는 동물이나 캐릭터에 감정을 이입하며 자연스럽게 다양한 감정을 이해하고 인식하는 데 도움을 줄 수 있습니다.

**놀이 진주샘:** 놀잇감으로 우스운 상황을 연출해 아이 마음속에 있는 긴장감을 풀어 주는 것부터 먼저 합니다. 선생님과 아이와의 관계에서 재미있는 것을 표현하는 소리, 표정 등을 함께 공유하며 만들어 보세요. 저는 활동실에서 '오잉?' 방법으로 아이들과 깔깔 웃을 수 있는 포인트를 찾으려 노력해요. 그러기 위해선 우선 아이들이 관심 있어 하는 놀잇감을 파악하고 있어야 한답니다.

# 2부

# 타인수용

아이들의 자기인식, 타인수용, 역할수용을 위한
# 사회성 발달 가이드북
## SUM(Self Us Membership)

## SUM 12단계: **주도성** 의도성 발현

> **들어가기**

자율적으로 행동하며 활동과 놀이를 충분히 경험한 아이는 자연스럽게 자기 주도적으로 활동을 이끌어 가고 싶어 합니다. 이때의 아이들은 활동에 대해 계획-선택-결정-진행-문제 해결 과정에 도전하고 수없이 많은 실패와 성공을 경험하면서 자신의 놀이를 조직화할 수 있게 됩니다 (Schweinhart, Lawrence, Weikart, & David, 1991). 더불어 자신이 하는 계획과 실현 가능성을 인식하게 됨으로써 결과에 대한 예상을 할 수 있게 됩니다.

아이는 자신이 잘하고 즐거워하는 놀이나 활동 위주로 선택하고 이끌려고 할 수 있습니다. 아이는 자신의 선호와 능력 수준에 따라 성취하는 놀이가 증가하고, 동기가 더 확장되어 활동의 방식이나 종류가 다양해지기도 할 것입니다. 선생님은 아이가 선택한 활동을 어떤 방법과 내용으로 실행할 것인지 계획을 세워 볼 수 있도록 지원할 수 있습니다.

선생님은 활동이나 교구를 선택할 기회와 시간을 충분히 주고, 아이가 하고자 하는 활동을 실행한 후 선생님과 다시 재연해 볼 수 있습니다. 이때 스크립트나 사진을 활용하여 단계를 나누어 말해 보며 회상할 수 있도록 도와줄 수 있습니다. 선생님은 아이의 목표를 실현해 가는 과정에서 아이의 주도성을 방해하지 않는 수준으로 다양한 단서를 제공할 수 있습니다. 특히 활동하는 동안 선생님이 아이에게 구체적인 도움을 요청하여 아이가 직접 활동을 이끌고 해결하는 방식의 경험들을 쌓는다면 아이는 주도성을 가지고 활동을 완성할 수 있습니다.

선생님은 아이가 스스로 계획을 세웠다면 실행하고 마무리하는 과정에 대해 "정말 노력했구나." "그런 방법도 있었다니! 신기하다." "조금만 더 해 볼 수 있겠니?"와 같은 지지와 칭찬을 구체적으로 해 줄 수 있습니다. 계획한 활동의 실행과정에 대한 지지를 자주 받은 아이는 새롭거나 어려운 도전을 하게 되었을 때 수행 결과보다는 과정에 중점을 두고 자신의 역량을 강화하며, 스스로 시도하려는 노력을 계속하게 될 수 있습니다.

자기 뜻대로 활동을 이끌고 싶은 마음만 앞서는 아이에게 선생님은 계획과 실행 단계를 시연해 주고 아이가 간단히 말하거나 행동할 수 있는 단계를 늘려 준다면 확장의 즐거움도 경험할 수 있습니다. 계획과 실행, 마무리의 단계를 아이와 선생님이 함께 경험하면서 아이가 표현하는 다양한 말과 표정, 행동에 주의를 기울여 봅시다.

아이가 주도적으로 이끌어 감에 자신의 유능감과 성취감을 느낄 수 있도록 아이 스스로 생각할 수 있는 틈과 시간을 주고 편안하고 자연스럽게 표현할 수 있도록 기다리는 것이 필요합니다.

## 목표

1. 자신이 원하는 것을 하기 위해 계획을 세워 수행하도록 지원한다.
2. 선택한 활동을 끝까지 진행하여 마무리해 보도록 지지한다.
3. 아이가 주도적인 역할을 하고 있음을 인식할 수 있도록 돕는다.

## 준비

SUM
12단계

〈공간〉

- 수행 시 아이가 필요한 물건을 스스로 찾아오거나, 사용한 것을 정리할 수 있는 약속된 배치 공간 마련하기
- 아이가 스스로 구성과 배치를 조정할 수 있는 공간 마련하기
- 활동의 확장을 시도해 볼 수 있는 새로운 공간 마련하기(장소 확장에 관한 이야기는 부모에게 미리 안내하기)

〈교재 및 교구〉

- 이미 성공 경험이 있었던 교구 준비하기
- 확장하거나, 난이도를 조절할 수 있는 교구 준비하기

- 실패했을 때 다시 도전할 수 있는 여분의 교구 준비하기
- 수행 단계나 과정을 설명/안내해 줄 수 있는 시각적 교구(설명서 등) 준비하기
- 글씨를 적거나 그림을 그릴 수 있는 칠판이나 빈 종이 준비하기

## 치료사 태도

| 민감성 | • 아이가 성취하고자 하는 의도와 방향을 알아차리기<br>• 아이가 주도해 가는 활동과 구성에 대한 변화를 알아차리기 |
|---|---|
| 수용성 | • 선생님 기준에 맞추어 아이의 결과와 방향을 유도하지 않기<br>• 아이가 자신의 활동을 이끈다는 느낌을 받도록 시도와 결과를 인정하기<br>• 아이가 활동이나 교구를 선택할 기회 및 시간을 충분히 주기 |
| 유연성 | • 목표하는 활동의 흐름이 이어지도록 자연스러운 시범 보이기<br>• 긍정적인 선택을 제안하기 |
| 확장성 | • 새롭거나 난이도가 있는 활동에 도전할 수 있도록 기회를 제공하기<br>• 아이가 주도하는 상황에서 시도가 다양해질 때 응원하기 |
| 인권감수성 | • 완수, 1등이 목표가 아니라 과정에 대한 즐거움을 경험하도록 지지하기<br>• 아이가 성공할 수 있는 다음 기회가 있다는 것을 확인해 주기 |

## 아이와 함께 이렇게 해 볼 수 있어요

### 프롤로그

아이가 스스로 놀이를 생각해 내기 위해서는 주변을 탐색하고 결정하고 행동하거나 표현할 수 있는 충분한 시간과 기회가 필요해요.

놀이를 결정하고 시작하는 단계부터 놀이 과정까지 필요한 순간마다 아이가 결정할 수 있도록 기다려 주세요. 이때 선생님은 아이가 생각을 정리할 수 있도록 "무엇을 해 볼 거야?" "어떻게 해 볼 수 있어?" "무엇이 필요할까?" 등의 질문으로 도움을 줄 수 있어요.

아이가 놀이를 결정하고 어떻게 실행하려는지 설명하는 과정에서 아이는 자신의 생각과 다르게 표현할 수도 있어요. 선생님은 아이의 언어적 표현뿐만 아니라 다양한 관점에서 맥락을 파악해 놀이를 따라가 준다면 아이가 놀이를 하며 성취하고 싶은 의도와 방향을 알아차릴 수 있을 거예요.

하민: (활동실에 들어와 교구를 탐색하고 있다.)

선생님: 하민이가 오늘은 어떤 놀이를 하고 싶은가~ 선생님은 기다릴게. 결정하면 말해 줘.

하민: 나 마트 할래요.

 오호, 마트! 어떻게 하는 거야? (하민이가 말한 대로 반응해 준 후 하민이가 놀이를 시작하는 과정을 지켜본다.)

 마트 가서 물건 살 거구나.

하민: 자~ 딸기 주스요.

선생님: 마트에서 딸기 주스 파는 거예요?

하민: 마트에서 주스 만드는 거예요.

## 스토리

선생님은 아이가 놀이에 대해 계획, 선택, 결정, 진행할 수 있도록 시범을 보여 줄 수 있어요. 칠판이나 종이에 적어 스크립트를 만들 수 있어요. 단계에 대한 시각적 교구를 활용하여 아이가 계획을 세워 수행할 수 있도록 지원할 수 있어요. 이 과정에서 선생님의 기준에 맞춘 제안을 제시하거나 유도하기보다는 아이가 생각하고 선택한 시도와 방향에 따라 계획 세워 주세요. 아이의 적극적인 표현이 늘어나며 자신이 놀이를 주도적으로 이끈다고 느낄 수 있을 거예요.

선생님: (하민이가 주스를 만들기 위해 했던 행동을 칠판에 옮겨 적는다.) 하민이는 주스를 어떻게 만들었지? 처음에 딸기랑 컵을 가져왔고. 또 뭐를 가져왔더라? (칠판에 재료를 쓴다.)

 하민: 주전자도 가져왔어요.

선생님: 맞다. 주전자도 가져왔어.

 하민: 나도 쓸래요. (자신이 주전자를 쓴다.) 주전자랑, 숟가락이랑, 바나나랑⋯⋯.

선생님: 하민이가 다 기억하고 있네~ 그럼 주스 만들고 그다음에는 무엇을 하고 싶어?

 하민: 음⋯⋯.

 (책상 위에 주스를 들며) 짜잔. 하민이가 만든 주스야. 이거 너무 맛있겠다. 선생님이 마시고 싶어.

 팥빙수도 만들까? 아이스크림은 어때?

하민: 안 돼, 팔아야 해요. 나는 주스 만들 거예요. 주스 가게 해요.

선생님: 하민이가 놀이를 결정했네. 그래, 좋아.

아이는 주도하는 놀이 상황에서 다양한 시도를 해 보려고 할 거예요. 이러한 시도는 어떤 특정 단계에만 나타나는 것이 아니라 아이가 선택하고 계획한 놀이를 진행하고 마무리해 보는 전체 과정에서 다양하게 나타날 수 있어요.

선생님은 아이가 스스로 활동을 이끌려고 하는 작은 시도부터 민감하게 반응해 줘야 해요. 아이의 시도나 선택을 방해하거나 간섭하기보다는 자신의 의지대로 무엇인가를 주도하려는 시도 자체를 격려하며 반응해 주세요. 아이는 자신의 주도로 인해 생기게 된 변화나 결과들을 확인하면서 더 다양한 시도를 하게 될 수 있을 거예요.

하민이가 주스 가게를 세팅하는 상황이고, 선생님은 칠판에 주스 가게와 주스 만드는 사진을 붙인다.

 하민: (여러 과일을 가져와서 매트에 줄을 세워 놓는다.)

선생님: 과일 주스 가게구나~.

 하민: 선생님은 저기 있어요.

선생님: 아~ 그럼 선생님은 저기서 과자 사고 있어야겠다. 사장님~ 문 열면 불러 주세요~.

 하민: 열었어요.

선생님: 안녕하세요~ 바나나 주스 하나 주세요.

 하민: 네~ 여기요.

선생님: (먹는 시늉을 하며) 맛있네요!

 하민: (갑자기 딸기와 포도를 컵에 넣고 주스를 만든다.)

선생님: 어머! 딸기랑 포도를 섞어서 주스를 만드네요. 이것도 맛있나요?

하민: 맛있어요. (섞어서 내민다.)

선생님: 정말 맛있네요~ 아주 달아요. 어떻게 과일을 섞을 생각을 했어요? 대단해요.

하민: 바나나랑 키위랑 섞어요. (계속 과일을 섞어서 내민다.)

아이는 자신이 계획한 놀이에 집중하고 반복하면서 재미를 느낄 수 있어요. 하지만 아이마다 놀이 유지 시간과 집중도가 다르기 때문에 자신의 놀이를 유지하다 이내 다른 것에 관심을 보이거나 다른 생각을 할 수 있어요. 선생님은 아이의 주의를 환기시키거나 진행 중인 놀이에 새로운 관심과 시도를 통합시키며 놀이를 이어 나가게 해 주세요.

그리고 놀이가 진행되면서 아이에게 새롭거나 난이도가 있는 활동을 경험할 수 있도록 기회를 제공해 보세요. 아이에게 사전경험이 전혀 없는 활동보다는 자신의 경험과 연결 지어 유추해 볼 수 있는 활동으로 먼저 제시해 주세요. 아이가 낮은 단계나 아이의 능력 범위에 크게 차이 나지 않은 것부터 시도하여 활동을 주도하며 이끌 수 있는 계기를 만들어 주세요.

하민: (주스 만들다가 잠시 멍하게 있다.)

선생님: (하민이를 가만히 쳐다보다가) 사장님~ 오래 기다려야 하나요? 빨리 먹고 싶어요~.

하민: (선생님을 쳐다보고 다시 주스를 만든다.) 여기요~.

선생님: 열심히 만들어 줘서 고마워요. 사장님, 이거 포장되나요?

하민: 포장이요?

선생님: 손에 들고 갈 수 있게 넣어 주세요.

하민: 여기 포장했어요. (다른 큰 주스를 가리키며) 선생님, 이것도 포장해요.

선생님: 우와~ 이건 엄청 큰데~ 그럼 이것도 포장해 주세요. (이때 빨대를 하민이 옆에 둔다.)

하민: (빨대를 쳐다보며) 손님, 빨대도 줄까요?

선생님: 네~ 빨대 주세요. 선생님은 빨대 생각 못 했는데, 하민이가 생각했네!

## 에필로그

아이가 주도적으로 이끄는 놀이 상황에서 사고나 실수, 당장 해결할 수 없거나 계속되는 실패를 경험할 수 있어요. 선생님은 아이가 긍정적인 선택을 할 수 있도록 다양한 제안을 제시해 보며 아이의 시도 자체를 격려해 주세요. 그리고 다음번에 다시 시도하거나 성공할 수 있는 기회가 있다는 것을 경험할 수 있도록 도와주세요.

하지만 해결 방안이나 성공의 경험이 즉각적으로 충족되지 않는 상황들도 많아요. 선생님은 아이와 함께 상황을 해결할 수 있는 대안을 찾아보거나 새로운 방법을 제시해 볼 수 있어요. 해결하기 어려운 상황이 긍정적인 결과로 이어질 수 있기 위해서 어떤 준비를 해야 하는지 아이와 함께 방법을 찾는 것도 좋아요.

 하민: (선생님이 붙여 놓은 주스 만들기 사진을 보면서) 얼음 할래요. (믹서기를 가리키며) 이것도?

선생님: 이건 믹서기야. 우리 교실에 믹서기가 있나 찾아볼까?

 하민: 없어요. 난 하고 싶은데…….

선생님: 어, 어디서 봤는데~ 옆에 교실에 믹서기 있어.

하민: 가지러 가요.

옆 교실이 수업을 하고 있는 상황이다.

선생님: 어쩌지. 지금은 빌릴 수가 없네. 하민이가 아쉽겠다. 다음 시간에 빌려 볼까?

하민: 힝…… 믹서기 다른 거 할래요.

선생님: 그래. 오늘은 다른 걸로 믹서기를 대신하고 다음 시간에 빌려 보자.

## 12단계 **SUM** CHECK

| 사전 준비/환경 구성하기 | ✔ Check | ✏ Memo |
|---|---|---|
| • 활동실 내 교구를 일관되게 배치하여 아이가 필요한 물건을 스스로 찾아오거나 정리할 수 있도록 하였나요? | | |
| • 아이가 활동을 스스로 구성하거나 확장을 시도해 볼 수 있는 공간을 마련하였나요? | | |
| • 아이가 다시 도전할 수 있도록 여분의 교구를 충분히 준비하였나요? | | |
| • 아이에게 도움이 되는 시각적 교구(설명서 등)를 준비하였나요? | | |
| • 다양한 역할놀이(아이 마음대로 이야기 만들거나 이끌 수 있는) 교구를 준비하였나요? | | |

| 치료사 태도 CHECK | ✔ Check | ✏ Memo |
|---|---|---|
| • 아이가 성취하고자 하는 의도와 방향이 무엇인지 파악해 보았나요? | | |
| • 아이 자신이 활동을 이끈다는 느낌이 들도록 시도와 결과를 지지하였나요? | | |
| • 아이가 활동이나 교구를 선택할 기회 및 시간을 충분히 주었나요? | | |
| • 간섭과 언어적/신체적 촉구를 줄이며 스스로 해 볼 수 있도록 기회를 주었나요? | | |
| • 목표하는 활동의 흐름이 이어지도록 자연스러운 시범을 보였나요? | | |
| • 활동에 제약이 있을 때 무조건 제한하기보다는 미루기, 대안 제시 등 긍정적인 방법을 아이와 함께 찾아보았나요? | | |
| • 새롭거나 난도가 있는 활동에 도전할 수 있도록 기회를 제공하였나요? | | |
| • 아이의 활동이 완수, 1등을 해야 하는 목표가 아닌 과정의 즐거움을 경험할 수 있게 지지하였나요? | | |

| 아이와의 SUM CHECK | ✔ Check | ✏ Memo |
|---|---|---|
| • 아이가 주도적으로 이끄는 활동은 무엇이었나요? | | |
| • 자신이 주도하는 상황에서 아이가 자주 하는 표현(언어적, 비언어적)은 무엇이었나요? | | |
| • 아이가 새롭거나 난이도가 있는 활동을 마주할 때 어떠한 반응을 보였나요? | | |
| • 아이는 자신이 원하는 활동을 하기 위해서 계획(대상, 순서, 방법)을 세웠나요? | | |
| • 아이가 자신의 놀이를 이끌 때 선생님의 반응이나 행동을 의식하고 관심을 보였나요? | | |

SUM
12단계

| | ✔ Check | ✏ Memo |
|---|---|---|
| • 아이는 활동의 과정과 결과 중 무엇에 집중하고 성취감을 느끼던가요? | | |
| • 아이가 주도적으로 수행하는 과정에서 주로 겪는 어려움(감정조절, 주의력, 충동성, 기능 수준 등)은 무엇이었나요? | | |
| SUM PLUS 되새기기 | ✔ Check | ✏ Memo |
| • 가정에서 아이가 주도적으로 수행하는 활동은 어떤 것들이 있는지 이야기 나누어 봅시다. | | |
| • 아이가 가정에서 주도적으로 행동할 때, 양육자의 반응과 태도는 어떠한지 이야기 나누어 봅시다. | | |
| • 이번 회기를 통해 아이의 주도성에 대하여 치료사/양육자가 새롭게 알게 된 것이 있는지 확인해 봅시다. | | |

# SUM 13단계: 주도성 의사소통

## 들어가기

놀이를 이끌며 주도했던 경험이 많은 아이는 자신의 놀이에 자신감이 생기게 됩니다. 점차 아이는 또래에게 의도를 표현하고 싶어지면서 자신이 주도하고 싶은 놀이를 정확히 알고 또래에게 제안하는 시도를 할 수 있습니다. 또래에게서 자신의 제안이 받아들여지는 경험을 통해 아이는 뿌듯함, 만족감, 성취감을 느끼며 더욱더 놀이와 활동에 적극적으로 참여하면서 또래를 관찰하고 반응을 살필 수 있습니다. 또한 아이 자신도 또래의 주도를 따라갈 수 있는 호의적인 마음도 생길 수 있습니다. 선생님은 다양한 의도와 내용, 방법으로 점차 또래를 주도하려고 하는 아이의 모습을 발견할 수 있습니다.

선생님은 이런 아이의 행동 변화에 주의를 기울이고 반응하면서 아이가 자신이나 또래가 하고 싶은 것이 무엇인지, 어떻게 하고 싶은지를 묻고 들어 주며 소통을 할 수 있도록 기회를 제공하거나 시범을 보일 수 있습니다. 아이가 자신의 제안에 또래가 보이는 반응을 인식할 수 있도록 설명해 주거나, 또래를 이끌거나 따를 때 사용할 수 있는 표현을 알려 줄 수 있습니다. 더불어 놀이 상황에서 아이들의 역할이 고정되지 않도록 서로 하고 싶은 놀이를 번갈아 가며 할 수 있습니다. 간혹 자신이 주도하기만 원해서 또래의 놀이에 참여를 거부하거나, 자기가 하고 싶은 놀이를 일방적으로 요구할 수 있습니다. 이때 잠시 각자의 놀이를 할 수 있는 시간을 주는 것도 괜찮습니다. 선생님은 아이들이 좋아하는 놀잇감, 놀이 방법 등을 활용하여 서로의 놀이에 관심이 생길 수 있도록 지원해 봅시다.

선생님은 아이들이 서로의 놀이에서 즐거움을 느낄 수 있는 공통 요소를 발견하여 확인시켜 줄 수 있습니다. 선생님이 알아차려 주기, 칭찬하기, 응원하기, 동의하기, 위로하기 등의 친사회적인 표현을 시범 보여 준다면 아이들은 서로의 선호나 관심사를 자연스럽게 알아 가면서 우호적인 관계를 경험할 수 있습니다.

아이들은 각자의 선택과 역할이 서로에게 어떠한 영향을 주고받는지 확인하게 되며 관계 속에서 주체적인 자신을 발견할 수 있습니다. 제 생각과 의견을 존중받아 본 경험은 자기중심적인 사고에서 나아가 상대방이 다른 의견을 가질 수 있고 이에 맞춰 자신의 행동을 인식하고 조절하려는 태도의 기틀이 됩니다.

## 목표

1. 자신이 하고자 하는 바를 또래에게 제안할 수 있도록 지원한다.
2. 서로의 반응을 확인하며 함께 활동할 수 있도록 돕는다.
3. 풍부해지는 놀이 경험을 통해 활동에 대한 만족감과 기대를 할 수 있도록 돕는다.
4. 활동의 과정과 결과에서 서로의 기여를 확인할 수 있도록 돕는다.

## 준비

〈공간〉

• 또래와의 교류에 방해가 될 만한 많은 교구나 넓은 공간보다 단순한 환경을 제시하기

〈교재 및 교구〉

• 다양한 역할 놀이 교구(아이가 자신의 마음대로 이야기를 만들며 리드할 수 있는 교구) 준비하기
• 글씨를 적거나 그림을 그릴 수 있는 칠판이나 빈 종이 준비하기
• 구성원 수를 고려한 충분한 양의 도구, 재료(수행 실패 시 다시 도전할 수 있는 준비자료, 친구들과 같이 공유할 수 있는 정도의 여분의 자료) 준비하기
• 그룹원들의 기능 수준을 고려한 교구/교재를 선정하기
• 수행 단계나 과정을 설명/안내해 줄 수 있는 시각적 교구(설명서 등) 준비하기
• 함께 순서를 정하거나 교류하면서 놀이할 수 있는 교구(예: 기찻길, 보드게임 등) 준비하기

## 치료사 태도

| 민감성 | • 또래에게 제안하는 표현방식과 내용을 관찰하고 알아차리기<br>• 아이의 이끌고 따르는 행동 변화에 주의를 기울이고 반응하기 |
|---|---|
| 수용성 | • 선호에 따라 아이들의 선택 및 활동이 다를 수 있다는 것을 존중하기<br>• 아이가 생각을 표현할 수 있도록 성급히 개입하지 않기 |
| 유연성 | • 역할과 놀이형태를 한정하지 않는 열린 마음 유지하기<br>• 주도하거나 이끄는 것에 대한 역할을 고정하지 않기<br>• 놀이 형태의 다양성에 대한 열린 마음 유지하기<br>• 또래와의 활동에서 느끼는 아이의 다양한 감정을 알아차리고 지지해 주기 |
| 확장성 | • 아이들의 놀이나 활동의 단계가 확장되도록 단서 제공하기<br>• 아이가 상대에게 자신의 생각을 다른 방법으로도 표현할 수 있게 돕기 |
| 인권감수성 | • 아이의 개인적 특성과 능력 수준(수행 속도, 기능 수준)을 비교하지 않도록 유의하기<br>• 이끌고 따르는 과정의 즐거움이 중요한 목표인 것을 잊지 말기 |

SUM
13단계

## 아이와 함께 이렇게 해 볼 수 있어요

### 프롤로그

아이는 자신이 하고 싶은 놀이나 내용을 표현하거나 또래의 의견을 수용하는 데 시간이 필요할 수 있어요. 선생님은 여유를 가지고 아이의 결정이나 선택을 기다려 주며, 아이가 상대방에게 자신의 의도에 맞게 활동을 제안하거나 또래의 의견을 받아들일 수 있도록 편안한 분위기를 만들어 주세요.

또한 아이마다 제안하는 활동의 내용이나 표현방식이 다양할 수 있어요. 선생님은 성격이나 특성에 따라 아이만의 표현방식을 확인하고, 아이가 원하는 대로 활동을 이끌 수 있도록 주의를 환기하거나 제안하는 시범을 직접 보여 줄 수 있어요.

언어적으로 표현하는 것뿐만 아니라 제스처나 사물을 다양하게 활용해서 또래에게 제안해 보도록 지원한다면 아이도 좀 더 자신에게 편안한 소통 방법을 찾아갈 수 있을 거예요. 선생님이 성급하게 개입하여 주도적인 역할을 대신하는 것이 아니라 아이가 직접 놀이를 이끌 수 있는 환경이나 기회를 만들어 주는 것이 중요해요.

선생님: 오늘 무슨 놀이를 하고 싶은지 생각해 보고 얘기해 줘~.

하민: (하민이는 고민하다 기차를 또래에게 내민다.) 이거.

선생님: 재밌겠다! 나도 기차 하고 싶었어. 두민이한테도 하민이가 어떤 놀이하고 싶은지 이야기해 볼까?

#1
상황을 확인할 수 있도록 유도한다.

하민: 기차 하자.

두민: (하민이를 쳐다보지 않는다.)

선생님: (기차를 두민이 앞에 슬며시 민다.) 두민아, (레일 장난감을 가리키며) 여기 이거 봐 봐. 두민아, 하민이는 어떤 놀이를 하고 싶대?

#2
직접 시범을 보여 준다.

 하민: 나 이거…… 기찻…….

선생님: "나 기찻길 만들고 싶어. 같이 할래?"라고 말해 볼까?

#3
다른 표현 방법을 알려 준다.

- 또래의 어깨나 소매를 이끌며 원하는 것 말하기
- 자기가 원하는 장난감 직접 보여 주기
- 쪽지를 적어서 전달하기

**스토리**

아이들이 같은 주제의 놀이를 하고 있다 해도 선호에 따라 활동의 내용이나 방법이 다를 수 있어요. 아이들은 상대방의 선택이나 활동에 관심을 가지며 우호적인 태도를 보일 수도 있지만, 자신만의 놀이방식을 고집하며 또래와 함께하지 않으려고 할 수 있어요. 선생님은 아이들 각자가 원하는 방식과 형태로 자유롭게 놀이할 기회와 함께 서로 아이디어를 주고받으며 함께 놀이하는 즐거움을 경험할 수 있도록 지원할 수도 있어요.

아이들은 또래와 함께하는 활동에서 서로를 이끌거나 따르는 역할을 할 수 있어요. 이를 통해 각자 역할에 따라 자연스럽게 행동의 변화가 나타나기도 해요. 선생님은 이러한 변화를 민감하게 파악하여 반응해 주세요. 아이들은 점차 또래의 언어적 · 비언어적인 반응에 관심을 가지며 서로의 변화를 인식하는 행동을 하게 될 거예요.

---

하민이와 두민이가 각자 기찻길을 만들고 있다.

 (아이들 각자의 방식을 수용하며) 두민이는 기찻길을 길게 만들고 있네. 하민이는 기찻길을 둥그랗게 만들고 싶었구나.

 하민아! 두민이가 기찻길을 길게 만들었네. (제안하며) 하민이도 길게 만들어 볼까?

두민: 선생님, 기차 엄청 길게 만들었어요.

하민: (비언어적 반응으로, 두민이의 이야기를 듣고 기차의 모양을 길게 바꾼다.)

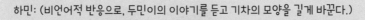

선생님: 두민아, 하민이가 어떻게 기차를 만드는지 봐 봐.

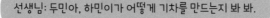

두민: (흐뭇해하며) 하민이도 나처럼 기차를 길게 만들었네~.

하민: 나도 길게 만들 수 있어요.

선생님: 그럼 이번에 선생님은 하민이처럼 동그랗게 기찻길을 만들어 볼래.

두민: 나도요!

아이는 또래의 놀이방식이 낯설거나 어려워서 자신만의 놀이방식을 고집하고 싶어 할 수도 있어요. 선생님은 아이가 친구의 관심사나 놀이방식을 이해할 수 있도록 아이의 수준이나 특성에 맞게 안내해 주는 것이 필요해요.

아이들은 서로를 주도하는 활동에서 또래의 새로운 놀이방식에도 흥미를 느끼게 되고, 친구의 생각을 따라 주게 되는 계기가 되면서 놀이는 더욱 풍부해져요. 또한 반대로 아이는 자신의 생각을 따라 주는 친구의 모습을 보거나 놀이가 계획대로 진행되는 상황 속에서 활동에 대한 만족감과 계속 친구와 함께 놀이하고 싶다는 기대를 할 수 있어요.

이때 선생님은 공통된 재미 요소 발견하기, 놀이를 풍성하게 만들 수 있는 교구 배치하기, 새로운 활동 발견하기 등 다양한 단서를 제공하여 놀이 확장을 도울 수 있어요. 다만 아이들의 놀이, 결과물에 대한 비교는 자칫 경쟁을 부추길 수 있으니 유의해 주세요.

두민: 아잇! 동그랗게 만드는 거 안 돼요.

선생님: 하민이가 어떻게 만들었는지 살펴보자. 하민아. 어떻게 만드는지 알려 줄래?

하민: 이렇게 하면 되는데.

두민: (하민이의 시범을 보고 동그란 기찻길을 만든 후) 우와~ 나도 동그랗게 됐어.

선생님: (두민의 기찻길을 보며) 하민이의 기찻길이랑 똑같아졌네.

하민: (고개를 끄덕이고 으쓱이며) 이제 나랑 똑같아.

선생님: (놀이확장 교구 상자를 꺼내오며) 여기에 장난감이 많다.

하민: 나는 이제 기차 다니게 할 거야.

두민: 나도 나도. 신호등도 꺼내야지.

에필로그

아이들은 서로를 이끌고 따르는 공동의 활동을 통해서 놀이에 대한 만족감과 즐거움을 느끼게 될 수 있어요.
활동을 마무리하는 과정에서 서로의 능력이나 결과물의 완성도를 확인하기보다는 함께하는 과정에서 기억에 남는 경
험이나 감정들을 확인할 수 있도록 도와주세요. 그리고 아이들 서로의 선택과 기여에 따른 결과와 주고받은 영향을 확
인시켜 주세요. 자신이 주도한 놀이에 대해 뿌듯함과 또래의 기여에 대한 고마움을 느낄 수 있을 거예요.

선생님: 오늘 우리 뭐 하고 놀았지?

 하민: 나는 기차로 진짜 빠르게 계속 달렸어요.

 두민: 내가 신호등으로 기차도 멈추게 했는데.

선생님: 맞아. 두민이가 만든 동그란 기찻길 위로 하민이가 기차를 씽씽 달리게 했어. 그리
고 두민이가 신호등을 찾아서 하민이 기차가 빨간불에 멈췄다 가게 했어. 선생님은 기차가
씽씽 계속 달려서 신났는데, 빨간불에 갑자기 끼~ 멈추는 것도 재밌었어. 너희는 어땠어?

두민: 나는 하민이가 알려 줘서 동그랗게 기찻길 만들었어요. 엄청 좋았어요.

선생님: 그렇구나. 두민이는 동그랗게 기찻길을 만들 수 있어서 하민이한테 고마웠겠다.

하민: 나도 신호등 때문에 재밌었어요. 끽~ 멈춰~.

선생님: 오늘 우리 모두 너무 즐겁게 놀았다.

## 13단계 **SUM** CHECK

| 사전 준비/환경 구성하기 | ✔ Check | ✏ Memo |
|---|---|---|
| • 또래와의 교류에 방해가 될 만한 많은 교구나 넓은 공간보다 단순한 환경을 제시하였나요? | | |
| • 아이들의 개인적 특성, 기능 수준, 구성원 수를 고려하여 재료, 도구, 교구를 준비하였나요? | | |
| • 함께 순서를 정하거나 교류하면서 놀이할 수 있는 교구를 준비했나요? | | |

| 치료사 태도 CHECK | ✔ Check | ✏ Memo |
|---|---|---|
| • 아이들의 개인적 특성과 능력 수준(수행 속도, 기능 수준)을 비교하지 않도록 유의하였나요? | | |
| • 또래와의 활동에서 느끼는 아이의 다양한 감정을 알아차리고 지지해 주었나요? | | |
| • 놀이나 활동의 단계를 확장할 수 있도록 아이들이 알아챌 수 있는 단서를 제공하였나요? | | |
| • 아이가 이끌고 따르는 행동 변화에 주의를 기울이고 반응해 주었나요? | | |
| • 아이가 계획하고 생각한 것을 표현할 수 있도록 충분한 시간을 주었나요? | | |

| 또래와의 SUM CHECK | ✔ Check | ✏ Memo |
|---|---|---|
| • 아이는 또래의 선택과 수행에 관심을 가지며 확인하는 모습을 보였나요? | | |
| • 아이에게 공통의 관심사를 확인하거나 공유하려는 모습이 있었나요? | | |
| • 각자의 선호/관심사가 다를 때, 아이들의 반응은 어떠하였나요? | | |
| • 또래가 놀이를 제안하거나 주도해서 진행할 때 아이의 반응 속도와 빈도는 어떠하였나요? | | |
| • 또래에게 활동을 제안하거나 유도하는 아이만의 방법이 있었나요? | | |
| • 아이는 주로 어떤 역할(리드, 협조)에 즐거움과 만족감을 느꼈나요? | | |
| • 아이가 또래에게 놀이를 제안할 때 활동의 순서나 규칙을 설명하였나요? | | |
| • 자신의 주도에 또래가 따르지 않을 때 아이는 어떤 모습을 보였나요? | | |
| • 아이가 다음 회기나 또래에 대해 기대하는 모습을 보였나요? | | |
| • 아이는 또래의 성취, 결과물에 어떠한 반응을 보였나요? | | |

| | ✓ Check | ✏ Memo |
|---|---|---|
| • 또래의 의견을 따라 같이한 놀이나 활동이 재미있을 때 그 감정을 어떻게 나누나요?(예: 칭찬, 하이파이브, 우와~, 미소 짓기 등) | | |
| **SUM PLUS 되새기기** | ✓ Check | ✏ Memo |
| • 가정에서 아이가 주도적으로 활동을 제안하거나, 이끌고 싶어 하는 대상이 누구인지 이야기 나누어 봅시다. | | |
| • 아이가 활동실에서 자신이 주도했던 활동을, 일상에서 재연하거나 이야기하는지 확인해 봅시다. | | |
| • 또래와의 활동을 통해 새롭게 아이의 주도성에 대하여 치료사/양육자가 알게 된 것이 있는지 확인해 봅시다. | | |

SUM
13단계

< **주도성 Q & A** | 고민을 함께 해결해 보아요.    🔍 ⋮

아이가 무엇을 주도하려는지에 관해 확인하기 위해서 자꾸 질문을 하게 되어요.
아이의 계획을 잘 모르겠는데 어떻게 확인하는 것이 좋나요?

**인지 지은샘**: 아이가 자신의 놀이에 몰두할 때, 옆에서 계속 질문하는 것은 오히려 아이의 주도성을 방해할 수 있어요. 여유를 가지고 아이가 선택하는 교구가 무엇인지, 필요에 따라 선생님이나 친구에게 어떠한 요구나 도움을 청하는지 아이의 능동적인 반응에 주의를 기울여 보세요.

**언어 지현샘**: 아이가 응시하는 것, 만지고 있는 것을 민감히 그때그때 살피는 것이 좋아요. 활동을 멈추며 주저하거나 친구를 바라보는 것들이 친구에게 놀이를 주도하기 위한 시도일 수도 있어요.

아이들이 또래와 모이지 않고 각자 따로 놀아요. 이때 선생님은 어떤 역할을 해 줘야 하나요?

**언어 지현샘**: 가장 좋은 것은 선생님이 지시하거나 또래가 요구하지 않아도 즐겁게 놀이하는 것을 자연스럽게 주시하도록 이끌어 스스로 오게 하는 방법이에요. 하지만 자신의 놀이에 너무 몰입하고 빠져 있다면 선생님이 오히려 또래 놀이에 참여하여 소리, 움직임 등이 일어나고 있다는 것을 크게 표출하여 아이에게 전해지도록 해 보는 것도 좋은 방법이 될 수 있어요.

**인지 지은샘**: 아이들은 자신의 놀이에 몰두하느라 함께 놀지 않을 수도 있어요. 함께 하는 공간에서 서로의 놀이에 관심을 가질 수 있도록 자연스럽게 아이들의 선택이나, 행동을 읽어 준다면 서로의 수행에 자연스럽게 관심을 가질 수 있을 거예요. 그리고 아이들이 서로의 수행에 관심을 가질 수 있도록 활동 공간을 구성하는 것도 도움이 될 수 있어요. 아이들이 각자 자신의 선택이나 시도를 확인하며 또래를 이끌 수 있도록 활동 공간을 구성하되, 상대방의 수행에도 관심을 가지며 함께할 수 있도록 주의를 환기시켜 주세요.

감통 미선샘: 또래와 모이지 않아도 아이들은 공간 안에서 서로의 존재와 활동을 인지하고 있습니다. 선생님은 아이 각자의 놀이를 지지하면서 서로 영향을 줄 수 있는 부분(관심 있어 할 장난감의 선택, 비슷한 점의 발견, 놀이 진행 상황에 대한 정보)들을 강화하면서 다른 아이의 놀이에 관심을 가지고 관찰할 수 있게 도와주세요. 그럼 자연스럽게 아이들은 또래와의 놀이를 시도할 것입니다.

활동을 하다가 아이들의 갈등 상황이 있을 때 선생님은 어떻게 하면 좋을까요?

언어 지현샘: 언어적으로 자신의 감정과 상황에 대해 불편함을 표현하도록 돕는 것이 좋아요. 언어 수준이 낮더라도 아이의 수준에 맞는 표현으로 불편함을 친구에게 표현한다면 격해진 표현이나 동작으로 친구와의 감정이 너무 격렬히 대치되지 않도록 도울 수 있습니다.

인지 지은샘: 아이들이 서로 주도적인 역할만 하고 싶어 해서 갈등이 생겼다면, 자신의 마음대로 하고 싶은 아이들 개개인의 마음은 읽어 주되, 한 아이에게 주도적인 역할이 편중되지 않도록 지도할 필요가 있어요. 친구의 주도를 따른 후, 자신도 친구를 리드할 수 있다는 믿음이 있다면, 친구와의 놀이에서 더 우호적으로 참여하며 순서를 기다릴 수 있을 거예요.

SUM
13단계

혼자만 너무 활동을 주도하려 하며 다른 또래의 의견을 따르지 않으려는 아이에게 어떻게 도움을 주어야 할까요?

언어 지현샘: 인정을 받아 본 경험이 많지 않은 친구일 가능성이 있습니다. 가정에서 부모님과의 관계에서 능력 위주로 평가받거나 결과에 관한 대화를 많이 하는 환경인지를 파악해 보세요. 치료실 안에서 선생님이 충분히 아이의 의도를 읽어 주고 나의 주도로 친구가 즐거워하는 것에 대해 알려 주고 함께 놀이하는 것에 대한 긍정적인 정서를 전달한다면 따르는 경험을 할 수 있을 거라 생각합니다.

**감통 미선샘**: 섣불리 중재하려고 하지 말고 한번 지켜보세요. 아이들이 갈등 상황이 생겨 놀이가 중단될 때 놀이의 중단 상황에서 아이들이 어떤 식으로 대응하는지 지켜볼 수 있습니다. 선생님은 각자의 마음을 읽어 준 뒤 노는 방법과 규칙에 대해서 같이 이야기해 볼 수 있어요.

**인지 희정샘**: 정해진 활동 시간 안에서 또래와 놀이를 하다 보면 자신이 주도한 놀이를 충분히 즐겼다는 만족감이 적을 수 있어요. 선생님은 상황에 맞춰 아이마다 주도하여 놀이할 수 있는 시간을 배분하거나 조절해 보세요. 더불어 가정에서 아이가 만족할 수 있을 만큼의 주도적인 놀이를 할 수 있게 양육자와 상담이 필요합니다.

아이들이 서로의 능력을 비교하고 무시하는 상황이 생길 때는 어떻게 하나요?

**언어 지현샘**: 비교하는 것은 발달 과정에서 자연스럽게 생길 수 있는 또래관계라고 우선 생각하시는 태도가 필요합니다. 하지만 비교하여 남을 깔보거나 무시하는 태도는 또래관계를 방해할 수 있습니다. 또래가 그러한 태도에 어떠한 영향을 받고 어떤 반응을 보이는지 읽어 주는 것도 도움이 될 수 있어요. 오히려 선생님이 "이렇게 다르니 어떤 점에서 재미가 더 있네. 이렇게 다를 수도 있네."라고 표현해 주어 아이들이 서로의 다름을 느껴 볼 기회로 삼도록 유도해 보세요.

**인지 지은샘**: 아이들은 또래와 함께하는 활동에서 놀이를 주도하고 싶어 친구와 비교하여 자신의 유능함을 뽐내거나 상대적으로 또래를 무시할 수도 있습니다. 이러한 아이들의 언행의 잘잘못을 따지기보다는 아이들 각자의 선호와 잘하는 활동이 서로 다를 수 있음을 확인해 줄 수 있습니다. 놀이를 주도하는 아이의 강점을 확인하여 강화해 주는 동시에 친구의 강점에 대해서도 관심을 가질 수 있도록 이야기해 주세요.

## SUM 14단계: **자기조절** 의도성 발현

### 들어가기

아이들은 다양한 사회적 환경 속에서 적응성과 유연성을 가지고 여러 가지 외부적 자극에 반응하고 행동하게 됩니다. 이러한 과정에서 자신의 행동과 사고, 느낌을 조절해 가는 기질적인 능력을 발휘하게 됩니다(Eisenberg, 1996). 또한 자율성과 주도성이 높아지며 다양한 경험을 하게 된 아이들은 스스로 자신의 계획을 실행하고 결과를 확인하며 점검하는 단계로 나아가게 됩니다. 아이는 또래와의 경험에서 자신을 통제하거나 환경에 맞추어 행동을 시작하고 멈추게 되지만, 상황의 다양한 변수에 따라 자신의 상태를 인식/표현하는 정도와 통제력에서 차이가 있어서 때때로 아이들은 주변의 다양한 외부 자극(상황변수)에 따른 자신의 상태를 인식하기 어렵거나 표현하는 것에 서툴 수 있습니다. 아이가 마주한 상황의 인과 관계를 확인하여 상황변수를 인식하고 자신의 생각, 의도, 감정이 자연스럽게 표현될 수 있도록 도와야 합니다.

선생님은 아이가 자신의 상태를 조절할 수 있는 자극의 양과 정도를 파악하고, 아이가 스스로 자신의 상태를 인식하고 조절해 나가는 과정을 민감하게 관찰할 필요가 있습니다. 또한 아이만의 조절 방법이 있다면 존중해 주며 아이가 스스로 자신의 상태를 조절해 나갈 수 있도록 충분한 시간과 기회를 제공해야 합니다. 만약 아이가 스스로 자기조절을 할 수 있는 방법을 잘 모른다면, 아이에게 영향을 주는 환경과 기질적 특성을 파악하여 아이가 선호하고 잘 수용할 수 있는 다양한 대안을 준비하여 제시할 수 있습니다. 이때 선생님은 아이에게 선택의 기회를 주고, 자신의 상태를 조절해 가는 과정과 아이의 방식을 지지해 주는 것이 중요합니다.

아이는 또래 아이들이 조절 행동에 영향을 받으며 친사회적 행동을 획득하고 자기조절을 배워 나갈 수 있습니다. 또한 타인에 의해 자신의 상태를 조절하는 것이 아니라 스스로 자신의 상태를 돌아보고 행동, 사고, 감정을 조절하는 주체가 아이 자신임을 알고 보다 주도적으로 자기를 조절해 나갈 수 있습니다. 스스로 자신을 조절해 가는 방법들이 많아짐으로써 활동 내에 아이의 불안정한 모습은 감소될 수 있으며, 또래와 함께하는 활동에서 사려 깊은 행동을 하며 상대방에게 용인되는 행동이 무엇인지 점차 구분하게 됩니다.

## 목표

1. 자신의 상태(생각, 감정, 의도)를 상대방에게 표현할 수 있도록 돕는다.
2. 자신의 상태에 영향을 미치는 상황변수를 확인하고 조절할 수 있도록 돕는다.
3. 상황에 따른 또래의 상태 변화를 확인할 수 있도록 돕는다.

## 준비

〈공간〉
- 아이의 상태에 영향이 미칠 수 있는 상황변수를 아이가 직접 조절할 수 있도록 준비하기
- 자신의 상태를 조절할 수 있는 편안한 공간 마련하기

〈교재 및 교구〉
- 아이가 자신의 상태를 조절하는 데 도움이 되는 교구(거울, 클레이, 편한 의자, 헤드폰 등) 준비하기
- 자신의 상태를 상대방에게 표현할 수 있는 교구(종이, 연필, 그림 교구, 감정 카드/그림 카드 등) 준비하기

## 치료사 태도

| | |
|---|---|
| 민감성 | • 아이가 자신의 상태를 조절해 가는 방법/방식(순응, 만족지연 등) 알아차리기<br>• 아이가 할 수 있을 만큼의 활동 양과 시간, 선생님의 개입 정도와 반응을 확인하기<br>• 아이가 자신의 상태를 인식하고 조절하는 전 과정을 민감하게 알아차리기 |
| 수용성 | • 자신의 상태를 조절해 가는 아이만의 방식을 존중하기<br>• 아이가 자신의 상태를 조절할 수 있는 충분한 시간과 기회 제공하기 |
| 유연성 | • 아이가 자신의 상태를 조절할 수 있는 여러 가지 대안을 준비하기<br>• 아이의 감정이 격해지기 전에 상황이나 생각을 전환하는 경험 제공하기 |
| 확장성 | • 상황에 따라 아이에게 조절할 수 있는 다양한 방법을 시범 보이기<br>• 아이가 조절을 위해 (의식적/무의식적) 사용한 방법이 계속 이어질 수 있게 확인해 주기 |
| 인권감수성 | • 아이가 주체적인 역할로 조절을 해 나갈 수 있음을 믿고 지지하기<br>• 아이의 시행착오적 행동이 방해되고 제지해야 한다는 관점에서 벗어나기 |

## 아이와 함께 이렇게 해 볼 수 있어요

### 프롤로그

아이들이 스스로 조절이 어려운 상황에 놓였을 때 자신만의 방법으로 조절하려는 모습이 관찰될 수 있어요. 선생님은 처음부터 아이의 이러한 행동을 멈추게 하거나 선생님의 방식대로 성급하게 도움을 주기보다는 아이만의 조절방식을 파악하고 존중해 주는 것이 중요해요.

아이들은 다양한 외부 자극에 따른 자신의 상태를 적절히 파악하지 못하는 경우가 종종 있어요. 선생님은 언어적/비언어적으로 아이의 모습을 따라 하거나, 거울과 같은 도구를 활용하여 아이가 자신의 상태를 인식할 수 있도록 도움을 줄 수 있어요. 아이들은 자신의 상태를 인식함으로써 자신을 조절해 보는 기회를 자연스럽게 가질 수 있을 거예요.

이때 선생님은 아이에게 충분한 시간을 주는 것과 더불어 편안한 환경을 조성하고 선생님이 신뢰할 수 있는 사람임을 인식시켜 주는 것이 중요해요. 선생님은 아이와의 약속이나 요구를 기억하고 도와주어 신뢰감을 쌓아야 해요.

하민이가 친구들과 자동차 경주를 하기 위해 자동차를 고르는 상황에서 자동차 장난감에 있는 소리 버튼이 눌려 사이렌 소리가 들린다. 하민이는 사이렌 소리에 귀를 막고 소리를 지르며 교실 구석에 숨어 버린다.

하민: 악! 시끄러워.

선생님: (함께 귀를 막고 하민이의 가까이에 앉는다.) 사이렌 소리가 너무 시끄러워서 너무 힘들어.

하민: (소리가 멈추자 하민이가 귀에서 손을 뗀다.)

선생님: (하민이를 보고 손을 떼며) 귀를 막으니깐 소리가 좀 작게 들린다.

하민: 저거 치워 주세요.

선생님: 계속 보이면 소리가 날 거 같아서 그래?

하민: 네, 무서워요. 싫어요.

선생님: 그래, 갑자기 또 소리가 나면 싫을 수 있겠다. 선생님이 문밖에 갖다 놓을게. 다음에도 무서운 게 있으면 이야기해 줘~.

SUM
14단계

놀이활동에서 아이들이 각자 놀이에 몰입하다 보면 놀이 영역을 침범하거나 의견을 조율하지 못하여 감정이 격렬해질 때가 있어요. 선생님은 활동 전에 아이들의 요구를 파악하여 여러 가지 대안을 제시할 수 있어요. 또한 아이와 함께 수행 결과를 미리 예상하여 조정해 봄으로써 감정이 격해지기 전에 상황을 긍정적으로 전환할 수 있도록 도움을 줄 수 있어요.

사전에 놀이를 계획하고 준비하는 과정이나 활동 중에 아이가 수행할 수 있는 만큼의 강도나 빈도, 시간, 필요한 개입 정도를 파악하는 것은 아이가 자신의 상태를 확인하여 조절하는 데 도움이 될 수 있어요.

선생님은 아이의 현재 발달 정도에 맞는 도구나 단서의 양을 제공하여 점진적으로 아이가 새로운 것에 도전하거나 상황을 스스로 해결해 나갈 수 있도록 도와주세요.

하민이와 두민이가 주차타워 출발선 위에 자동차를 올려놓는다.

하민: 내가 먼저 갈 거야.

두민: (하민이를 밀치며) 같이 가는 거야.

선생님: 둘 다 먼저 하고 싶은데 길이 하나라서 어렵다. 선생님은 길을 2개로 만들고 싶은데 어떻게 하지? (다른 도로 조각을 근처에 둔다.)

하민: (근처에 있는 도로 조각을 들고) 저는 이걸로 하나 더 만들래요.

선생님: 오, 좋은 생각이다.

하민: (새로운 도로 조각을 붙이며) 안 붙어요. 이거 안 되는데.

선생님: 어, 그냥은 잘 안 붙나 보다. 어떡하지……

하민: 선생님, 테이프 붙이면 되잖아요.

선생님: 아, 맞다. 테이프! 선생님이 가져올게. (테이프를 가지고 와서 붙인다.)

 하민: (테이프를 강하게 뜯어내면서) 아, 짜증나. 테이프 자꾸 구겨져요. 아이씨, 안 해. (자리를 이탈한다.)

선생님: (자리를 지키고 테이프를 들고 똑같이 망치는 모습을 보여 준다.) 테이프가 자꾸 뭉쳐서 엉망이 되네. 하민아, 선생님이 테이프 한쪽을 잡아 주면 잘 붙일 수 있을 것 같은데 같이 해 볼래?

 하민: 싫어요.

선생님: 그럼 선생님이 먼저 두민이랑 연습해 볼게. 보고 있다가 와서 같이 해 보자.

선생님과 두민이가 실패를 하다 결국 성공하는 것을 하민이가 본다.

 하민: (다가와서) 나도 할래요.

SUM
14단계

선생님은 아이가 상황에 맞추어 활동을 시작하거나 멈추고, 자신의 행동이나 정서 및 각성의 세기를 조절하는 것이 타인에 의해서만 이루어지는 것이 아니라 아이가 스스로 할 수 있음을 믿고 지지할 필요가 있어요.

선생님은 아이의 상태에 영향을 줄 수 있는 여러 요인을 함께 파악한 후, 아이가 자신을 잘 조절하고 있는 편안한 상태에서 상황을 객관적으로 파악하고 다양한 대안을 찾아 어려운 상황을 해결하는 시범을 보여 주세요. 자신의 상태를 스스로 조절해 본 성공 경험은 아이가 힘들어하는 상황 자체에 대한 긴장도를 낮추게 할 수 있어요.

---

시끄러운 소리가 나는 장난감을 친구가 실수로 또 누르고 하민이가 다시 귀를 막는다. 선생님은 하민이의 어깨를 토닥이며 활동실에 있는 소파로 안내한다. 귀를 막고 있다가 소리가 꺼지자 하민이와 선생님은 손을 뗀다.

선생님: 친구들이 다 놀았으니깐 시끄럽지 않게 선생님이 버튼을 꺼야겠다.

하민: 하지 마요. 시끄러워요.

선생님: 선생님은 소리가 나지 않게 버튼을 누르려는 거야. 잘 봐 봐.

하민: (귀를 막고 선생님을 본다.)

선생님: (버튼을 끄고 전원 버튼을 누르고 소리가 안 나는 것을 확인시켜 준다.) 됐다.

하민: (손을 떼고 가까이 온다.)

선생님: 하민아, 이게 버튼이야. 이제 소리 안 나지?

하민: 네.

선생님: 오, 하민이 아까는 시끄러울까 봐 가까이 못 왔는데 이제 용감하게 가까이 왔네. 멋지다.

장난감에서 다시 소리가 난다.

#1

하민: (귀를 막고 있다가 소리가 끝나자 뛰어가서 버튼을 끈다.)

선생님: 우와, 하민아. 이거 네가 끈 거야? 대단하다. 하민이 이제 시끄러우면 소리를 끄는 방법을 알았구나.

하민: 저거 빨간 버튼 누르면 꺼져요.

선생님: 맞아. 이제 조용해졌다.

#2

선생님: 하민아, 선생님이 소리를 끄는 방법을 알고 있어!

하민: 뭔데요?

선생님: 건전지를 빼는 거야. 그럼 아무리 눌러도 소리가 안 나.

하민: 맞아요. 그거 드라이버 필요한데.

**에필로그**

같은 상황이라도 아이마다 다양한 반응을 보이며 자신만의 조절 방법을 가지고 있을 수 있어요. 때론 아이가 조절을 위해 하는 행동이 활동에 방해되거나 소거해야 하는 행동이라고 생각될 수 있어요. 하지만 아이의 이러한 행동은 아이가 스스로 자신을 조절하기 위한 모습일 수 있어요.

선생님은 아이가 조절을 위해 쓰고 있는 전략들 중 특히 효과적이며 잘 유지되고 있는 전략을 확인하고 강화시켜 줄 필요가 있어요. 이 과정을 통해 아이는 자신의 성공적인 전략을 확인하는 한편, 조절이 어려운 상황에 대해 해결해 낼 수 있다는 마음도 가질 수 있게 될 거예요.

---

하민이는 귀를 막고 두민이를 바라보고 있다.

선생님: 두민아, 너는 시끄럽지 않고 괜찮아?

 두민: 네.

선생님: 하민이는 장난감 소리가 듣기 힘든가 봐. 선생님도 그런 소리들이 있거든. 혹시 두민이도 듣기 싫은 소리가 있니?

 두민: 삑삑 거리는 거 싫어요.

선생님: 그렇구나. 두민이는 삑삑 소리 나는 거를 싫어하는구나. 그때는 어떻게 해?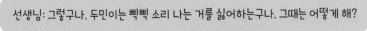

 두민: 귀 막아요. 이렇게. (손가락으로 귀를 막는 흉내를 낸다.)

하민: (두민이를 쳐다본다.)

선생님: 맞아. 그러면 소리가 좀 작게 들리지. 선생님도 해 봤어. 하민이랑 두민이랑 시끄러우면 귀를 막는구나. 또 어떻게 해?

두민: 서랍에 넣어요. 서랍에 넣으면 소리가 안 들려요. 하민아, 너도 그렇게 해.

선생님: 그래? 좋은 생각이다. 하민아, 우리도 그렇게 해 볼까?

 하민: 네.

선생님: (소리가 나고 있는 장난감을 서랍에 넣어 본다.) 소리가 작아졌네~ 두민아, 이거 진짜 좋은 방법 같아.

 두민: 저는 맨날 그렇게 하는데요.

SUM
14단계

## 14단계 **SUM** CHECK

| 사전 준비/환경 구성하기 | ✔ Check | ✏ Memo |
|---|---|---|
| • 자신의 상태에 영향이 미칠 수 있는 상황변수를 아이가 직접 조절할 수 있도록 준비하였나요? | | |
| • 아이가 자신의 상태를 조절할 수 있는 편안한 공간을 마련하였나요? | | |
| • 아이가 자신의 상태를 상대방에게 표현하거나 조절하는 데 도움이 되는 교구를 준비하였나요? | | |

| 치료사 태도 CHECK | ✔ Check | ✏ Memo |
|---|---|---|
| • 자신의 상태를 표현하거나, 조절해 가는 아이만의 방식을 존중해 주었나요? | | |
| • 아이가 할 수 있을 만큼의 활동의 양과 시간, 선생님의 개입 정도와 반응을 확인해 보았나요? | | |
| • 아이가 자신의 상태를 조절할 수 있는 충분한 시간과 기회를 제공하였나요? | | |
| • 아이가 자신의 상태를 조절할 수 있는 여러 가지 대안을 준비하였나요? | | |
| • 아이의 감정이 격해지기 전에 상황이나 생각을 전환하는 경험을 제공하였나요? | | |
| • 상황에 따라 아이에게 조절할 수 있는 다양한 방법을 시범 보여 주었나요? | | |
| • 아이가 주체적으로 자신을 조절해 나갈 수 있음을 믿고 지지해 주었나요? | | |

| 또래와의 SUM CHECK | ✔ Check | ✏ Memo |
|---|---|---|
| • 아이가 힘들어하는 외부 자극은 무엇이었나요? | | |
| • 아이가 자신의 상태를 표현하거나 조절할 수 있는 아이만의 방식은 무엇이었나요? | | |
| • 아이의 지속 가능한 활동의 시간, 강도, 정도는 어떠하였나요? | | |
| • 선생님의 개입 정도에 따라 아이의 반응은 어떠하였나요? | | |
| • 선생님이 준비한 대안을 아이가 수용하거나 시도해 본 것이 있나요? | | |
| • 또래 아이의 상태 변화에 대한 아이의 반응은 어떠하였나요? | | |
| • 아이의 조절 행동이 또래의 영향을 받아 달라지나요? | | |
| • 아이가 자신의 상태를 조절해 가는 과정을 인식할 수 있었나요? | | |

| SUM PLUS 되새기기 | ✔ Check | ✏ Memo |
|---|---|---|
| • 가정에서 주로 조절에 어려움을 보이는 상황이 무엇인지 이야기 나누어 봅시다. | | |
| • 가정에서 아이의 조절을 도울 때 양육자의 태도와 아이의 반응이 어떠한지 이야기 나누어 봅시다. | | |
| • 아이의 특정 행동이 형성된 특별한 계기나 기질적 특징이 있는지 양육자와 이야기 나누어 봅시다. | | |
| • 이번 회기를 통해 아이가 자기를 조절해 가는 것에 대하여 치료사/양육자가 새롭게 알게 된 것이 있는지 확인해 봅시다. | | |

SUM
14단계

## SUM 15단계: **자기조절** 의사소통

### 들어가기

유아기 아이들은 실행기능과 언어능력의 발달로 주의력을 보다 유연하고 효율적으로 사용할 수 있게 되며, 자신의 생각과 감정을 상황에 맞게 적절히 표현하게 됨으로써 자신이 소속된 사회(자신을 둘러싼 환경)에 적응해 나아가게 됩니다.

아이는 또래와 함께하는 활동에서 자신이 무엇을 하고 싶은지 알고 스스로 결정하는 기회를 가지게 됩니다. 하지만 자신의 선호나 요구에 맞는 선택을 하지 못하거나 우발적인 상황에서 외부 자극의 영향을 받아 자신의 목적이나 상황에 따른 계획을 세우는 것이 어려울 수 있습니다. 이럴 때 선생님은 지난 활동에서 도움이 되었던 자기조절기술을 상기시키거나 확인해 줌으로써 아이가 자신의 상태를 능동적으로 조절할 수 있도록 돕고, 이에 따른 긍정적인 결과를 확인할 수 있도록 도움을 줄 수 있습니다.

아이가 점차 자기조절이 능숙해진다면 선생님은 또래의 정서를 살피고 스스로 자기조절기술을 사용해 볼 수 있도록 지원할 수 있습니다. 이때 또래의 상태와 반응에 관심을 가지도록 주의를 환기하도록 도움을 주면 아이는 자신의 생각과 행동을 대상과 상황을 고려하여 조절해 나갈 수 있습니다. 아이의 자기조절에 도움이 되는 대안을 제시하거나 모델링해 주는 것뿐만 아니라 아이들이 서로의 상태를 표현하고 의견을 맞춰 보는 기회를 제공해 봅시다.

아이들은 자기만의 자기조절기술을 가짐으로 더 능동적으로 다양한 상황에 대처하는 적응 능력과 유연성을 가지게 될 수 있습니다. 이러한 자기조절기술의 함양은 과제 수행 능력의 향상과 함께 활동을 시작하여 마무리해 보는 경험을 주며 자신의 목적을 달성하여 아이의 사회적인 유능감이 커지게 됩니다. 그리고 또래와의 활동에서의 자기조절능력 발달은 아이가 자신을 둘러싼 주변 상황을 파악하도록 하여 또래의 마음, 생각, 느낌, 행동에 대한 이해를 돕고 사회적 감정과 정서가 발달하는 밑거름이 됩니다.

## 목표

1. 아이가 자기조절기술을 스스로 사용할 수 있도록 돕는다.
2. 자기조절기술을 사용한 후의 변화를 스스로 인식할 수 있도록 돕는다.
3. 또래와 서로 자기조절을 위한 도움을 주고받을 수 있도록 지원한다.

## 준비

〈공간〉

- 아이들의 상태에 영향이 미칠 수 있는 상황변수를 스스로 조절할 수 있도록 준비하기
- 자신의 상태를 조절할 수 있는 편안한 공간 마련하기
- 아이가 자신과 또래의 수행을 예측할 수 있도록 변화를 최소화한 공간에서 활동하기

〈교재 및 교구〉

- 자신의 상태를 상대방에게 표현할 수 있는 교구 준비하기
- 아이와 또래의 상태를 조절하는 데 도움이 되는 재료, 도구, 교구 준비하기

**치료사 태도** ●────────────────────────────────●

| 민감성 | • 새로운 자기조절행동을 알아차리고 지지하기<br>• 또래와의 활동에서 아이의 조절에 영향을 주는 요인을 알아차리기<br>• 자기조절을 통한 아이의 긍정적 변화들을 알아차리고 즉각 확인시켜 주기 |
|---|---|
| 수용성 | • 자기조절기술을 사용하는 과정에서 아이의 선택을 존중하고 시도를 격려하기<br>• 또래의 조절행동에 대한 아이의 다양한 반응을 있는 그대로 수용하기 |
| 유연성 | • 선생님이 제시한 대안을 수용하는 아이들의 다양한 반응을 이해하기<br>• 아이만의 자기조절기술을 이해하고, 대안 제시하기 |
| 확장성 | • 자기조절 방법을 사용하여 또래와의 활동을 마무리해 보는 경험을 제공하기<br>• 아이가 자신의 상태를 표현하고 서로 의견을 맞춰 보는 기회 제공하기 |
| 인권감수성 | • 아이의 행동에 대해 가해와 피해로 나누어 보지 않기<br>• 조절행동에 대한 아이의 의도를 선생님이 주관적으로 해석하지 않기<br>• 부모 상담 시 아이의 조절 행동에 대한 이해를 위해 교육을 제공하기 |

## 아이와 함께 이렇게 해 볼 수 있어요

**프롤로그**

아이가 자신의 상태를 조절하기 어려울 때 활동 참여를 유보하거나 회피하는 모습은 기존에 사용하던 자기조절 방식일 수 있어요. 이러한 모습에 대해 선생님이 주관적으로 판단하여 대응하기보다는 자기조절기술을 사용하는 과정에서 아이의 선택을 존중하고, 시도 자체를 격려해 주세요.

두민: 내가 경찰 할 거야.

하민: (소파로 뛰어가 엎드려 소파를 치며) 나도 경찰 하고 싶은데…… 나는 보기만 할 거야.

선생님: 하민이처럼 친구들이 어떻게 하는지 지켜보는 것도 괜찮아!

SUM
15단계

스토리

아이가 선택하여 사용하는 자기조절기술을 상황에 맞게 사용할 수 있도록 지지해 주고 한 단계 나아가 새로운 자기조절기술을 스스로 시도할 수 있도록 도와주세요. 아이만의 자기조절행동을 이해하고 지지해 준다면, 아이는 점차 놀이 상황과 자신에게 일어나는 긍정적인 변화들을 알아차리게 될 거예요. 선생님은 아이가 지난 활동에 도움이 되었던 자기조절기술들을 떠올릴 수 있도록 도움을 주거나, 아이들이 활용할 수 있는 새로운 대안들을 제시할 수도 있어요. 선생님이 제시한 대안을 아이들이 수용하거나 어떻게 반응하는지 살펴보세요. 아이가 바로 수용하려는 마음이 생기지 않을 수 있고, 해 보지 않았던 행동이기에 머뭇거리게 될 수 있어요. 선생님은 아이가 쉽게 시도해 볼 수 있는 것들로 대안을 제시해 볼 수 있어요.

도둑 역할을 맡은 두민이를 잡을 때 하민이가 계속해서 옷을 거칠게 잡아당기는 상황이 반복되고 있다.

두민: 야! 아프잖아.

선생님: 하민아~ 하민이가 두민이 옷을 잡아당겨서 두민이가 아프대.

하민: 살살 잡았어요.

✓ (객관적인 사실을 안내하고 먼저 아이들의 생각을 물은 후에 대안을 제시한다.) 하민이는 살살 잡았지만 두민이는 아플 수도 있어. 어떻게 하면 좋을까? 너희 생각은 어때?

✗ (새로운 대안을 구구절절 너무 길게 설명하거나 아이들의 이해 수준에 맞지 않게 말한다.) 하민이는 두민이 옷을 살살 잡았구나. 힘을 세게 할 때랑 약하게 할 때를 다르게 하는 건 어렵기도 해. 옷을 세게 잡으면 목이 조이게 되고 넘어지기도 하고, 그럼 친구가 다칠 수도 있어. 두민이가 다치면 어떨 것 같아? 정말 싫겠지. 지난번에도……

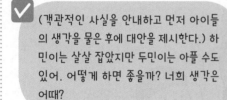

또래와의 활동에서 선생님은 아이에게 조절이 필요한 상황과 아이만의 조절반응을 확인하며 어떠한 요인이 조절에 영향을 주는지 파악할 수 있어요. 아이들은 함께 놀이하는 또래의 영향을 많이 받을 수 있으므로 자연스러운 놀이활동에서 자기조절을 위한 도움을 서로 주고받을 수 있도록 도와주세요. 아이들은 서로에게 긍정적인 영향을 주고받으며 또래의 생각이나 감정에 관심을 가지게 될 거예요.

아이에게 해야 할 행동을 미리 설명해 주기보다는 아이의 조절 행동에 영향을 주는 요인을 확인하여 자기조절을 새롭게 시도할 수 있도록 차근차근 도와주세요. 또한 활동 중에 새롭게 사용하는 자기조절기술이 있다면 파악하여 지지해 줌으로써 아이가 스스로 자신의 상태를 조절할 수 있다는 유능감을 키워 줄 수 있어요. 아이가 스스로 새롭게 사용한 자기조절기술로 인해 얻게 된 이점이나 긍정적인 변화를 잘 확인해 주세요.

경찰 역할을 맡은 하민이와 두민이가 도둑 역할을 맡은 인형에게 다가가고 있다.

두민: 네가 소리를 지르니까 시끄럽잖아! 조용히 좀 해. (입을 막는 제스처를 보여 준다.)

하민: (두민이의 모습을 보고 입을 손으로 막으며) 알았어! 이렇게 할게.

두민: (엄지손가락을 올리며) 이제 조용하다. 좋아!

선생님: 우와! 경찰이 도둑들을 조용히 잡고 있다. (하민에게 귀엣말하며) 하민아, 잘하고 있어. 도둑이 하민이가 다가가는지 전혀 모르고 있어. 이번에는 잡을 수 있을 것 같아!

손전등을 사용하기 위해 활동실 불을 끄자 하민이가 다시 불을 켜는 상황이 반복되고, 선생님은 개입을 늦추며 지켜본다.

또래가 함께 놀이를 하다 보면, 예기치 못한 다양한 상황에서 갈등이 생길 수 있어요.

선생님은 아이가 또래의 입장이나 주어진 상황을 객관적으로 이해하여 자신의 상태를 잘 조절할 수 있도록 중재자의 역할을 할 수 있어요. 이때 선생님은 아이가 자신의 상태를 표현하며 또래와 서로의 생각, 기분을 나누어 보는 기회를 제공함으로써 아이가 스스로 자신의 상태를 조절하도록 도울 수 있어요.

아이는 또래의 자기조절 행동에 대한 선생님의 관심이나 반응에도 영향을 받을 수 있으니 활동실 안에서 일어나는 다양한 자기조절에 대해 다루어 보는 것도 좋아요.

두민: (불을 끄며 화난 목소리로) 야~ 켜지 마.

하민: (다시 와서 불을 켠다.)

선생님: 두민아, 하민이가 왜 불을 자꾸 켤까? 우리 한번 물어보자. 너무 궁금하다.

두민: 왜 자꾸 켜?

하민: 무서워. 어두워서 싫어!

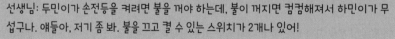

선생님: 두민이가 손전등을 켜려면 불을 꺼야 하는데, 불이 꺼지면 컴컴해져서 하민이가 무섭구나. 얘들아, 저기 좀 봐. 불을 끄고 켤 수 있는 스위치가 2개나 있어!

두민: (스위치 2개를 눌러 불을 끈다.)

하민: 불 끄는 게 싫어!

두민: 그럼 하나만 켜. 다 켜면 손전등의 불이 안 보이잖아.

하민: 알았어. 하나만 켤게.

**에필로그**

활동을 마무리할 때 아이가 조절을 위해 한 노력이나 변화된 모습에 대해 긍정으로 반응해 주세요. 아이가 자신과 또래의 변화된 모습을 알아차릴 수 있도록 선생님이 도와준다면 아이는 자신의 감정과 행동에 대해 조절하는 것을 더욱 많이 시도하며 대처가 어려웠던 상황에 대해서도 자기조절력을 키워 나갈 수 있을 거예요.

또래와 함께 자신의 선호나 계획을 조절해 가며 활동을 마무리했던 경험이 쌓인다면 친구와의 놀이에서 자신감과 성취감을 느끼며 자기조절 방법을 또래에게도 스스로 사용하게 될 거예요. 이 과정이 다양한 놀이 상황에서 반복되면 아이만의 자기조절기술이 확립된답니다.

하민이는 놀이를 더 하고 싶지만, 두민이는 이제 끝날 시간이 되었으니 정리를 하자고 한다.

두민: 너도 이제 정리해.

하민: 더 할 거야.

두민: 이제 시간이 다 됐어.

하민: 그럼 다음에 이거 하자!

그럼 다음에 이거 하자!

선생님: 우와! 오늘 하민이가 두민이의 말을 잘 들어 주고, 다음에 하자고 약속도 했네~.

하민: 나 정리도 다 했어요!

선생님: 도둑 인형들을 벌써 다 정리했네. 하민아, 두민아~ 마칠 수 있게 도와줘서 정말 고마워!

SUM
15단계

## 15단계 **SUM** CHECK

| 사전 준비/환경 구성하기 | ✔ Check | ✏ Memo |
|---|---|---|
| • 아이가 자신과 또래의 수행을 예측할 수 있도록 변화를 최소화한 공간을 준비하였나요? | | |
| • 아이들의 갈등 상황을 조절하는 데 도움이 되는 대안(교구)을 준비하였나요? | | |
| • 아이들이 조절행동의 과정과 결과를 확인하는 데 도움을 줄 수 있는 재료나 도구/교구를 준비하였나요? | | |

| 치료사 태도 CHECK | ✔ Check | ✏ Memo |
|---|---|---|
| • 아이가 시도하는 새로운 조절행동을 지지하고 확인해 주었나요? | | |
| • 또래의 조절행동에 대한 아이의 다양한 반응을 있는 그대로 수용하였나요? | | |
| • 아이가 자기조절기술을 사용하면서 나타나는 다양한 긍정적인 변화(아이의 행동, 또래의 반응, 지시 순응, 놀이 시작과 마무리 등)를 인식하고 확인시켜 주었나요? | | |
| • 아이의 조절행동을 주관적으로 해석하지 않기 위해 아이의 의도를 확인해 보았나요? | | |
| • 아이가 자신의 상태를 표현하고 서로 의견을 맞춰 보는 기회를 제공하였나요? | | |

| 또래와의 SUM CHECK | ✔ Check | ✏ Memo |
|---|---|---|
| • 또래와의 활동에서 아이의 조절에 영향을 주는 변수는 무엇이었나요? | | |
| • 또래와의 활동에서 아이가 주로 사용한 자기조절기술은 무엇이었나요? | | |
| • 아이가 자기조절기술을 사용할 때 필요로 하는 도움은 무엇이었나요? | | |
| • 아이가 또래의 조절행동을 보면서 어떤 반응을 보였나요? | | |
| • 자신의 조절행동에 대한 또래의 반응을 보며 아이에게 어떠한 행동의 변화가 있었나요? | | |
| • 또래와의 활동 중 어떤 경험이 아이의 조절행동에 도움이 되었나요? | | |
| • 아이가 선택한 자기조절 방법을 지속해서 사용하는 데 영향을 준 요인은 무엇인가요? | | |
| • 아이가 새롭게 자신의 행동을 조절하려는 시도나 의도가 있었나요? | | |

| SUM PLUS 되새기기 | ✔ Check | 🖊 Memo |
|---|---|---|
| • 가정과 활동실에서 보이는 아이의 자기조절기술이 각각 무엇인지 그리고 질적인 차이에 대해 양육자와 이야기 나누어 봅시다. | | |
| • 아이가 활동실에서 보인 자기조절기술을 확장하여 가정에서 사용할 때, 어려운 부분이 무엇인지 또는 도움이 될 수 있는 대안이나 교구가 있는지 이야기 나누어 봅시다. | | |
| • 아이의 조절에 어려움을 주는 상황적 요소나 감각적 요소가 줄어들거나 아이의 행동적 어려움이 완화되고 있는지 체크해 봅시다. | | |

**〈  자기조절 Q & A |** 고민을 함께 해결해 보아요.    Q  :

조절에 대한 대안을 제안했을 때 아이가 "어떻게 해야 할지 모르겠어요."라고 말하거나, 무시하면서 과하게 화를 내거나 우는데 어떻게 하면 좋을까요?

**언어 지현샘:** 조절의 어려움과 동시에 감정적 제어에 어려움을 가진 상황일 수 있습니다. 진정할 수 있도록 유도하여 감정을 먼저 조절해 볼 수 있도록 시도하고 감정 조절을 위한 행동과 결과에 대해 짧고 간결하게 이야기해 줍니다. 이런 경험이 쌓이다 보면 조절에 대한 어려움을 겪을 때 감정을 조절한 뒤 자기조절 방법에 대해 떠올릴 수도 있게 됩니다.

**감통 미선샘:** 아이가 자신의 상태나 불편한 이유를 인식하고 있는지 살펴봐야 해요. 아이가 흥분하거나 불안한 상황에서 허둥지둥 대는 건 흔하게 나타나는 상황입니다. 아이의 상태나 환경적인 정보를 전달해 주는 것이 도움이 될 수 있습니다. 그다음에 조절에 대한 기회를 제공해 보세요.

**인지 희정샘:** 아이가 대안의 방법이나 내용을 이해했는지 확인해 봐야 해요. 그리고 대안행동에 이어지는 긍정적인 결과를 눈으로 확인할 수 있다면 보다 더 대안을 받아들일 수 있는 마음이 확장될 수 있습니다.

**놀이 진주샘:** 아이가 노력에 대해 보상받지 못해 불편함이 남아 있을 수 있어요. 속상한 마음을 읽어 주어 불편한 마음을 게워 내고 소화할 수 있도록 도와주셔야 합니다. '잘 안되니 답답하지?' '이게 좀 어렵네. 연습하면 더 나아질 거야.' '지금 힘들면 잠깐 멈출까?' 등 평상시 이런 상황에 대비해 들려 줄 문구를 거울을 보며 연습해 둡니다. 부모도 사람이기 때문에 아이가 보이는 날카로운 감정에 담담하게 버티며 위로의 말을 건네기 쉽지 않을 테니까요. 배우처럼 미리 그 상황을 연습해 둔다면 필요할 때 좀 더 자연스럽게 들려 주고 싶은 메시지와 위안을 줄 수 있을 거예요.

친구와 함께하는 활동을 아이가 계속 방해해서 자꾸 지적하게 됩니다. 적절하게 행동하라고 하면 더 방해하는 행동을 하고요. 이런 상황이 반복된다면 어떻게 접근하는 것이 좋은가요?

**언어 지현샘**: 활동이 시작되기 전 어려움을 보였던 상황에서 아이가 자기조절을 위해 시도했던 방법을 미리 이야기해 줍니다. 스스로 시도했던 느낌을 떠올리며 그 결과에 대한 이해를 바탕으로 미리 대안적인 방법을 떠올리려 집중할 수도 있을 것입니다.

**인지 지은샘**: 우선, 선생님이 아이의 행동을 직접 수정하거나 바로 대안을 제시하기보다는 동일 상황에서 긍정적인 행동에 관심을 두도록 또래의 행동을 강화해 주거나, 선생님이 직접 모델링을 해 주어 아이가 자연스럽게 조절하는 방법을 익히도록 도움을 줄 수 있습니다. 이러한 도움이 자연스럽게 이어진다면 아이는 자신의 상태를 조절하거나, 환경에 순응하는 방법을 배우게 될 수 있을 거예요.

**인지 희정샘**: 아이가 방해행동을 왜 하는지 먼저 파악해 봐야 합니다. 관심 끌기, 회피 등 상황 안에서 아이가 어떠한 이유로 방해행동을 하는지 이유를 확인해 보세요. 또한 아이의 방해행동을 활동 안에 적용해 활용해 보세요. 행동 자체를 지적하기보다 다른 친구들과 자신의 행동을 다른 방식으로 사용해 보는 경험의 기회를 제공해 주세요.

아이가 자신의 상태를 조절하지 못하여 활동실 안에서 과도하게 행동을 하고 선생님과 또래 친구들에게 위험한 상황이 발생할 것 같다면 어떻게 해야 하나요?

**인지 지은샘**: 우선 우발적으로 일어날 수 있는 상황에 대하여 예측하고 위험한 상황이 일어났을 때, 선생님이 할 수 있는 개입에 대하여 아이들에게 미리 안내하는 것이 필요합니다. 치료사가 예기치 못한 상황에 유연한 태도로 즉각 대응할 수 있지만, 아이에게는 선생님의 이러한 대처가 힘들게 받아들여질 수 있으니까요. 또한 교실 내에 아이가 차분히 자신의 상태를 조절하며 편하게 쉴 수 있는 공간을 미리 구성하는 것도 도움이 될 수 있습니다.

**감통 미선샘**: 또래 친구들이 보는 곳에서 아이의 과도한 행동을 반복해서 노출하는 것은 좋지 않습니다. 아이의 행동반응이 길어진다면 아이와 함께 물을 마시거나 장소를 바꿔 주는 것이 도움이 될 수 있습니다. 아이가 그마저도 받아들이기 힘든 상황이라면 다른 친구들로부터 잠시 장소를 바꿔 보는 것도 방법일 수 있겠네요. 아이와 함께 조용한 장소에서 같이 버티면서 진정을 기다려 보세요.

**인지 희정샘**: 아이가 자신의 상태를 조절하지 못할 정도의 과한 행동이 표출될 수 있는 상황, 조건을 사전에 방지하는 것이 중요합니다. 활동 안에서 아이를 촉발할 수 있는 요인들을 먼저 제거하거나 아이에게 안내하여 미리 대비할 수 있도록 해 줘야 합니다. 그럼에도 불구하고 아이가 갑작스러운 상황에서 과격한 행동이 나온다면 상황을 분리해 감정을 진정시켜 주는 것이 필요합니다.

아이가 자신의 상태를 또래에게 잘 표현하지 못하거나 친구의 상태를 잘 이해/수용하지 못하는데 어떻게 해야 할까요?

**인지 지은샘**: 아이의 언어능력의 부족으로 자신의 생각이나 요구를 상대방에게 적절하게 전달하거나 표현하는 것이 어려울 수 있습니다. 또한 친구의 행동이나 말의 의도를 파악하는 것이 어려울 수 있습니다. 이럴 때 아이의 의도를 선생님 주관적으로 판단하여 대신 표현해 주는 것은 부적절하지만, 아이의 상태나 요구를 면밀히 관찰하고 확인하여 소통할 수 있도록 상황을 객관화해 주거나 아이들의 마음을 읽어 주는 것은 아이들이 또래와 함께하는 활동에서 서로를 이해하게 되는 밑거름이 됩니다.

**인지 희정샘**: 아이가 스스로 알고 있고 자주 느끼는 상태부터 먼저 표현할 수 있도록 접근해야 합니다. 아이가 자신의 상태를 드러낼 수 있는 편안한 방법으로 충분히 시범 보여 주세요. 그리고 자신의 상태를 표현했을 때 선생님과 또래에게 긍정적인 반응을 받아 본 경험들이 쌓여야 합니다. 자신의 상태를 드러내는 과정에서 타인의 수용을 받아 본 경험이 많을수록 추후 아이는 타인을 수용하려는 협조적인 태도를 보이게 됩니다.

다양한 장면에서 조절하지 못하는 아이의 어려움이 여러 가지 있어 무엇부터 접근해야 할지 모르겠어요.

**감통 미선샘**: 주변 환경을 단순하게 정리해 주세요. 가장 확실하고 큰 장면부터 조절을 연습하는 것이 좋습니다. 환경을 조정하지 않으면 아이의 행동의 소거에만 초점을 맞추어 아이가 상황적 대응이나 조절을 하는 연습을 놓칠 수 있어요.

**인지 지은샘**: 아이가 다양한 상황에서 자기조절에 어려움을 겪는다고 해도, 우선 아이의 상태에 영향을 주는 요인이 무엇인지 파악할 필요가 있습니다. 혹시 여러 상황에서 아이에게 영향을 주는 요인이 같은 기능(특정 감각 예민, 실패에 대한 막연한 두려움 등)을 하는지 파악하는 것도 아이에게 도움이 될 수 있습니다. 다양한 장면에서 조절과 관련된 아이의 주된 반응을 잘 살피고, 아이가 자신의 상태를 쉽게 조절할 수 있는 것부터 차근히 시도할 수 있게 해 주어 조절에 대한 자신감/성공 경험을 가질 수 있도록 도와주세요.

**언어 지현샘**: 복잡하고 다양한 어려움이 있다면 장면 그리고 그 당시 어려움과 조절 시도 그리고 결과에 관한 내용을 하나의 표로 간단히 정리하여 접근해 보면 어떨까요? 아이를 파악했을 때 가장 쉽게 조절할 수 있을 것으로 예측되거나 의미 있게 조절해 본 경험이 있는 어려움부터 접근해 보시길 바랍니다.

**인지 희정샘**: 아이가 타인에게 신체적으로 위험한 행동을 한다면 제일 먼저 접근할 필요성이 있습니다. 그 외에 관심 끌기, 호기심 등 아이의 주도적인 모습이 보이는 행동에 접근해 보면 좋겠습니다.

SUM
15단계

## SUM 16단계: 사회적 감정 의사소통

### 들어가기

유아기의 아이들은 자신과 타인이 다른 감정을 가질 수 있다는 것을 깨닫고 또래 친구들의 감정과 심리 상태를 마치 자신의 것처럼 느끼는 능력이 형성됩니다. 이후 아이는 점차 다른 사람의 정서를 이해하고 공유하여 또래친구들에게 도움을 주거나 소통하려는 시도를 하기도 합니다. 이렇게 둘 이상의 관계와 상황 안에서 느끼는 감정과 반응이라고 할 수 있는 사회적 감정은 아이가 발달하는 과정에 있어서 자신의 감정을 잘 드러내고 또래가 표현하는 감정에도 관심을 기울일 수 있도록 지원한다면 점차 발달될 수 있습니다. 하지만 아이들은 상대방에 대한 제한적 관심, 사회적 교류 경험의 부재, 발달상의 어려움으로 인해 또래의 감정을 파악하거나 자신의 감정을 또래에게 표현하는 것이 힘들어 관계형성이나 사회적 교류에도 제한될 수 있습니다.

이때 선생님은 또래에게 표현되는 감정에 따른 아이의 생각과 느낌이 무엇인지 파악하여 자신의 감정을 인식하고 또래에게 표현해 볼 수 있도록 지원할 수 있습니다. 또한 아이들이 관심 있어 하는 놀이 중 감정에 대한 표현을 서로 활발하게 주고받을 수 있는 신체활동, 음률활동 등을 활용하고 서로의 감정을 더 다양하게 나타낼 수 있는 그림책, 인형, 피규어 등의 교구를 제시하여 자연스럽게 감정을 주고받을 수 있도록 지원해 봅시다.

아이들은 또래와 몸짓과 행동, 표정 등을 통해 서로 감정을 주고받으며 각자 느끼는 감정이 서로 다르거나 다양할 수 있음을 배우게 되고 점차 다른 사람의 감정에 공감하는 것을 알아 가게 됩니다. 선생님은 활동을 하는 동안 아이의 언어표현이나 감정에 따른 행동 표현들을 도와줌으로써 자신의 감정을 조절해 볼 수 있는 기회를 줄 수 있으며 이에 따른 또래의 반응을 확인하도록 도와줄 수 도 있습니다. 이러한 경험은 아이 자신을 비롯한 상대방의 감정 변화에도 유연하게 대처할 수 있게 하며 이전보다 성숙해진 사회적 감정을 표현하는 것으로 이어지게 됩니다.

아이가 사회적 감정을 잘 이해하고 표현하게 되면 또래를 더 관심 있게 보게 되며 기다리거나 양보, 배려하는 친사회적인 태도로 이어집니다. 이러한 감정과 태도는 또래 관계를 형성하고 유지하는 데 중요한 공감의 기초가 됩니다.

## 목표

1. 또래의 감정을 인식할 수 있도록 돕는다.
2. 또래의 감정표현에 대해 자신의 생각과 느낌을 표현할 수 있도록 돕는다.
3. 감정을 조절하여 또래에게 표현할 수 있도록 돕는다.

## 준비

〈공간〉
• 또래의 감정표현에 관심을 가지며 주의를 기울일 수 있도록 간소한 공간 마련하기

〈교재 및 교구〉
• 서로의 감정을 인식하는 데 도움이 되는 교구(표정 카드/스티커, 감정 카드 등)를 가까이에 배치하기
• 서로의 감정을 표현해 내는 교구(풍선, 색칠 도구, 클레이, 표정 자석, 인형 등) 준비하기
• 친숙한 사람의 감정 표정을 담은 사진과 영상 자료 활용하기

SUM
16단계

치료사 태도

| 민감성 | • 또래의 감정변화를 알아차리는지 확인하기<br>• 또래의 감정표현에 따른 아이의 생각과 느낌이 무엇인지 확인하기<br>• 아이의 감정 조절에 영향을 주는 상황과 변수 파악하기 |
|---|---|
| 수용성 | • 또래의 감정표현에 대한 아이의 반응을 있는 그대로 이해하기 |
| 유연성 | • 다양한 감정표현에 대한 생각과 느낌을 주고받는 시범 보이기<br>• 아이만의 감정조절 방식을 이해하여 유연하게 대처하기 |
| 확장성 | • 또래의 감정표현에 지속적인 관심을 가지며 반응이 이어질 수 있도록 지원하기<br>• 또래의 다양한 감정을 인식하여 공유하는 경험을 제공하기 |
| 인권감수성 | • 아이들의 감정표현에 선생님이 판단자가 되지 않도록 노력하기<br>• 또래의 감정표현에 관심이 적더라도 아이의 내면 성장에 대한 믿음을 가지고 기대하기 |

## 아이와 함께 이렇게 해 볼 수 있어요

### 프롤로그

아이들은 또래가 감정을 표현하는 여러 방식을 확인하며 감정의 변화를 알아차릴 수 있어요. 하지만 아이들이 자신의 놀이에 너무 깊이 몰입할 때 또래의 감정 변화에 대해 놀이를 하면서 동시에 알아채기 어려워할 수 있어요.

선생님은 아이가 또래와 주고받는 놀이 상황에서 또래의 말과 행동에 반응하며 감정을 인식하는지 살펴봐야 해요. 아이가 상황에 따라 달라진 또래의 감정을 알아차리기 어려워한다면 또래의 표정, 목소리의 변화, 언어표현을 자세히 관찰 수 있는 기회를 만들어 주세요. 또래의 감정을 인식하고 이해하는 과정을 그대로 시범 보이는 방법도 활용해 보세요.

블록으로 벽돌쌓기 놀이 중 하민이가 두민이 앞에 높인 벽돌을 가져가 쌓는다.

두민: 내 거잖아! 아, 진짜 이거 내 거라고!

하민: (관심 없이 벽돌을 쌓고 있다.)

하민아! 지금 두민이가 이런 표정으로 하민이를 쳐다보고 있어.

선생님: 하민아! 두민이가 표정이 달라졌어. 지금 두민이가 이런 표정으로 (선생님이 두민이의 표정을 따라 지으며) 하민이를 쳐다보고 있어.

 하민: 왜 화났지? (의아해하며 중얼거린다.)

 두민: 내가 먼저 가지고 온 거잖아!

선생님: 두민이 앞에 두었던 벽돌을 하민이가 가져가서 쌓을 게 없었나 봐. 아~ 그래서 두민이가 화가 났구나.

즐겁고 재미있었던 특정한 상황들은 아이들에게 감정을 공유할 수 있는 좋은 기회가 돼요. 사진이나 영상자료를 활용하면 그 당시의 감정을 회상하기 쉬워요. 선생님은 아이들과 자유롭게 이야기 나누면서 아이들이 느낀 감정에 대해 반응해 주세요. 아이들이 표현하는 다양한 감정 속에서 서로 재미를 느끼는 그 순간을 포착해 보세요. 선생님은 감정 단어와 표정, 행동을 확인해 주면서 그 순간 비슷한 감정을 공유하고 있음을 느끼게 해 줄 수 있어요.

함께 만든 벽돌집에 들어가서 지난 활동에 찍은 사진을 서로 보고 있다.

 표정 봐 봐. 선생님은 너희들하고 폭죽 터트릴 때 진짜 재밌었어~ 너희들은?

 우리 이때 진짜 재밌었는데, 신났었잖아.

두민: 여기 빵 터졌잖아.

하민: 나는 진짜 깜짝 놀랐어. 소리가 무서워.

두민: 이거 진짜 재미있었어. 펑펑 터지면 반짝반짝하잖아.

선생님: 선생님도 처음에 소리 났을 땐 놀랐는데~ 나중에 반짝거리는데 나오니깐 진짜 멋지더라.

SUM
16단계

**스토리**

아이는 자신의 관심사가 아닐 때 또래가 표현하는 감정에도 무관심할 수 있어요. 선생님은 아이들이 기억하기 쉬운 최근의 활동이나 같은 주제의 사진을 활용해서 공동으로 주의를 기울일 수 있도록 도와주세요.

순서를 정해서 또래가 사진을 보고 표현하는 감정에 선생님의 생각과 느낌을 이야기해 보세요. 반복적으로 시범을 보여 주고 아이들이 따라 해 볼 수 있게 하거나, 또래의 감정표현에 능동적으로 반응하는 아이의 생각과 느낌이 충분히 공유될 수 있도록 상황을 만들어 보세요.

아이들은 점차 같은 경험을 공유하며 또래를 따라서 말하기도 하고, 서로 다른 생각과 감정을 이야기하면서 차이점을 발견하기도 할 거예요.

---

아이들이 준비한 사진 속 찍힌 자신의 생일파티 모습을 서로 보고 있다.

선생님: 어? 두민이는 파티 때 삼겹살 먹었네~.

 두민: 네, 엄마가 요리했어요. 엄청 맛있어요.

선생님: 맛있지! 여기에서 음~ 맛있는 냄새가 나는 거 같은데, 하민이는 어때?

 하민: (선생님 따라서 코로 사진에 냄새 맡으며) 음~ 좋은 냄새.

선생님: 하민아, 고기 냄새 나니? 지글지글~ 맛있는 고기를 굽고 있어요. 아, 행복하다~.

 하민: 나는 치킨 먹으면 신나.

 두민: 어, 나도 치킨 좋아해. 맛있어.

선생님: 선생님도! 하민이 생일 사진 좀 봐. (치킨 가리키며) 킁킁!

하민: (웃으면서) 치킨 맛있는 냄새~.

두민: (쓰러지며) 으악~ 치킨 맛있는 냄새~.

하민: 두민이가 나랑 똑같이 해. 재미있다.

아이들이 또래의 감정표현에 대한 반응을 보일 때 선생님은 상황을 지켜보면서 아이가 자신의 감정과 생각을 충분히 표현할 수 있도록 기다려 주세요.

또래의 의도와 감정을 오해하거나 이해하기 어려운 경우에 아이들이 나타내는 반응은 예상과 다를 거예요. 혹은 표현이 서툴러서 자신이 이해한 바와 다르게 반응을 보이는 경우도 있어요.

선생님은 아이가 또래에게 보이는 반응을 섣부른 판단으로 바로 수정하기보다는 아이의 감정에 영향을 주는 상황과 변수를 파악할 수 있어요. 그리고 아이 자신이 표현한 반응이 또래에게 어떤 영향을 주는지 이해할 수 있도록 재확인을 시켜 주거나 설명해 주세요.

이 과정에서 아이들마다 정서적으로 자신을 조절하는 데 영향을 주는 상황과 변수를 자연스럽게 파악할 수 있어요.

---

서로 사진을 보여 주는 활동에서 하민이가 사진을 손에 쥐고 보여 주지 않는다.

두민: 야~ 빨리 꺼내~ 나 기다리잖아!

하민: (사진을 등 뒤로 감추며 가만히 서 있다.) 나는 안 할 거야. 싫어.

 하민이가 지금 무언가 어려운거 같아. 조금 기다려 줄게.

 하민아, 안 꺼내고 뭐 해~ 우리 지금 기다리고 있잖아. 부끄러워서 그래?

**에필로그**

아이들은 상황과 또래의 반응에 따라 자신의 감정이 달라지기도 해요. 아이는 감정이 변하는 과정에서 자신의 의도를 숨기거나 대체하기도 하며 좀 더 나은 방향으로 조절해 보려고 노력도 할 거예요.
선생님은 아이들의 감정이 변하는 순간이나 과정을 알아차려 유연하게 대처할 수 있어요. 아이의 입장에서 마음을 헤아리며 이해해 주는 태도가 무엇보다 중요하답니다.

선생님: (사진을 정리하며 마무리하려고 한다.)

하민: 지금 사진 보여 주고 싶어요.

두민: 야! 정리해야지! 이제 엄마한테 가야 해.

선생님: 하민이가 지금 사진을 친구에게 보여 주고 싶나 봐. 그럼 지금 하나만 보고 나머지는 다음 시간에 볼까?

하민: 네.

SUM
16단계

두민: 나도 내 거 또 보여 주고 싶은데.

 선생님: 두민이도 더 보여 주고 싶어졌구나~ 이제 갈 시간이 되었네. 지금 아쉬운 만큼 다음 주에 (손으로 모션 취하며) 이만~큼 더 보자!

 두민: 알겠어요.

## 16단계 **SUM** CHECK

| 사전 준비/환경 구성하기 | ✔ Check | ✏ Memo |
|---|---|---|
| • 또래의 정서반응에 관심을 가지며 주의를 기울일 수 있도록 간소한 공간을 마련하였나요? | | |
| • 서로의 감정을 인식하고 표현하는 데 도움이 되는 교구를 준비하였나요? | | |
| • 친숙한 사람의 감정을 느낄 수 있는 사진이나 영상을 준비하였나요? | | |

| 치료사 태도 CHECK | ✔ Check | ✏ Memo |
|---|---|---|
| • 아이가 또래의 감정표현에 지속적인 관심을 가지며 반응이 이어질 수 있도록 지원하였나요? | | |
| • 아이들의 감정표현에 섣불리 판단하지 않으려고 노력하였나요? | | |
| • 다양한 감정표현에 대해 생각과 느낌을 주고받는 시범을 보여 주었나요? | | |
| • 아이만의 감정조절 방식을 이해하고 유연하게 대처하였나요? | | |
| • 또래의 다양한 감정을 인식하고 공유하는 경험을 제공하였나요? | | |
| • 또래의 감정표현에 대한 아이의 반응을 있는 그대로 이해해 주었나요? | | |
| • 아이가 또래의 감정 변화를 알아차리는지 확인하였나요? | | |

| 또래와의 SUM CHECK | ✔ Check | ✏ Memo |
|---|---|---|
| • 아이가 또래의 감정을 인식하는 데 어려움을 갖게 하는 외부적/내부적 요인은 무엇이었나요? | | |
| • 아이가 감정을 인식하고 표현하는 교구에 흥미를 가지고 활용하였나요? | | |
| • 아이는 주로 또래의 어떤 감정표현에 관심을 보이거나 회피했나요? | | |
| • 아이는 또래의 감정표현에 대해 자신의 생각과 느낌을 표현하였나요? | | |
| • 아이들이 서로 주고받는 반응은 연속적인가요? | | |
| • 아이의 감정조절에 영향을 주는 상황과 변수는 무엇이었나요? | | |
| • 또래에 의해 자신의 감정을 조절해야 하는 상황에서 보인 아이의 태도는 어떠하였나요? | | |

| SUM PLUS 되새기기 | ✔ Check | ✏ Memo |
|---|---|---|
| • 아이와 양육자가 감정을 주고받는 상황에 관해 이야기 나누어 봅시다. | | |
| • 아이가 가정에서 주로 관심을 가지거나 회피하는 양육자의 감정표현이 있다면 이야기 나누어 봅시다. | | |
| • 가정에서 아이와 양육자가 서로의 감정을 인식하고 표현할 수 있는 활동과 방법에 대해서 이야기 나누어 봅시다. | | |

SUM
16단계

# SUM 17단계: **사회적 감정** 공감

## 들어가기

사회적 감정을 주고받게 되는 경험은 자연스럽게 또래의 감정에 대한 더 깊은 관심으로 이어집니다. 아이는 이전 자신의 정서적 경험을 토대로 상대방이 표출하는 감정의 원인을 살피게 되며 이것을 통해 또래를 이해하고 느끼는 감정을 비슷하게 경험하며 공감을 하게 될 수 있습니다.

선생님은 아이들이 함께 정서적 교류를 활발하게 할 수 있는 활동을 준비하여 또래를 공감하는 표현과 행동을 시도해 볼 수 있습니다. 아이는 또래의 정서에 관심을 가지고 유지하며 선생님의 도움을 받아 또래를 공감해 가는 경험을 하게 됩니다. 나아가 공감적 표현을 통해 상황을 공유하고 원활하게 소통할 수 있도록 하여 상대의 입장과 상황을 더 잘 알고 표현할 수 있습니다. 이때 감정이 공유될 만한 놀이나 상황에서 단순히 공감적인 표현을 해 보는 것에 최종 목표를 두지 않고 또래의 정서를 비슷하게 따르며 이해하는 관계를 형성하도록 돕습니다.

자연스러운 상황에서 함께 감정을 공유할 만한 상황과 활동을 찾기 어렵다면 상대방의 감정을 추론하거나 정서표현에 도움이 되는 다양한 교구를 준비해 봅시다. 아이들과 그림 또는 사진자료, 교구 등을 활용하여 일상생활에서의 비슷한 경험과 정서를 토대로 공감대를 형성하며, 이를 통해 아이들 간에는 친밀함을 높이며 비슷한 정서의 교류가 활발해질 수 있습니다.

경험하는 과정에서 서툴게 공감을 시도할지라도 아이를 믿고 아이와 함께 반응하고 지속적으로 아이와 또래의 정서를 반영한 공감적인 표현을 하도록 지원한다면 아이는 상대방을 고려하여 조절을 시도하거나 공감을 통해 상황에 대한 이해와 더불어 또래의 감정도 점차 반영하게 될 것입니다.

공감을 통해 또래와 교류가 활발해지면 타인을 이해하고 배려하려는 이타적인 태도가 길러집니다.

## 목표

1. 또래의 감정에 대한 이유를 아이가 이해할 수 있도록 돕는다.
2. 또래와 비슷한 경험과 감정을 공유하여 공감할 수 있도록 돕는다.
3. 또래의 감정을 이해하여 공감적인 표현과 행동을 할 수 있도록 돕는다.

## 준비

〈공간〉

• 또래의 정서반응에 관심을 가지며 주의를 기울일 수 있도록 간소한 공간 마련하기

〈교재 및 교구〉

• 감정을 표출해 볼 수 있는 역할극을 시도할 수 있도록 물건 준비하기
• 감정표현과 행동이 함께 제시된 그림책이나 만화 그리고 동영상 자료 활용하기
• 상황에서 유발되는 다양한 감정을 확인할 수 있도록 표정 카드나 그림자료 활용하기
• 또래의 감정을 확인할 수 있는 지난 활동의 결과물(사진, 작품 등) 준비하기

**치료사 태도**

| | |
|---|---|
| 민감성 | • 또래를 향한 아이의 다양한 공감적 반응을 알아차리기<br>• 아이가 또래의 감정에 대한 이유를 이해하는 데 있어서 무엇을 어려워하는지 알아보기<br>• 또래와 감정이 공유되는 상황에서 표현의 속도나 방법을 알아차리기 |
| 수용성 | • 아이가 시도하는 공감적인 표현과 행동을 존중하기<br>• 공감을 위해 시도하는 아이의 서툰 방법도 수정하지 않고 우선 지지하기<br>• 아이의 공감적 표현이 서툴더라도 수정하거나 강요하지 않도록 주의하기 |
| 유연성 | • 서로 다른 이해 수준을 가진 아이들의 차이를 이해하고 함께 활동할 수 있도록 지원하기<br>• 아이들이 주된 감정에 대한 이유를 이해할 수 있는 상황과 활동들을 활용하기 |
| 확장성 | • 또래의 입장에서 자신의 생각이나 행동을 조절해 보며 협력하는 기회 제공하기<br>• 또래의 감정에 공감하는 시범 보이기<br>• 아이들이 감정표현을 이어 나갈 수 있도록 구체적인 단서를 제공하는 역할하기 |
| 인권감수성 | • 아이와 함께 반응하고 표현하며 참여하는 공감자가 되어 주기<br>• 성역할과 나이에 대해 구분 지어 감정을 억제하게 하거나 표현하도록 안내하지 않기 |

## 아이와 함께 이렇게 해 볼 수 있어요

### 프롤로그

아이들은 자신의 감정을 말투, 표정, 제스처, 행동 등 다양한 방식으로 표현하기 때문에 함께 놀이하는 또래의 상황이나 맥락을 파악하여 감정을 확인하고 이해하는 것이 어려울 수 있어요. 선생님은 이러한 어려움의 이유를 확인하고 아이들이 행동과 상황을 연결 지어 또래의 기분이나 감정을 파악하거나 자신의 감정을 또래에게 구체적으로 표현할 수 있도록 도울 수 있어요.

아이들이 또래의 행동이나 소유물에 관심을 보이며 공감적 반응을 할 때, 선생님은 이러한 모습을 민감하게 알아차리고 존중해 주면서 아이의 공감적 표현이 또래에게 잘 전달될 수 있도록 기회를 주거나 직접 시범을 보여 주는 것도 좋아요.

하나: (엘사 드레스를 입고 활동실에 들어온다.)

두나: 어! 엘사 옷!

선생님: 우와~ 하나가 엘사 옷을 입고 왔네.

엘사 옷을 알아차린 반응에 하나는 웃으며 드레스를 잡고 한 바퀴 돌고, 두나가 하나를 따라서 한 바퀴 돌아 본다.

선생님: 두나도 하나처럼 기분이 좋은가 봐. 함께 빙글 돌고 있네~.

두나: (계속 엘사 옷을 만지려고 하나를 따라다닌다.)

하나: 그만 만져~ (달아난다.)

선생님: 하나야, 두나가 왜 계속 옷을 만지려는 걸까? 우리 물어볼까?

SUM
17단계

세나: 두나는 엘사 옷이 좋은가 봐요.

선생님: 오, 세나는 그렇게 생각했구나.

하나: 두나야, 왜 자꾸 만져?

두나: 예뻐서. 나도 해 보고 싶다.

선생님: 아~ 두나가 엘사 옷이 마음에 들었나 보다.

세나: 나도 하나가 입은 옷이 마음에 들어요.

**스토리**

신체발달/정서/언어/인지의 수준이나 사회적 경험의 유무, 빈도에 따라 아이들은 같은 상황에서도 상대방에 대한 서로 다른 이해를 가지고 있을 수 있어요. 선생님은 활동 안에서 이러한 이해 수준의 차이를 반영하거나 아이들이 서로의 입장을 이해할 수 있도록 도와주는 것이 필요해요.

아이들의 눈높이에서 경험의 부재나 차이로 인해 상황에 대해 이해하는 바가 다를 수 있음을 쉽게 설명해 주세요. 이러한 도움은 아이들이 또래를 이해하고 공감적 태도를 가지는 데 도움을 줄 수 있어요.

아이가 또래의 마음을 헤아려 다양한 정서적 표현을 나타낼 때, 그 표현이 다소 서툴더라도 지적하여 옳고 그름을 따지기보다는 아이만의 공감적 반응과 태도를 이해하고 지지해 주세요.

---

친구들과 준비된 역할 옷을 입고, 눈 오는 장면을 연출하기 위해 아이들이 눈 스프레이를 뿌리고 있다.

두나, 세나: (양쪽에서 눈을 뿌린다.)

하나: 어, 눈 온다. 뭐야? 너무 조금밖에 안 와. 시시해.

세나: (당황하며) 많이 오는데?

두나: 아니야, 조금 오는 것 같아.

선생님: (스프레이를 뿌리며) 난 이만큼이 많은 거 같거든~ 우리 생각이 모두 다르네~.

세나: (스프레이통을 던지며) 이게 왜 이렇게 안 나와~ 답답해.

두나: (세나의 말을 듣고 세나 쪽으로 가서 스프레이를 많이 뿌린다.)

세나: 뭐야~ 하지 마! 내가 할 거거든!

두나야~ 세나가 방금 뭐라고 말했을까?

 두나야, 세나가 싫은가 봐~ 그만할까?

 두나: 하지 말래요.

아이들이 또래의 선택이나 행동에 관심을 가지기 시작했다면 선생님은 또래의 정서반응에 감정을 이입하는 행동과 표현을 구체적으로 시범 보일 수 있어요. 이때 아이들은 선생님의 공감적 표현을 무의미하게 따라 하며 표현 기술만 익히는 것이 아니라 또래의 정서를 함께 느끼며 자신의 감정과 생각을 표현할 수 있는 연습을 할 수 있어요.

선생님은 역할극을 통해 아이가 맡은 역할에 몰입하여 다양한 감정을 느끼고 표현하도록 도와주고, 또래들과 공감대를 형성할 수 있도록 활동을 구성할 수 있어요. 아이들은 활동 안에서 감정이 일어나는 상황을 확인하고 각자의 역할에서 느끼는 감정들을 서로 공유하며 공감대를 형성할 수 있을 거예요.

#1

세나: 엘사, 안나~ 마녀와 괴물이 오고 있어. 도망가자~.

두나: 아~ 괴물은 하나도 안 무서운데.

세나: 엘사! 얼음마녀가 오고 있어. 어서 말에 타야 해!

두나: 어차피 엘사는 마법을 잘해서 괜찮아.

세나: 야! 무서운데 왜 안 도망가?

두나: 난 안 무서워! 도망가기 싫어!

선생님: 세나야, 넌 무서웠어? 난 무섭진 않은데~ 같이 말을 타 줄게~. (세나 뒤에서 함께 말을 타는 시범을 보인다.)

#2

 선생님: 마녀가 너희들을 다 잡았을 때 너희 어땠어? (각 아이들의 대답을 듣고 나서) 그래, 나도 너무 무서울 거 같아~ 그런데 만일 마녀가 너희들을 더 무섭게 하려면 어떤 방법이 있어?

 하나: 감옥에 가두면 무서울 거 같아요.

 세나: 으~ 감옥 정말 무섭겠다~ 그런데 뱀도 있으면?

 선생님: (세나와 눈을 맞추며) 뭐라고? 감옥에 갇히면 어둡고, 괴물이 나올 거 같아서 정말 무섭겠다! 뱀까지 나오면 이빨로 물 것 같아서 진짜 무섭겠다.

 두나: (준비된 무서운 사진을 주시하며) 그럼 감옥에서 유령도 나오면?

 선생님: 두나는 유령이 나오면 무서운가 봐~.

아이들은 활동이 빠르게 전개되거나 갑작스러운 또래의 정서반응을 잘 이해하지 못하여 감정을 공감하는 데 어려움을 느낄 수도 있어요. 선생님은 아이들이 또래의 감정이나 상황을 충분히 이해하며 활동을 이어 갈 수 있도록 아이들 각자의 공감하는 반응 속도나 방법을 확인해 주세요. 아이들이 서로 감정표현을 이어 나가며 공감대를 형성할 수 있는 주제 활동을 준비하거나, 공감 표현에 서툰 아이들을 위해 의사표현의 시간이나 순서를 조절하는 것도 도움이 될 수 있어요. 아이들이 놀이, 대화, 역할극 등 다양한 활동에서 공감적 반응을 나타낼 때, 표현이 소극적이거나 다소 능숙하지 못하더라도 그 속에 담긴 또래에 대한 관심과 마음을 먼저 헤아려 주세요. 또한 구체적인 단서를 제공함으로써 아이들이 감정표현을 이어 나갈 수 있도록 도와주고 서로의 표현에 집중할 수 있도록 지도해 주세요.

---

칠판에는 겨울왕국 장면의 그림이 붙어 있다.

선생님: 하나가 고른 그림에는 엘사랑 안나가 눈싸움을 하며 놀고 있어. 엄청 신나겠는데?

하나: (웃으며) 맞아요!

세나: 안나도 신나요!

친구들이 서로 장면에 대한 이야기를 계속 표현한다.

두나: 나는…… (대화에 끼어들지 못하고) 나도…….

선생님: 두나도 이야기하고 싶구나. 그림을 가까이 보여 줄게. 천천히 얘기해도 돼~.

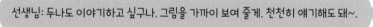

두나: 네, 나는 안나 엄청 좋아해요. 안나 인형도 있어요.

선생님: 그렇구나. 두나는 안나를 좋아하는구나!

세나: 나랑 똑같네~.

선생님: 지금 다들 할 이야기가 많은데 겨울왕국 그림을 보고 내 마음이 어떤지 감정카드에서 하나씩 뽑아 볼까? 하나, 둘, 셋!

**에필로그**

아이들이 또래의 상황과 감정을 이해하게 되면서 상대방의 입장에서 생각해 볼 수 있게 돼요. 나아가 아이들은 자신의
생각이나 행동을 조절해 보면서 또래의 반응을 살피고 도움이 되거나 배려하려는 모습을 보일 수도 있어요. 선생님은
이러한 아이들의 모습을 격려하고 지지하며 아이들이 또래와 정서적인 유대감을 쌓을 수 있도록 도와주어야 해요.

활동 마무리 시간이다.

 하나: 선생님, 다음 시간에도 또 해요.

 세나: 네~ 또 해요! 하나야, 또 엘사 구하자! 다음에는 불로 하면 어때?

 두나: 불은 너무 뜨겁잖아.

 하나: 나는 화살로 하고 싶은데~ 불도 하면 좋겠다. 우리 힘을 합쳐서 마녀를 공격할까?

선생님: 우와! 엄청난 공격이다. 나는 눈뭉치 공격!

  하나, 세나: 나는 화살 공격! 나는 불 공격!

 두나: 나도 같이 공격할게.

선생님: 우와~ 좋아! 두나까지 힘을 보태서 우리 힘이 더 세지겠다! (아이들의 손을 사진으로 찍어 남긴다.)

## 17단계 **SUM** CHECK

| 사전 준비/환경 구성하기 | ✔ Check | ✏ Memo |
|---|---|---|
| • 또래의 정서반응에 관심을 가지며 주의를 기울일 수 있도록 간소한 공간을 마련하였나요? | | |
| • 그룹 상황에서 유발되는 다양한 감정을 확인하거나 표현할 수 있는 표정 카드나 그림자료 또는 역할극 등을 사전에 준비하였나요? | | |
| • 또래의 감정을 확인할 수 있는 지난 활동의 결과물을 준비하였나요? | | |

| 치료사 태도 CHECK | ✔ Check | ✏ Memo |
|---|---|---|
| • 아이가 시도하는 공감적인 표현과 행동을 존중해 주었나요? | | |
| • 아이와 함께 반응하고 표현하며 참여하는 공감자가 되어 주었나요? | | |
| • 또래의 감정에 공감하는 시범을 보여 주었나요? | | |
| • 아이의 공감적 표현이 서툴 때 수정하지 않고 지지하려 노력하였나요? | | |
| • 서로 다른 이해 수준을 가진 아이들의 차이를 이해하고 함께 활동할 수 있도록 지원하였나요? | | |
| • 아이들이 감정표현을 이어 나갈 수 있도록 구체적인 단서를 제공하였나요? | | |
| • 아이들의 주된 감정에 대한 이유를 이해할 수 있는 상황과 활동들을 활용해 보았나요? | | |
| • 또래의 입장에서 자신의 생각이나 행동을 조절해 보며 협력하는 기회를 제공하였나요? | | |
| • 성역할과 연령에 대해 기준을 세우지 않도록 주의하였나요? | | |

| 또래와의 SUM CHECK | ✔ Check | ✏ Memo |
|---|---|---|
| • 또래를 향한 아이의 공감적 표현과 행동은 어떠하였나요? 특별한 점이 있었나요?(표현 속도나 방법, 인지적 공감의 어려움) | | |
| • 아이는 주로 또래의 어떤 감정에 공감을 시도하였나요? | | |
| • 아이가 또래와 공감대를 형성할 수 있는 선호하는 경험이나 활동은 무엇이었나요? | | |
| • 아이는 또래와 함께 공감대를 형성한 활동을 계속해서 유지하려는 모습을 보였나요? 유지가 어려웠다면 이유는 무엇이었나요? | | |

| | ✔ Check | ✏ Memo |
|---|---|---|
| • 아이는 또래가 보이는 공감적 표현과 행동을 모방하거나 참고하는 모습을 보였나요? | | |
| • 아이는 자신의 감정을 조절하고 또래에게 협력하려는 시도가 있었나요? | | |
| SUM PLUS 되새기기 | ✔ Check | ✏ Memo |
| • 아이가 일상생활에서 보이는 공감적 반응이나 태도가 있다면 대상과 구체적인 상황을 이야기 나누어 봅시다. | | |
| • 가정에서 양육자가 아이에게 공감하는 말을 어떻게 사용했는지, 가족 간에 어떤 공감적인 표현을 하고 있는지 점검해 봅시다. | | |
| • 가정에서 아이가 양육자와 함께 공감대를 형성하며 상호작용할 수 있는 활동과 방법에 대해서 이야기 나누어 봅시다. | | |

< **사회적 감정 Q & A** | 고민을 함께 해결해 보아요. 🔍 ⋮

또래의 정서반응에 대한 아이의 반응이 극히 제한적일 때 어떻게 관심을 가지게 하는 게 좋을까요?

**인지 지은샘**: 아이마다 자신의 상태나 관심사에만 몰두하여 또래의 정서적 반응에 관심을 갖거나 주의를 기울이는 것이 어려울 수 있어요. 우선, 아이가 또래의 정서적 표현에 관심을 가질 수 있도록 주의를 환기시켜 주세요. 변화된 또래의 표정이나, 목소리, 행동의 변화를 확인시켜 주고, 상대적으로 또래의 정서적 반응을 알아채거나 공감하는 시범을 구체적으로 보여 주세요. 이러한 언어적/신체적 촉구와 모델링을 통해 아이는 또래의 정서적 반응에 자연스럽게 관심을 가질 수 있을 거예요.

**언어 지현샘**: 물리적인 거리를 가까이 하는 것만으로도 훨씬 또래를 주시하거나 또래의 활동에 관심을 가지게 하는 데 도움이 되기도 한답니다. 시선을 또래의 활동에 둘 수 있도록 아이가 있는 위치를 바꾸도록 유도해 보세요. 또래를 통해 또래가 아이에게 자신의 활동에 대한 이야기를 건네도록 하는 것 또는 주의를 불러일으키도록 또래에게 "이것 좀 봐 봐. 나 ○○하고 있어."와 같은 표현을 유도하는 것도 좋은 방법이 될 거예요.

아이가 엄마의 마음이나 기분은 잘 이해해 주는데, 또래 아이들과 놀 때에는 자기 감정이나 기분만 표현해요.

**인지 지은샘**: 아이들은 안정적으로 애착이 형성된 친숙한 대상에게는 보다 수월하게 자신의 감정을 표현하고, 공감적 태도를 보일 수 있습니다. 아이가 또래에 대한 정서적 수용 및 공감적 이해 능력이 부족하다면, 가정과 연계하여 아이가 공감적 태도를 보이는 대상이나 상황에서 확장하여 지도하여 줄 수 있습니다. 아이가 주양육자의 마음을 잘 헤아리는 것처럼 또래의 정서적 반응에 대한 충분한 이해를 통해 공감 능력을 키워 나갈 수 있도록 도와주세요~ 또한 또래와 함께하는 상황에서 자신의 감정이 또래에게 수용/공감되는 상대적인 경험을 하는 것도 도움이 될 수 있습니다.

SUM
17단계

**놀이 진주샘**: 엄마의 감정을 공감한다는 건 우선 타인을 이해하고 감정을 알아 줄 수 있는 마음이 발달해 있다는 의미도 되면서 동시에 그렇다면 왜 또래에겐 공감능력이 발휘되지 않는지 살펴볼 필요가 있습니다. 다양한 이유가 있겠지만, 그중 아이와 가장 친밀하고 오랜 시간을 보내는 부모님이 평상시 어떻게 대화하는지 알아보세요(예: '아이와 의견이 다를 때 어떻게 하세요?' '아이가 어떤 행동을 하면 걱정되시나요?' '아이는 어떨 때 속상해하나요? 그럴 때 부모님은 뭐라고 말해 주시죠?'). 부모님이 인식하든 그렇지 못하든 대화패턴에서 '~해야 돼'에 가까운 지시가 많거나 혹은 타인에 대한 예절이나 배려 등을 지나치게 강조해 아이의 행동을 통제하는 상황이 잦다면 먼저 이 부분이 개선되어야 또래 안에서도 공감능력이 발휘되지 않을까 싶습니다.

또래들과 트러블이 생겼을 때, 아이의 기분이나 감정에 대해 물어보면 입을 꾹 다물거나 무조건 싫다고/모르겠다고만 이야기해요. 어떻게 해야 할지 모르겠어요.

**감통 미선샘**: 아이가 시간이 더 필요한지, 표현하기를 어려워하는지 파악할 필요가 있을 것 같습니다. 시간이 필요한 아이라면 섣불리 아이의 감정을 단정 지으려고 하지 말고 충분한 시간이 있으니 이야기하고 싶을 때 해도 된다고 이야기해 주세요. 그리고 표현이 어려운 아이라면 여러 가지 답지 중에 선택하게 해 주는 것이 도움이 됩니다.

**인지 지은샘**: 갈등 상황에서 자신의 생각이나 감정을 적극적으로 표현하는 것을 힘들어하거나, 회피하고 싶어 하는 아이들이 있을 수 있어요. 이러한 상황에서 속상할 수 있는 아이의 마음을 확인하고 헤아려 주는 것도 필요하지만, 표현을 회피하는 아이의 응답을 계속 요구하기보다는 마주한 상황을 객관적으로 이해할 수 있도록 충분히 설명해 주세요. 다른 친구의 생각이나 마음상태가 어떤지 먼저 들어 보고, 천천히 자신의 감정을 표현할 수 있도록 도움을 주거나, 상대적인 입장에서 아이의 생각이나 마음이 궁금하고 알고 싶다고 표현해 주세요. 반복적인 경험과 자신의 감정이나 마음이 어떤지 알고 싶어 하는 상대에 대한 관심과 믿음으로 다소 더디더라도 자신의 마음을 표현할 수 있을 거예요.

**놀이 진주샘**: 선생님도 혹시 어린 시절 아이와 비슷한 상황을 느낀 순간이 있으실까요? 아이가 힘들어하는 부분은 선생님도 어느 정도 아실 수 있을 거라 생각합니다. 만약 비슷한 경험이 있다면 먼저 들려 주는 건 어떨까요? 그 이야기를 들은 아이는 선생님도 이런 경험이 있는 걸 봐선 '나만의 문제가 아니구나.'라고 조금은 안심할 수 있고, 어쩌면 자신의 경험을 슬쩍 이야기할지도 모르겠네요. 아이가 경험을 터놓았든 그렇지 않든 대화 끝에 이렇게 말해 주시는 거예요. "선생님은 너랑 이렇게 마음을 나누니 조금 편안해졌어. 말하길 잘한 것 같아. 혹시 너도 말하고 싶은 게 있으면 털어 놔. 내가 잘 들을게. 오늘 내 마음 들어 줘서 고마워."라고요.

별다른 감정이나 욕구에 대한 표현이 없어 또래가 하자는 대로 따르기만 하는 아이 그대로 둬도 괜찮을까요?

**감통 미선샘**: 아이의 비언어적인 신호를 잘 관찰하는 것이 중요합니다. 작은 신호도 읽어 주고 표현하는 방법을 시범을 보이거나 힌트를 주는 방법으로 표현을 도와주세요. 또한 아이가 또래를 따르는 과정에서 선택을 할 수 있는 상황을 만들어 아이의 표현을 도울 수도 있답니다.

**언어 지현샘**: 아이가 감정과 욕구에 대해 표현하거나 전달할 방법을 모르는 건지, 실제 놀이에 관심과 욕구가 없는지는 큰 차이랍니다. 선생님이 미세하게 나타날 아이의 감정과 욕구를 읽어 내고 있는지를 한번 떠올려 봐 주세요. 놀이에 관심과 욕구가 크지 않다면 친구를 따르며 점차 놀이를 확장해 가는 것도 방법일 수 있어요.

**놀이 진주샘**: 어쩌면 기질적으로 신중하고 조심성 있는 아이일 가능성이 있습니다. 이런 아이들은 자신의 생각과 마음을 상대에게 전달하는 것 자체만으로도 큰 부담을 느낍니다. 또래와의 관계에서 원하는 것을 표현하게끔 도와주는 첫걸음은 선생님이 아이에게 작은 선택권을 주고 스스로 결정한 사항에 대해 긍정적 정서를 담아 격려하는 겁니다. 선택한 결정이 누군가에게 환영받고 존중받는다는 느낌은 아이에게 자신감을 심어 줄 수 있을 테니까요. 이때 주의할 점은 아이가 선택을 선택하지 않는 것 역시 존중되어야 한다는 점입니다. 그럴 때는 "○○이가 선택하지 않고 싶어~ 알겠어. 그 마음 존중할게. 그런데 혹시 시간이 흘러 다시 고르고 싶은 마음이 쏙 올라오면 다시 말해 줘."라고요.

공감적 표현과 행동을 다른 사람이 하던 그대로 하는 모습을 보여요. 어떻게 해야 할까요?

**언어 지현샘:** 아이들마다 정서적 반응성과 정서적으로 성숙되는 시점은 다들 다를 수 있어요. 아이가 아직 느껴지지 않는 정서적 상황에서 서툴게 공감적 표현과 행동을 시도하는 것에 대해 선생님이 잘 격려하여 지지해 주세요. 아이는 점차 느껴지는 감정과 정서적 공감을 연결하며 성장할 수 있을 거예요.

**인지 희정샘:** 아이가 또래의 정서를 이해한 상황이라면 자신이 알고 배웠던 공감적 표현과 행동을 하게 될 것입니다. 배운 표현과 행동 외에 다양한 표현을 선생님께서 시범 보여 주고 확장해 갈 수 있도록 도와주세요. 하지만 아이가 기능적으로만 익힌 표현과 행동이라면 먼저 또래의 정서와 상황을 이해하고 있는지 확인해 봐야 해요.

또래의 부정적 감정에만 반응하는 경우 어떻게 해야 할까요?

**인지 지은샘:** 아이들은 또래가 화를 내며 떼를 쓰거나 울음을 터트리는 등 부정적인 감정을 표출하며 주의를 끌 때, 이러한 모습에 더욱더 관심을 가질 수 있어요. 아이가 또래의 표정이나 행동에 관심을 가지는 것은 상대방의 상태를 확인하거나 마음을 헤아리는 데 중요한 단서가 될 수 있어요. 하지만 아이가 이러한 반응에 관심을 가지며 모방만 하는 것이 아니라 또래가 부정적 정서적 반응을 나타내는 이유나 상황에 대해서도 관심을 가지고 이해할 수 있도록 이야기해 주세요. 이러한 도움을 통해 단순히 자극적인 정서적 반응에만 관심을 두는 것이 아니라 또래의 마음을 이해할 수 있는 힘을 기르게 될 수 있을 거예요.

**언어 지현샘:** 친구가 어려운 상황에 처할 때, 친구가 슬퍼할 때, 친구들이 싸울 때에만 특별히 더 참여하는 모습이 보인다면 가정 내에서도 부정적 감정에만 피드백과 관심을 받고 있지 않은지 확인할 필요가 있어요. 아이의 긍정적 감정에도 함께 공감하며 기뻐하고 즐거워하고 놀라워하는 다양한 정서적 반응을 가정과 활동실에서 자주 경험할 수 있도록 도와야 해요.

# 3부

# 역할수용

아이들의 자기인식, 타인수용, 역할수용을 위한
**사회성 발달 가이드북**
SUM(Self Us Membership)

## SUM 18단계: **협력** 의사소통, 공감

### 들어가기

아이들은 또래와 많은 시간을 함께하면서 서로의 역할, 감정, 상황에 대한 이해와 공감을 할 수 있으며 자연스럽게 이타적인 행동들이 나타날 수 있습니다. 아이들은 점차 협력적인 상황을 확인하고 함께 이루려는 시도를 경험하게 됩니다.

협력이란 공동의 목표를 위해 단순히 시간과 공간을 함께한다는 것 이상으로 함께 조언하고 목표를 이루기 위해 도와 가며 교류하는 적극적인 태도(김경희, 2010에서 재인용)로 목표를 위해서 서로에게 의견을 제시하거나 합의점을 찾도록 노력하는 것입니다. 이와 더불어 아이들에게 나누기, 기다리기, 배려하기, 도움 주기 등 협력으로 나아가는 다양한 친사회적인 행동이 더 많이 나타나게 됩니다. 이러한 친사회적인 행동들은 아이가 한 집단의 구성원으로서 자신의 역할을 알고 자연스럽게 수용하게 되는 기반이 되고, 상대방의 역할에 대해서도 생각하며 공동활동에 대한 개개인의 역할을 이해하고 수행하게 되는 계기가 될 수 있습니다. 하지만 일부 아이들은 제한적인 상호작용 능력, 충동성과 같은 기질적/발달적 특성이나 환경적 요인으로 인한 경험 부족 등의 이유로 또래들과의 협력활동에 참여하는 것을 주저하거나 회피할 수 있습니다.

친사회적 행동과 표현을 시도하여 협력해 가는 과정을 경험하고 키우기 위해 아이들이 흥미로워하는 다양한 교구와 활동을 활용해 봅시다. 이러한 활동을 통해 아이들이 함께 시도하거나 도전할 수 있는 공동의 목표를 세우는 경험은 아이들이 협력활동에 대한 자발적 동기를 가지게 하며, 적절한 역할을 경험하게 해 서로의 장점과 역할에 대해서 관심을 가지도록 도울 수 있습니다. 이때 선생님은 아이들에게 직접 대안이나 해결책을 제시하기보다 간접적인 도움으로 아이들이 공동의 목표에 대한 의견을 제시하고 조율해 가는 과정을 경험할 수 있도록 해야 합니다. 또한 활동을 같이하는 동안 아이들이 자연스럽게 표현하는 친사회적 행동을 발견하고 지지, 강화하며 아이의 의도가 더 드러날 수 있도록 친사회적 표현을 시범 보일 수 있습니다. 선생님은 아이들에게 협력을 지나치게 강조하여 활동을 제약하고 있는지 확인해야 하며 지나친 경쟁 구도가 되지 않도록 주의해야 합니다.

자신의 생각이나 행동이 또래에게 지지받거나 도움을 주고받는 의사소통 상황들은 아이들에게 성취감과 만족감을 느끼게 하고 또래와의 우호적인 관계형성과 소속감을 경험하게 합니다. 그리고 아이들은 공동의 과제를 위해 자신의 생각이나 감정을 조절하는 능력을 키워 결과적으로 공동의 목표를 위해 상황을 함께 해결해 나갈 수 있는 힘을 기르게 됩니다.

## 목표

1. 공동의 활동임을 인식하고 유지하며 함께 참여할 수 있도록 돕는다.
2. 공동활동에서의 다양한 역할을 탐색하고 선택할 수 있도록 돕는다.
3. 또래와 함께 친사회적 행동을 경험하며 느낌, 생각, 감정을 서로 주고받을 수 있도록 돕는다.

## 준비

〈공간〉
- 친구들과 다양한 협력활동을 할 수 있는 여유 있는 공간(대그룹실) 마련하기
- 협력활동을 위한 준비와 정리가 용이한 배치를 구상하기

〈교재 및 교구〉
- 협동활동에 도움이 되는 다양한 교구 준비하기
  - 신체/놀이활동: 낙하산, 홀라후프 , 바퀴달린 썰매, 캥거루 주머니, 큰 매트, 짐볼, 꼬리잡기, 붕붕카, 도미노, 종이컵 쌓기, 카드 뒤집기 게임 등
  - 미술교구: 공동활동을 할 수 있는 그리기 재료, 만들기 재료
- 함께 준비하거나 정리가 수월한 교구함(큰 통, 박스) 준비하기

SUM
18단계

## 치료사 태도

| | |
|---|---|
| 민감성 | • 아이가 활동 참여에 대한 목적성을 이해하고 유지하는지 살펴보기<br>• 협력을 위한 친사회적 행동을 알아차리고 반응하는지 확인하기<br>• 협력활동 시 아이들이 어떠한 역할이나 시도에 만족감/성취감을 느끼는지 확인하기<br>• 공동의 활동에서 아이의 강점을 발견하고 지지하기 |
| 수용성 | • 협력을 위한 아이만의 다양한 시도를 지지하기<br>• 아이들이 의사결정하는 과정을 기다려 주고 그대로 실행할 수 있도록 지지하기 |
| 유연성 | • 아이들의 서로 다른 능력과 특성을 이해하고 함께 활동할 수 있도록 지원하기<br>• 협력을 위한 다양한 역할과 대안이 있음을 알려 주고 지원하기<br>• 공동의 활동이 아이들에게 경쟁이 되지 않도록 상황마다 대처하기 |
| 확장성 | • 아이의 공감적 표현이 친사회적 행동으로 전달될 수 있도록 시범 보이기<br>• 공동활동을 위해 다양한 의견을 내며 함께 수행해 볼 수 있게 도와주기<br>• 서로 도움을 주고받는 경험으로부터 협력의 이점을 알고 시도할 수 있도록 지원하기 |
| 인권감수성 | • 협력을 강요하지 않고 함께하는 과정의 즐거움을 알아채도록 서서히 다가가기<br>• 아이들의 다양한 능력치와 선택을 존중하고 지지하기 |

## 아이와 함께 이렇게 해 볼 수 있어요

연령이 증가할수록 자신의 욕구나 선호대로 선택했던 자기중심적이고 개인적인 활동에서 점차 또래와 함께 공동의 목표를 가지고 그룹활동에 참여할 기회가 많아져요.

그룹활동에 참여하고 활동을 유지하기 위해서는 활동의 흥미를 가지고, 목표와 순서를 이해하고 수행하기 위한 주의력이나 조절력 등이 필요해요.

선생님은 아이들의 태도와 언어적/비언어적 신호들을 관찰하며 아이들이 활동을 이해하고 목표에 알맞은 참여를 하고 있는지를 살펴볼 수 있어요.

아이들이 목표를 이해하기 어려워한다면 이해할 수 있는 수준으로 선생님이 다시 쉽게 안내할 수 있어요. 아이가 목표를 이해하지만 활동으로 이어 가기 어려워한다면 선생님은 간단한 제안을 통해 참여할 수 있도록 도움을 줄 수 있어요. 이때 협력을 위해 보이는 행동이나 표현이 시작되는지 확인할 수 있어야 해요.

선생님이 활동실에 가져다 둔 털실을 아이들이 제각각의 방법으로 가지고 논다.

선생님: 선생님이 오늘 털실을 가져왔어. 이걸로 우리 뭘 해 볼까?

하민: (실뭉치를 손으로 뭉치며) 이게 거미줄이다~.

하나와 세민이도 하민이와 함께 실뭉치를 손으로 뭉치며 논다.

두민: (뭉쳐진 실뭉치를 던지며) 눈이다~ 눈이다~.

선생님: (하나와 세민이의 마음에 안 드는 표정을 살핀 후) 세민아, 이 거미줄 어떻게 할까?

세민: (세민이가 줄을 길게 잡고) 이거 이렇게 길게 해야 해.

하나: 우와, 거미줄 됐다. 우리 거미줄 더 만들자.

 세민: (얼른 거미줄을 이어 잡고 의자에 걸쳐 길게 연결한다.)

선생님: (아이들에게 의자에 걸친 줄을 주목시키며) 어! 드디어 거미줄이 시작되었어!

선생님의 말에 아이들이 줄을 잇기 시작하지만 두민이는 계속 실뭉치를 던지며 놀고 있다.

선생님: 두민아. 거미줄 뭉치를 여기 선생님이 서 있는 곳으로 던져 줘. 여기 비어 있으니깐 여기서부터 두민이랑 선생님이 줄을 길게 하자.

 두민: (선생님의 말을 듣자 줄을 던지고 그 줄을 선생님과 길게 잇는다.)

선생님: 그럼, 우리 이번 시간에 털실로 거미줄을 만들어서 같이 재미있게 놀자.

**스토리**

선생님은 아이들이 서로 도와 목표를 이뤄 나가는 친사회적 행동을 알아채고 지지하는 과정을 통해 아이들은 자신이 한 협력의 결과를 확인하면서 협력의 이점을 알게 되고 계속해서 협력활동을 이어 나갈 수 있어요.

그룹활동에서 아이들은 친사회적 행동을 하는 또래의 모습을 보고 어울림에서의 즐거움, 남을 도울 때 느끼는 효능감, 친절함에 대한 기분 좋음 등의 협력의 이점을 확인하거나 모방하고 참여할 수 있어요.

선생님은 협력활동을 할 수 있는 활동과 타이밍이 왔을 때 아이들에게 제시하고 참여할 수 있도록 도울 수 있어요. 이런 경험들을 통해 아이들은 협력의 과정에 자연스럽게 참여하고 성공적인 결과를 확인하며 협력의 즐거움을 경험할 수 있어요.

 하민: (줄 한쪽 끝을 잡고 다른 쪽을 가리키며) 여기저기 자꾸 떨어지는데 도와주세요.

 세민: 내가 도와줄게! 기다려, 하민아. 출동! (다른 줄을 연결하려다가 신나서 하민에게 달려간다.)

 하민: 아니, 여기 말고 저기. 저기, 안 돼!

 세민: (하민의 말을 듣고 바닥에 떨어진 줄을 잡고 기둥 쪽으로 간다.)

 하민: 아니 거기 말고 저기 멀리~.

 세민: 좋았어! 출동!

 선생님: 여러분! 세민이랑 하민이가 서로 도와서 긴 줄을 연결하고 있어요. 점점 길어진다. 엄청난데! 하나야, 두민아, 저기 봐 봐. 우리 가서 응원하자. (하나랑 두민이를 주목하도록 한 뒤 아이들의 행동을 관찰하고 응원한다.)

하나, 두민: 힘내라! 힘내라!

선생님: 선생님은 우리 세민이가 기둥에 테이프를 잘 붙일 수 있게 중간 실을 잡고 있어야겠다. 같이 도와줄 사람!

   하나, 두민: 출동!

하나는 줄의 중간을 잡으러 가서 잡고 있고, 두민이는 세민이 옆의 줄을 잡아 준다.

몸으로 먼저 움직이는 게 빠른 아이, 다양한 생각을 무궁무진하게 해낼 수 있는 아이, 이처럼 아이들은 저마다 잘할 수 있는 것이 다르고 함께하는 활동에서 각자의 다양한 역량을 발휘할 수 있습니다.

선생님은 아이들마다 자유롭게 의견을 내고 존중받는 경험을 하게도 해야 하며 공동의 활동에 대하여 아이가 기여한 점을 알아채고 지지해 줄 수 있어야 해요.

이 과정을 통해 아이들은 자신의 강점을 스스로 알고 그룹 안에서 역할을 찾아 능력을 발휘할 수 있을 거예요.

선생님: 우와! 세민아, 거미줄에 닿지 않게 문에서 창문까지 가자고 한 생각 너무 재미있을 거 같아.

 하나: 나는 거미줄에 장식해서 꾸미고 싶다.

 두민: 색종이 하면 어때?

 하민: 그래, 나도 색종이 접어서 거미 만들래.

선생님: 거미줄에 거미가 매달려 있으면 더 재미있겠다. 우리 두민이랑 하민이가 말한 대로 색종이로 거미를 만들어 보자.

 하나: 그런데 나는 거미 못 접어요.

 두민: 아~ 나도 강아지밖에 못 접는데.

 하나: 그림으로 그려도 돼요?

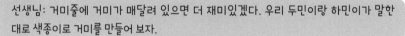

그래~ 거미를 그림으로 그려도 좋겠다. 하나가 좋은 생각을 했네.

 색종이로 접는 게 더 멋질 것 같은데…….

 하나: 선생님, 내가 거미 그렸어요.

 두민: 나는 거미도 못 그리는데.

 하나: 내가 도와줄게. 이렇게 하면 돼.

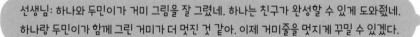 선생님: 하나와 두민이가 거미 그림을 잘 그렸네. 하나는 친구가 완성할 수 있게 도와줬네. 하나랑 두민이가 함께 그린 거미가 더 멋진 것 같아. 이제 거미줄을 멋지게 꾸밀 수 있겠다.

**에필로그**

단순한 활동을 책임감으로 하는 친구도 있지만 스스로에게 즐거움이 없는 활동은 하지 않으려는 친구가 있을 수 있어요.

이때 협력의 상황에서 이탈하게 될 수도 있는데 다른 입장을 보이는 또래를 비난하거나 강요하지 않는 것이 중요해요.

협력에서 또래가 서로 어떤 의미를 가지고 즐거워하는지에 대해 드러낼 수 있도록 도와주는 것이 필요해요.

의미를 부여하고 협력해 간다면 더 큰 즐거움과 더 다양한 동기를 스스로에게 부여하며 활동에 목적을 가지고 참여할 수 있을 거예요.

상대방의 지시에 따라 여러 번 협조하는 것보다 스스로 협력에 대한 동기를 가지고 참여하는 한 번의 경험이 협력의 이점을 더 의미 있게 깨닫게 되는 계기가 되기도 해요.

 하나: 선생님, 하민이가 거미줄 정리 안 하고 장난감 만져요.

 하민: 나는 정리가 재미없어.

  두민, 세민: (거미줄을 치우며) 우리도 지금 정리하기 힘들어요.

선생님: 맞아. 정리하는 건 힘들지. 이것 봐! 거미줄을 정리하면서 거미가 이렇게 많이 잡혔다. (정리하며 모아 놓은 거미를 두 손으로 잡으며) 여러분~ 우리 친구들이 이렇게 거미를 많이 잡았어요. 구경 오세요!

 하민: 히히. (웃으며) 몇 마리예요?

 하나: 너는 정리 안 했잖아.

선생님: 지금은 4마리인데 아직 6마리나 남았어요. (난처한 표정을 짓는다.) 청소부가 1명 부족해요.

하민: 그럼 나도 거미 잡을래요.

선생님: 마을 사람들! 우리가 거미를 10마리 다 잡으면 잔치를 열겠습니다.

아이들 모두 거미를 잡으러 간다.

선생님: 오늘 청소부들의 도움으로 거미를 빨리 정리했어요! 청소부들이 힘을 합쳐 빨리 정리해 줘서 시간이 남아 잔치를 할 수 있어요. 모두 감사합니다! 박수!

## 18단계 **SUM** CHECK

| 사전 준비/환경 구성하기 | ✔ Check | ✏ Memo |
|---|---|---|
| • 4명 이상의 아이가 다양한 협력활동을 할 만큼 여유로운 공간을 마련했나요? | | |
| • 협력활동을 위한 준비와 정리가 용이하도록 공간을 구성하였나요? | | |
| • 아이들이 선호할 만한 협력활동 교구를 미리 준비해 두었나요? | | |
| 치료사 태도 CHECK | ✔ Check | ✏ Memo |
| • 아이들의 서로 다른 능력과 특성을 이해하고 함께 활동할 수 있도록 지원하였나요? | | |
| • 공동의 활동에서 아이의 강점을 발견하고 지지해 주었나요? | | |
| • 아이들이 의사결정하는 과정을 기다려 주고 그대로 실행할 수 있도록 지지해 주었나요? | | |
| • 협력을 위한 아이만의 다양한 시도를 지지해 주었나요? | | |
| • 아이들의 다양한 능력치와 선택을 존중하고 지지해 주었나요? | | |
| • 아이의 공감적 표현이 친사회적 행동으로 전달될 수 있도록 시범을 보여 주었나요? | | |
| • 아이가 협력하기 위해 시도하는 친사회적 행동이나 표현에 대해 지지해 주었나요? | | |
| • 협력을 위한 다양한 역할과 대안이 있음을 알려 주고 지원하였나요? | | |
| • 공동의 활동이 아이들에게 경쟁이 되지 않도록 상황에 맞게 잘 대처하였나요? | | |
| • 협력을 강요하지 않고 함께하는 과정의 즐거움을 알아채도록 지원하였나요? | | |
| 또래와의 SUM CHECK | ✔ Check | ✏ Memo |
| • 협력활동에서 아이가 선호하는 또래나 역할, 활동내용 등을 확인해 보았나요? 혹시 어려움이 있었다면 그 이유가 무엇이었나요? | | |
| • 아이들의 협력활동에서 의사소통에 방해가 되는 요인이 있었나요? | | |
| • 아이가 또래의 친사회적 행동을 알아차리고 반응하였나요? 어떻게 도와주면 친사회적 행동이 유지되었나요? | | |
| • 공동활동에 대한 목적성을 이해하여 활동을 유지하는 모습을 보였나요? | | |

SUM
18단계

| | ✔ Check | 🖊 Memo |
|---|---|---|
| • 공동활동을 위해서 의견을 내거나 또래의 의견에 자신의 생각을 표현하는 시도(반응)가 있었나요? | | |
| • 아이가 공동활동에서 즐거움, 만족감 그리고 성취감 등을 표현하는 모습을 보였나요? | | |
| • 이를 통해 아이가 공동활동에 참여할 때 태도의 변화가 있었나요? | | |
| SUM PLUS 되새기기 | ✔ Check | 🖊 Memo |
| • 활동실에서 관찰되는 아이의 친사회적 행동이 다른 공간과 상황에서도 발견되는지 이야기해 봅시다. | | |
| • 가정에서 공동활동의 참여 및 유지에 도움이 될 수 있는 친사회적 행동과 방안에 대해 이야기 나누어 봅시다. | | |
| • 활동실 안에서 협력활동 중 새롭게 발견한 아이의 행동에 대해서 이야기하고 가정, 유치원 등에서도 연계할 수 있는 방법에 대해서 양육자와 이야기해 봅시다. | | |

## SUM 19단계: 협력 상황해결

### 들어가기

아이들은 점차 다양한 협력활동을 하게 되면서 서로 다른 능력, 흥미나 욕구 등의 이유로 갈등상황이 발생할 수 있습니다. 하지만 이전 단계에서 자신의 역할을 이해하고 공동의 목적을 위해 활동을 이어 나가는 경험을 충분히 쌓았다면 아이들은 서로 의견을 나누고 대안을 모색함으로써 점차 상황을 해결해 가는 힘을 기를 수 있습니다.

상황해결을 하기 위해서 아이들은 현재 일어나고 있는 상황을 파악하고 그 안에서 얻는 정보를 또래와 공유해야 합니다. 그리고 상황의 원인과 결과를 예측하고, 여러 가지 대안 중 적절한 대안을 찾아 각자가 역할을 맡고 상황을 해결해 내어야 합니다. 이때 주변의 정보를 통해 문제 상황을 통합적으로 이해하고, 현재 상황에 대한 자신의 생각을 타인에게 전달하며 이를 해결하기 위해 자신의 행동과 감정을 조절해 갈 수 있는 능력이 필요합니다.

선생님은 이를 돕기 위해서 문제 상황을 아이가 객관적으로 파악하도록 문자나 책 등의 시각적인 힌트를 주거나 질문을 할 수 있으며 다양한 대안을 생각하도록 돕기 위해 과거의 경험이나 유사한 경험에 대한 질문을 할 수 있습니다. 또 이러한 대안들은 활동실이나 그룹활동 안에서 충분히 시도하여 성공 혹은 실패해 보고 대안을 수정해 보는 등 충분한 경험을 하게 도와야 합니다. 이때 선생님은 아이들이 충분한 시도를 할 수 있게 환경을 조성하고 실패해도 다른 수정 대안을 시도해 볼 수 있는 분위기를 만들어 지지할 수 있어야 합니다. 또한 아이들이 서로 협력하여 마주한 문제 상황을 해결하기 어려워한다면 그 이유나 원인을 자세히 확인해 보고, 활동 안에서 파악된 아이들의 요구나 강점을 활용하여 아이들의 능동적인 참여를 이끌어 봅시다.

아이들은 문제 상황을 해결하는 대안을 찾고 적용해 보며, 이것을 다시 수정하는 과정을 반복합니다. 친구와 함께 힘을 모아 쉽고 더 빠르게 해결해 보기도 하며, 친구가 힘들어하는 역할을 돕거나 대신하여 어려움을 이겨 내 보는 경험을 할 수 있습니다. 선생님은 아이가 자신의 강점을 발휘하거나 지지받는 경험을 할 수 있도록 돕고 또래와 협력하여 문제를 해결하는 과정에서 자신의 역할과 기여를 확인하는 경험 등을 할 수 있도록 도와줄 수 있습니다. 이러한 경험들을 발판으로 점차 어린이집, 가정 등 사회의 그룹 안에서 자신의 역할에 대해서 깨닫게 되고 상황과 역할 안에서 어떻게 행동해야 하는지 사고하게 됩니다. 이후에 아이들은 자기중심적인 사고에서 나아가 타인을 수용하며 자신에게 맡겨진 역할을 수행하면서 집단의 한 구성원으로 사회적 기대에 부응하는 행동을 하게 됩니다.

## 목표

1. 또래와의 공동활동에서 문제를 인식하고 해결 과정을 경험할 수 있도록 돕는다.
2. 문제의 결과를 예상하고, 함께 대안을 나누며 해결할 수 있도록 돕는다.
3. 또래와 함께 새로운 과업에 같이 도전할 수 있도록 돕는다.

## 준비

〈공간〉
- 친구들과 다양한 협력활동을 할 수 있도록 여유 있는 공간(대그룹실) 마련하기
- 협력활동을 위한 준비와 정리가 용이한 배치를 구상하기

〈교재 및 교구〉
- 협동활동에 도움이 되는 다양한 교구 준비하기
- 친사회적인 대안(경청하기, 나누기, 빌리기, 교환하기)을 시각화하여 게시하기

## 치료사 태도

| 민감성 | • 협력 상황에서의 문제를 알아채는지 주시하기<br>• 아이가 문제 해결을 위해 주로 어떤 대안들을 제시, 수용, 거절하는지 살펴보기<br>• 해결 과정에서의 아이가 참여와 협조하려는 정도를 파악하기 |
|---|---|
| 수용성 | • 다양한 대안에 대한 시도를 지지하기<br>• 협력 시 마주하는 문제들을 해결해 나가는 아이만의 시도와 방법을 지지하기 |
| 유연성 | • 미리 결과를 예상하지 못하고 시도하더라도 과정을 바라봐 주기<br>• 아이들이 협력활동의 흥미를 잃지 않도록 해결 과정의 시간을 조율하기<br>• 문제를 해결하는 과정에서 아이가 역할을 인지하여 수행하는 다양한 반응과 방법을 이해하기 |
| 확장성 | • 또래와 함께 문제를 해결하며 여러 가지 상황에서의 다양한 역할을 이해할 수 있도록 지원하기<br>• 유사한 상황에서 아이들끼리 상황을 해결할 수 있도록 기회 마련하기<br>• 아이들이 함께 문제를 해결하며 공동의 약속을 만들어 갈 수 있도록 지원하기 |
| 인권감수성 | • 소수의 의견도 존중하여 결정할 수 있도록 지지하기<br>• 공동의 목표를 이루고, 결과를 확인하는 과정에서 배제될 수 있는 개개인의 노력을 지지하기 |

SUM
19단계

## 아이와 함께 이렇게 해 볼 수 있어요

**프롤로그**

아이들이 활동한 경험을 토대로 문제를 발견하고 해결할 수 있도록 시각적 자료를 많이 활용해 주세요. 친사회적 행동이 드러나는 자료도 좋고 아이들이 활동한 사진을 활용해도 좋습니다. 이러한 자료의 활용은 문제를 해결하는 과정에서 아이들의 참여와 협조를 하려는 마음을 커지게 할 수 있어요.

협력활동에서 문제가 생겼을 때, 상황을 주시하며 문제를 알아채는 친구가 있는가 하면 어떠한 문제인지 알아채지 못하는 아이도 있을 수 있어요. 먼저 모든 아이가 같은 문제에 대해 알도록 선생님은 민감히 아이들의 생각을 살피고 인식하지 못하는 아이들의 경우 힌트를 주어 도울 수 있어야 해요.

선생님은 아이마다 문제 해결을 위해 어떤 해결 방법을 떠올리고 사용하는지를 잘 기억해 두어야 해결을 위한 시도를 돕거나 다른 방법을 사용할 수 있도록 제안할 수 있어요.

선생님: 그래, 좋아. 그럼 거미줄을 만들고 지나갈 때 우리가 좋았던 거와 어려웠던 거를 사진을 보면서 이야기 나눠 보자.

 하나: 어? 나 거미줄 걸렸네.

 두민: 나도!

 하나: 다음에는 점프해야지.

선생님: 오, 그거 좋은 방법이다. 더 높이 뛰는 방법! 오늘 한번 해 보자. 하민아, 하민이는 저번 시간에 어땠어?

 하민: 여기 자동차 폭스바겐이다. 선생님, 폭스바겐 있어요.

선생님: 폭스바겐 옆에 하민이도 있는데, 하민이는 어떻게 하고 있어?

하민: 넘어져서 누워 있어요. 여기.

선생님: 거미줄에 걸린 다음 넘어졌구나. 그럼 넘어지지 않으려면 어떻게 하면 될까?

**스토리**

아이들이 공동의 목표를 달성하기 위해 노력할 때, 서로의 능력이나 요구(생각)가 다르기 때문에 다양한 상황에서 어려움들을 겪게 될 수 있어요. 이때 아이가 결과를 미리 예상하지 못하거나, 자신만의 해결 방법을 고집하려고 한다면 선생님은 실패의 결과가 예측된다고 해서 무조건 제지하는 것이 아니라 단서나 도움을 통해 성공 경험을 가질 수 있도록 지원할 수 있어요.

혹시 실패하더라도 포기하지 않고 자신의 역할을 끝까지 해낼 수 있도록 지지해 주는 것이 필요해요. 이러한 도움은 아이들이 자신도 스스로 문제를 해결할 수 있다는 자신감을 갖게 하고, 보다 능동적으로 당면한 문제를 해결하려고 시도할 수 있게 합니다.

또한 또래와 함께하는 협력활동에서 한 아이의 해결 방법이 다른 아이에게는 다른 의도나 결과로 예측될 수 있습니다. 선생님은 그때 아이들 개개인의 방식과 방법을 지지해 주고 서로의 방식을 시도해 보며 지켜보고 같이 해결할 수 있는 기회를 제공할 수 있도록 도울 수 있어요.

---

아이들이 활동 시 앞쪽에 큰 통을 두고 거미를 잡아서 모으고 있다.

 하나: 여기 있는 거미는 너무 높이 있어서 잡기 힘들어요~ 손이 안 닿아요.

 두민: 뭐가 높아? 내가 다 잡을 거야! (거미줄을 마구 흔들며 잡아당기지만 거미가 떨어지지 않는다.) 에이, 이거 왜 안 돼~!

 세민: 야, 하지 마~ 두민이가 거미줄 흔들어요.

 거미가 너무 높이 있어서 잘 안 잡힌다. 그렇지? 두민이는 흔들어서 떼려고 하고 있어. 세민아, 우리는 여기서 두민이가 흔들어서 뗄 수 있나 한번 볼까? (세민이 쪽으로 가서 세민이 옆에 있어 준다.)

 두민아! 안 돼. 멈춰. 다 망가지잖아. 이제 그만하자.

세민: 이거 망가지면 어떻게 해요?

선생님: 맞아. 자꾸 흔들면 그럴 수도 있겠다. 두민아, 세민이가 이거 망가질까 봐 걱정된대. 망가지면 안 되니까 조금 흔들어서 떼 볼까? 몇 번 더 흔들면 떨어질 것 같아?

두민: 다섯 번! 거미가 떨어지게 더 세게 할 수 있어요~.

선생님: (세민이와 두민이를 지켜보면서 다른 방법에 대해서도 이야기를 한다.)

아이들은 문제를 해결해 나가는 과정에서 자신이 할 수 있는 다양한 역할을 탐색하기도 하고, 각자 원하는 역할을 선택하며 수행하기도 해요. 아이들마다 문제 해결에 대한 의지와 능력이 다르기 때문에 활동에 참여하거나 협조하려는 태도의 양상이 다를 수 있어요. 아이들 각자의 선택과 시도를 존중해 주며 아이가 선택한 역할이나 대안을 수행할 수 있도록 지지해 주는 것이 필요해요.

또한 문제 상황이 반복되거나 난처한 상황에 아이들이 계속 머물러 있지 않도록 또래에게 도움을 요청하거나 협력하는 기회를 자연스럽게 만들어 주는 것이 필요해요. 또래의 도움이나 협력을 통해 문제를 해결했던 경험은 아이들이 친구와 협력하는 행동 자체를 우호적으로 받아들이며 자신에게 맡겨진 역할을 스스로 수용하는 데 도움이 될 수 있답니다.

세민: 너, 다섯 번 다 했어. 내려와.

두민: (세민이 말을 듣고 내려온다.)

선생님: 우리 이제 다른 방법도 한번 생각해 보자! 다른 방법 있는 사람?

세민: 저기 의자 가져와서 해요. 의자!

하나: 나도 가져올래.

세민이와 하나가 의자를 가지고 오고 두민이는 긴 막대를 찾아서 가지고 온다. 아이들은 각자 가져온 도구를 사용해서 거미를 떼려고 시도한다. 하나가 떼려고 하는 거미가 의자에 올라서도 떨어지지 않는다.

하나: 선생님, 이거 너무 높아요.

선생님: 어떻게 하지? 저 거미가 엄청 높이 있네. 으악! 선생님 손도 안 닿을 것 같아. 어떡하지? 혹시 긴 게 있나. 엄청 긴 거.

하나: 아, 저거 두민이 막대기 나 줘.

두민: 그래, 알았어. 내가 가져다줄게!

선생님: 와, 진짜 좋은 생각이다. 우와, 하나야! 저기 닿았어. 당겨! 오! 됐다. 뗐어. 하나야, 잘했다. 두민이도 도와서 완전 어려운 곳에 있는 거미를 뗐어.

 세민: 우리가 잡은 거 여기 큰 통에 다 모으자.

 두민: 우리 진짜 많이 잡았어. 야, 저기 몇 개 남았다.

 하나: (남아 있는 거미를 보고) 남은 것도 의자 가지고 와서 잡자! 나 좀 도와줘.

세민: 잠자리 채 가지고 와서 잡자.

 하민: 나는 화살 쏴서 잡을게.

 세민: 이야! 우리 거미 많이 잡았다.

두민: 나는 또 흔들기~!

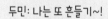

**에필로그**

아이들은 함께 문제를 해결해 본 경험을 통해 적절한 문제 해결 방법을 찾아 낼 수 있어요. 이때 이 방법을 공동의 합의와 동의를 통해 글자로 쓰거나 공표해 보는 경험은 아이들이 공동의 약속을 만드는 것에 도움이 될 수 있답니다.

이러한 공동의 약속을 만들어 본 경험은 아이들이 사회적인 관계 내에서 규칙을 익히고 지키는 것의 작은 시작이 될 수 있어요.

또한 아이들은 활동을 진행하면서 주 역할과 보조 역할 혹은 감독하고 심판을 보는 역할 등 다양한 역할과 입장을 경험하게 됩니다. 선생님은 아이들에게 각 상황마다 필요한 역할을 다양하게 경험하도록 도울 수 있어요.

선생님: 아까 하나 차례에 두민이가 막대기 가져다줘서 하나가 거미를 떼어 냈어. 다음에 하민이가 거미를 뗄 때는 누가 보조역할을 해서 도와줄까?

 세민: 내가 잡아 줄래요. 다음에는 얘가. 다음에는 네가 잡아!

 하민: 나는 그냥 떼기만 할 건데.

 하나: 그럼 안 돼. 너도 도와야지. 다 돕는 거야.

선생님: 하민아, 다른 친구 지나갈 때 잡아 줄 수 있어?

 하민: 싫은데.

 두민: 그럼 안 돼. 그럼 너는 안 도와줄 거야.

 하민: 알았어…… 진짜.

선생님: 이번에 도와준다면 다음에 내가 도움이 필요할 때 친구가 나를 도와줄 것 같아.

하민: 그럼 나도 도와줄래요.

선생님: (활동을 마친 후) 오늘 우리가 서로 도우면서 거미를 많이 잡을 수 있었어. (칠판에 '친구가 부탁하면 도와주기'를 쓰며) 그럼 우리 앞으로 활동할 때 부탁하면 도와주기로 약속하자.

## 19단계 **SUM** CHECK

| 사전 준비/환경 구성하기 | ✔ Check | ✏ Memo |
|---|---|---|
| • 친사회적인 대안(경청하기, 나누기, 빌리기, 교환하기)을 시각화하여 게시해 보았나요? | | |
| • 문제 해결을 위해 다양한 대안을 사용할 수 있도록 교구를 준비하였나요? | | |
| **치료사 태도 CHECK** | ✔ Check | ✏ Memo |
| • 아이가 협력 상황에서 문제를 알아차리는지 확인하였나요? | | |
| • 문제를 해결해 나가는 아이만의 시도와 방법을 지지하였나요? | | |
| • 아이들이 협력활동의 흥미를 잃지 않도록 해결 과정의 시간을 조율해 보았나요? | | |
| • 미리 결과를 예상하지 못하고 시도하더라도 과정을 여유 있게 바라봐 주었나요? | | |
| • 또래와 함께 문제를 해결하며 여러 가지 상황에서의 다양한 역할을 이해하도록 지원하였나요? | | |
| • 유사한 상황에서 아이들끼리 상황을 해결할 수 있도록 기회를 마련해 보았나요? | | |
| • 대안을 수행하면서 결과를 예측해 볼 수 있게 도왔나요? | | |
| • 아이들이 함께 문제를 해결하며 공동의 약속을 만들어 갈 수 있도록 지원하였나요? | | |
| • 소수의 의견이라도 존중하며 조율하여 결정할 수 있도록 방법과 시간을 충분히 제공하였나요? | | |
| • 공동의 목표를 이루고, 결과를 확인하는 과정에서 배제될 수 있는 개개인의 노력을 발견해 주었나요? | | |
| **또래와의 SUM CHECK** | ✔ Check | ✏ Memo |
| • 아이들마다 해결 과정에서 참여와 협조하려는 정도는 어떠하였나요? | | |
| • 아이가 자신의 역할을 알고 또래와 영향을 주고받으며 활동을 지속하였나요? | | |
| • 아이가 자신 외의 또래의 역할을 인식하고 수행을 이해할 수 있었나요? | | |
| • 문제를 해결하는 과정에서 아이가 선택한 역할과 회피하는 역할은 무엇인가요? | | |
| • 아이가 문제 해결을 위해 주로 어떤 대안들을 제시, 수용, 거절하였나요? | | |
| • 아이가 제시한 대안이 보다 더 구체적이거나 다양한 대안으로 확장되었나요? | | |

| | Check | Memo |
|---|---|---|
| • 유사한 문제 해결 상황에서 아이들은 어떠한 모습을 보였나요? | | |
| • 아이들과 함께 만든 약속이 있었다면 무엇이었나요? | | |
| SUM PLUS 되새기기 | ✔ Check | ✏ Memo |
| • 아이가 일상에서 협력할 수 있는 상황과 그에 따른 문제를 해결해 가는 경험에 대해 양육자와 이야기 나누어 봅시다. | | |
| • 아이가 할 수 있는 해결자, 지원자의 모습을 양육자에게 전하여 가정에서도 함께 공동의 목표를 세워 가족 구성원들과 협력하여 해결해 볼 수 있도록 이야기 나누어 봅시다. | | |
| • 아이가 활동실과 일상생활의 협력 상황에서의 행동을 비교해 보고 아이에게 영향을 주는 요인에 대해서 양육자와 이야기해 봅시다. | | |

## < 협력 Q & A | 고민을 함께 해결해 보아요.    Q :

아이의 친사회적 행동의 의미를 읽어 주고 강화해 줬더니 아이가 다른 친구에게나 상황에서 강요하는 모습을 보입니다. 이럴 때는 어떻게 하나요?

**언어 지현샘**: 행동이 일반화될 때는 상황과 특정한 대상을 구분하지 않고 다른 사람에게 강요할 수도 있어요. 점차 특정한 상황에서 특정한 누구에게 그 행동이 의미가 있음을 안내하고 읽어 준다면 상황에 따라서도 대상에 따라서도 친사회적 행동을 어떻게 구분하여 행동해야 할지 또는 자발적으로 하는 것이지 강요할 수 없다는 것 등의 의미들을 알아 갈 수 있을 거예요. 각자에게는 마음이 있고 요구할 수 있지만 강요는 마음을 다치게 할 수도 있음을 알려 준다면 아이도 머지않아 받아들이고 이해할 거예요.

**인지 지은샘**: 협력하는 과정에서 익히고 배운 다양한 친사회적인 표현들을 아이들끼리 서로 주고받는 과정에서 서툴게 사용할 수 있어요. 우선, 아이가 또래의 마음이나 상황을 파악하여 친사회적인 표현들을 상황에 맞게 사용할 수 있도록 객관화해 주거나 더 알맞은 표현의 예나 적용의 예시를 들어 주는 것이 좋아요. 그리고 무엇보다도 서툴지만 친사회적인 표현을 시도했던 아이의 의도나 수행 자체를 많이 칭찬하며 지지해 주세요.

한 아이가 그룹의 분위기나 진행을 일방적으로 주도하거나, 반대로 소극적으로 참여하는 아이가 있어요. 협력활동에서 아이들마다 골고루 참여시키기가 어려워요. 어떻게 해야 할까요?

**인지 지은샘**: 진정한 협력활동이 되기 위해서는 선생님의 역할이 매우 중요해요. 집단의 과제, 공동의 목표가 있음을 아이들에게 분명히 알려 주어야 하고, 아이들끼리 서로 도움을 주고받으며 긍정적으로 상호작용할 수 있도록 시범 보이는 것도 필요합니다. 이러한 경험은 또래아이들의 협동적인 상호 의존관계를 만드는 발판이 됩니다. 또한 아이들의 인지적 수준, 기질 등을 미리 파악하고 유연하게 대처하여 동등한 참여의 기회를 제공하는 것도 필요합니다. 잘 기억해 주세요.

**언어 지현샘**: 다른 친구의 생각도 적극적으로 드러날 수 있도록 돕고 외향적인 아이도 친구의 의견을 즉시 수용해 보는 경험을 해서 상호적인 협력의 과정에서 즐거움을 느낄 수 있도록 돕는 것이 필요해요. 적극성이 드러나지 않는 아이의 경우에는 아이가 조금 더 표현하여 선생님의 도움을 받아 협력활동에서 또래의 인정과 선생님의 인정에 기쁨을 경험해 볼 수 있도록 지원하는 것이 필요해요.

**감통 미선샘**: 아이들의 기질적이거나 성격적인 특성을 이해해야 해요. 꼭 다른 모두가 적극적으로 참여해야 하거나 공평하게 참여하게 해야 한다는 생각보다 한 번씩 다른 역할을 시도해 보게 도와주고 그 시도가 좋은 지지나 강화로 돌아온다면 아이들의 시도는 늘어날 거예요.

**인지 희정샘**: 협력을 하는 과정에서 아이들의 기질과 성격, 경험에 따라 리더십과 팔로우십이 다르게 나타납니다. 소극적인 아이의 행동을 단순히 참여의 양이나 표현의 정도가 적다고 생각한다면 아이는 협력활동에서 아무것도 하지 않는 아이로 보이게 됩니다. 아이들마다 공동의 목표를 이뤄 가는 과정에서 각자의 기여를 확인시켜 주시고 느낄 수 있도록 도와주세요. 각자의 역할에서 충분한 만족감이 생긴다면 해 보지 않았던 역할도 도전해 보고 싶은 욕구가 생길 수 있답니다.

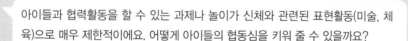

아이들과 협력활동을 할 수 있는 과제나 놀이가 신체와 관련된 표현활동(미술, 체육)으로 매우 제한적이에요. 어떻게 아이들의 협동심을 키워 줄 수 있을까요?

**인지 지은샘**: 활동 내용이 무엇인지는 크게 중요하지 않아요. 준비된 신체 표현활동뿐만 아니라 자유로운 놀이 상황, 학습활동 시간, 쉬는 시간에도 친구들끼리 공동의 목표를 가지며 협력하는 기회를 가질 수 있어요. 또래 간의 협력활동은 집단 안에서 아이들이 함께하는 모든 시간 자연스럽게 일어날 수 있답니다. 아이들 각 상황마다 자신의 역할을 인지하고, 강점을 발휘하여 공동의 성장에 기여하고 있음을 꼭 확인시켜 주세요.

**감통 미선샘**: 미술/체육활동은 아이들의 동기 유발에 좋은 활동으로 아이들이 협동활동을 경험하기에 좋은 활동이에요. 이 활동을 협동해서 충분히 해내는 경험이 학습 활동이나 복잡한 문제 해결 상황에 도움이 될 것이라 생각합니다.

아이가 친구를 도와줘서 칭찬했더니 활동마다 친구를 도와주려고 합니다. 친구가 스스로 하려고 하거나 도움이 필요하지 않은 상황이라도 무조건 달려가 도와주려고 하는데 어떻게 해야 할까요?

**언어 지현샘**: 모든 행동이 적절한 수준으로 조정되기까지는 시간이 걸릴 수 있어요. 이제 돕기를 통해 긍정적인 느낌을 받기 시작하는 것이라면 조금 더 아이가 경험하고 필요한지 아닌 상황인 것인지 파악해 볼 수 있도록 기회를 주는 것도 좋을 것 같아요.

**인지 희정샘**: 아이가 왜 계속 친구를 도우려는지 파악해야 합니다. 이유에 따라 선생님의 개입이 달라집니다. 칭찬을 받았던 경험이 좋아서 칭찬을 받기 위한 행동일 수도 있고, 친구를 도왔던 행동이 아이 자신에게 어떤 역할의 의미가 부여된 것일 수도 있어요. 혹은 선생님이 친구를 도와야 한다는 규칙이나 약속을 강조했을 수도 있습니다. 칭찬이 더 많이 필요한 친구라면 협력 상황 안에서 아이가 보이는 다른 강점들을 찾아 칭찬해 주고, 역할의 의미가 큰 친구라면 활동시간에 여러 가지 역할을 주는 것도 방법일 수 있어요.

## SUM 20단계: ▌사회적 태도▐ 의사소통, 공감　　

> **들어가기**

유아들은 자신이 속한 상황 안에 사회적 역할이 있음을 알고 배우게 됩니다. 다양한 역할을 수행하면서 집단의 한 구성원으로서 조화롭게 지내며 우호적인 관계를 만들기 위해서 도덕적이고 바람직한 행동을 알고 실천하는 것이 중요하다는 것을 알게 됩니다.

사회적 태도는 사회적 관계 속에서 사회적 역할을 수행하기 위한 마음가짐이나 자세를 말합니다. 그리고 부모나 선생님, 또래 아이들의 반응은 아이의 사회적 태도에 대한 중요한 기준점이 될 수 있습니다. 아이들은 자신의 행동에 대한 상대방의 반응을 살피며 타인과 사회적 기대에 부응하는 행동을 하면서 '내가 좋은 행동을 하는구나.' '내가 좋은 분위기를 만들었구나.' 하는 인식을 가질 수 있습니다. 하지만 아이들은 기질적 특성과 발달수준, 환경과 경험의 차이로 상황과 장소, 시간, 대상 등을 복합적으로 고려하여 사회적 역할을 수행하는 것에 개인차가 있을 수 있습니다. 그리고 아이들마다 도덕성 발달수준이 다르기 때문에 상과 벌, 부모, 선생님, 경찰 등의 대상에 의해 잘못을 저지르면 안 된다는 생각을 하기도 합니다.

선생님은 다양한 사회적 관계 속에서 아이의 태도에 대한 평가자가 아닌 사랑, 인정, 존중 등의 긍정적인 자원을 제공하는 사회적 지지자로서 함께하며, 일회적인 지원이 아닌 장기적 관점으로 아이를 바라보는 것이 중요합니다. 또한 활동실 안의 다양한 상황에서 선생님은 아이가 또래와 긍정적인 피드백을 주고받으며 바람직한 행동이 무엇인지 꾸준히 안내하는 것이 필요합니다. 자신의 태도로 인한 또래의 반응을 확인하도록 하고 우호적인 태도를 취할 수 있게 아이의 시도를 지지해야 합니다.

아이들이 속해 있는 문화적 상황에 따라 어울리는 사회적 태도를 지닐 수 있도록 시각적 자료, 소품, 에피소드가 담긴 그림, 역할극 등을 활용할 수 있습니다. 우리나라 문화권에서 일어날 수 있는 축하(생일과 파티), 기념(각종 기념일), 교류(명절), 연간 행사(방학이나 휴가)와 관련된 유사한 상황을 재연할 때 부딪히는 도덕적 문제를 해결해 보는 과정을 지원할 수 있습니다. 아이가 상대방의 반응을 인식하여 새로운 사회적 태도를 배우고, 활동실 밖에서도 시도해 볼 수 있도록 가정과 연계하여 지도해 봅시다. 그리고 자주 접하지 못한 문화에 대한 이해와 태도에 대해서도 보편적으로 인식될 수 있는 역할과 행동에 대해서 이야기 나눠 볼 수 있습니다.

아이들은 다양한 시간과 장소에서 선생님, 또래들과 어울리고 함께하며 인사하기(축하/감사), 경청하기, 위로하기, 양보/배려하기, 사과하기, 칭찬하기, 약속 지키기 등 여러 상황에 맞는 사회적 태도를 경험하게 됩니다. 이러한 반복적인 경험과 지도가 쌓여 아이는 다른 사람의 감정과 역할을 이해하고 존중하는 것이 그룹의 구성원으로서 함께하는 데 매우 중요한 태도임을 알게 됩니다. 나아가 아이들은 사회적 태도를 알고 실천하는 것을 기반으로 타인을 고려하면서 스스로 해야 할 일에 대해 자율성과 책임을 가지고 행동하는 태도를 기를 수 있습니다.

## 목표

1. 아이가 새로운 환경에서 적응하는 모습을 파악한다.
2. 아이가 선호하는 것을 파악한다.
3. 아이가 안정감과 즐거움을 느낄 수 있도록 환경을 조성한다.

## 준비

〈공간〉
• 사회적 태도를 익힐 수 있도록 친숙한 공간 마련하기
• 사회적 태도를 일반화할 수 있는 새로운 공간 확보하기

〈교재 및 교구〉
• 사회적 태도를 익히거나 강화하는 데 도움이 되는 교구(칭찬 스티커, 카드/편지, ㅇ×판 등) 준비하기

- 문화의 특성이 잘 드러난 그림 장면이나 소품을 준비하기
- 사회적 태도와 관련된 다양한 에피소드가 담긴 시각 자료 준비하기

## 치료사 태도

| | |
|---|---|
| 민감성 | • 상황, 장소, 사람에 따라 달라지는 사회적 역할을 이해하고 행동하는지 살펴보기<br>• 아이가 상황의 맥락을 읽는 데 방해가 되는 기질적 · 발달적 · 환경적 요소 파악하기 |
| 수용성 | • 능력, 선호, 경험치에 따라 참여도/수행도가 다르더라도 아이만의 시도 지지하기<br>• 아이들마다 '착함' '좋음'의 기준이 다를 수 있음을 수용하기<br>• 가정에서의 문화 차이 이해하기 |
| 유연성 | • 구성원 개개인의 기능적/환경적 요인을 고려하여 문화적 상황 제시하기<br>• 사회적 역할과 관련된 긍정적인 반응을 인식하여 조절할 수 있도록 지원하기 |
| 확장성 | • 다양한 사회적 역할을 이해하여 스스로 상황을 해결해 볼 수 있도록 지원하기<br>• 다양한 문화적 상황을 경험해 볼 수 있는 기회를 제공하기<br>• 다양한 사회적 역할에 따른 경험을 제공하고 활동실 밖의 상황과 연결할 수 있도록 지원하기 |
| 인권감수성 | • 아이의 태도형성과 성장을 위해 장기적 관점에서 접근하기<br>• 인정, 사랑, 존중의 긍정적 자원을 제공하는 사회적 지지자로서 역할하기 |

SUM
20단계

### 아이와 함께 이렇게 해 볼 수 있어요

**참여**

생일파티, 명절, 방학 등 아이들이 일상에서 만나게 되는 다양한 문화적 상황은 저마다의 의미가 부여되어 있어요. 이 의미들은 가정, 지역사회에서 조금씩 차이가 있기도 해요.

선생님은 다양한 문화적 경험을 경험해 볼 수 있도록 아이들에게 기회를 제공할 때 상황에 부여된 보편적 의미를 바탕으로 아이들이 각자의 가정에서 경험한 차이를 이해하도록 도울 수 있어요.

또한 각자의 능력, 선호, 경험에 따라 각 상황에 임하는 모습이 다를 수 있으니 아이의 시도를 지지해 주면서 친구의 의견이나 생각도 수용하는 태도를 가질 수 있도록 도와주세요.

아이들과 생일파티 준비를 함께 해 보는 건 어떨까요? 생일파티에 필요한 준비물을 정해 보고 함께 꾸며 볼 수 있는 경험을 제공해 보세요.

아이들마다 가정에서 경험한 생일파티는 비슷하면서도 다른 점들이 있을 거예요. 고깔모자의 유무, 생일 때 차려지는 음식의 종류나 장식품의 종류, 생일을 기념하기 위해 여행을 가는 등의 차이들이 있을 수 있어요. 선생님은 가정에서의 경험 차이에 대해 함께 이야기 나눠 볼 수 있고 주인공을 위해 아이들이 축하할 수 있는 방법(카드, 선물, 과자, 장식품 등)을 함께 고민하고 정해 볼 수 있어요. 다양한 생일파티 사진도 제공하여 생일파티는 축하와 즐거움이라는 목적이 같음을 공유할 수 있어요.

## 축하와 감사

아이들은 여러 사람들을 만나 관계를 맺고 서로 영향을 주고받으며, 자신이 속한 다양한 상황 속에서 많은 사회적 역할이 있음을 알고 이해하게 돼요. 그리고 자신의 역할을 수행하기 위해서는 상황의 맥락을 파악해야 하는데 아이들이 서로의 역할과 입장을 확인하는 과정에서 이루어질 수 있어요. 이때 선생님은 아이들에게 시간을 충분히 주고 아이 개개인의 특성에 맞는 방법으로 힌트를 줄 수 있어요.

아이들이 사회적 역할을 이해하고 행동할 때 선생님은 아이의 생각이나 감정을 존중하는 태도로 정서적인 지지를 충분히 해 주세요. 이러한 정서적 지지를 받은 아이들은 상대방의 입장에서 또래의 행동이나 감정을 보다 쉽게 이해하고 표현하며, 자신의 행동을 조절하려고 노력할 수 있어요.

아이는 자신의 역할에 따른 긍정적인 반응을 인식하며 친사회적 행동과 사회에 수용되는 기본적인 태도를 자연스럽게 익히게 될 거예요.

생일파티에서는 축하받고 축하하는 사회적 역할이 있어요. 아이들도 이미 역할에 대해 알고 있을 거예요. 하지만 역할 자체뿐만 아니라 생일파티와 그에 따른 역할의 의미를 알고 행동해야 할 필요가 있어요.

축하받는 주인공은 축하하는 사람들을 통해 자신이 지금 여기에서 가장 중요한 사람이 되는 경험을 하며 아이는 행복, 기쁨, 즐거움과 같은 긍정적인 감정을 느끼게 돼요.

선생님은 주인공이 축하로 인해 느껴지는 기쁨과 고마움을 또래에게 적극적으로 드러낼 수 있게 도와줄 수 있어요.

축하하는 역할은 주인공의 생일을 함께 기뻐하고 즐거워할 수 있지요. 축하하는 또래들은 자신의 사회적 역할을 수행하는 데 조절해야 할 점들이 많을 수 있어요. 케이크 앞에 서고 싶기도 하고, 촛불을 불고 싶기도 해요. 촛불에 집중해서 생일 축하 노래 부르는 것을 잊기도 하고, 축하하는 행위에 집중이 어려워 자리를 이탈할 수 있어요.

이러한 아이들을 위해 생일파티 전에 아이들과 시각적 자료를 활용하여 축하받고 축하하는 역할에 대해 충분히 이야기를 나누는 과정이 필요해요. 역할놀이를 함께 병행해도 좋아요.

생일 선물은 '축하해.' '너를 사랑해.' 등의 의미로 사람들이 좋은 순간과 감정을 같이 나누고 기억하게 도와줘요.

주인공은 자신을 위해 선물을 사서 포장해 온 또래에게 고마움과 선물에 대한 다양한 감정('멋지다.' '마음에 들어.' '이거 내가 좋아하는 거야!' '신기해.' 등)을 표현할 수 있어야 해요. 그리고 받은 선물을 잘 챙겨서(가방 속, 쇼핑백) 소중하게 생각해야 함을 선생님은 알려 줄 수 있어요.

선물을 준비하는 친구(축하하는 친구)는 생일의 주인공이 좋아하는 선물이 무엇인지 직접 물어보거나 선생님에게 힌트를 얻을 수 있도록 할 수 있어요. 선물을 포장한다는 것은 선물을 숨기고 비밀이 되도록 하여 주인공이 기대하고 깜짝 선물이 될 수 있다는 상황을 아이들이 이해하고 준비해 볼 수 있도록 도와주세요. 축하하는 친구는 선물을 받은 주인공이 포장을 뜯고 선물이 마음에 드는 표정과 말, 행동을 이해하게 되면서 점차 더 축하와 선물의 의미를 알아 가고 그에 맞는 사회적 역할을 수행하려고 할 거예요.

## 배려/사과/위로

아이들은 경험해 보거나 예상 가능한 사회적 역할에 대해 착한 행동, 나쁜 행동, 좋은 것, 싫은 것 등으로 구분하여 기준을 두게 됩니다. 아이들마다 경험과 생각이 달라서 기준이 다를 수 있지만 보편적이고 사회가 수용하는 선에서 선생님의 지도가 필요합니다.

이에 아이들이 스스로 자신이 처한 상황을 이해하여 도덕적 기준을 두고 판단해 행동으로 이어질 수 있도록 도와주세요. 즉각적인 제지나 지적보다는 자신과 또래의 상황, 감정을 반영할 수 있도록 유도해 주세요.

아이는 다양한 사회적 역할을 이해하고 행동하는 과정 안에 수많은 시행착오를 겪을 거예요. 일회적인 경험이 아닌 반복적이고 장기적인 경험을 통해 사회적 역할에 따른 친사회적 태도를 형성하고 성장한다는 것을 잊지 마세요.

선물은 원하는 것이 아닐 때 실망스러울 수 있어요. 주인공은 받은 선물이 싫고 선물을 준 친구가 나쁘다고 생각하는 등의 부정적인 태도를 보일 수도 있어요. 그래서 즉각적으로 싫다는 표현을 해 친구가 무안해지도록 만들기도 하고 받은 선물을 가치 없게 여기는 모습도 보일 수 있어요.

축하하는 역할은 주인공의 생일을 축하하는 마음과 선물을 좋아하길 바란다는 것을 알아야 해요. 비록 선물이 실망스러울지라도 감사인사를 하는 것이 예의 바른 행동임을 판단할 수 있도록 지원해야 해요.

생일파티를 하다 보면 자신이 주인공이 되고 싶은 마음이 가득해집니다. 촛불도 불고 싶고 선물도 받고 싶지요. 부럽기도 하고 샘도 나지요.

자신의 생일을 기약하며 지금 선물과 축하를 받고 싶은 마음을 참아 보는 친구도 있고, 드러내는 친구도 있습니다. 선생님은 축하하는 역할을 한 친구들의 행동을 인정하고 지지해 줄 필요가 있어요. 그리고 아쉬운 마음에 드러나는 행동을 따뜻한 말이나 토닥이는 행동을 통해 아이의 기분을 나아지게 해 줄 수 있어요. 선생님뿐만 아니라 축하받은 친구, 축하한 친구들 모두가 서로를 위로하고 공감할 수 있는 말과 행동을 주고받는다면 서로의 역할을 더 이해할 수 있는 기회가 될 거예요.

**활동실 밖**

아이들이 수행하는 사회적 역할의 종류는 경험과 기회에 따라 다양해질 수 있어요. 한 가지 상황에 장소와 대상이 바뀔 수 있고, 이에 따라 역할의 변화도 생기게 됩니다.

가정, 활동실에서 아이들이 역할을 바꿔 가며 다양한 역할을 경험하면서 일반화할 수 있도록 활동실 밖의 상황과 연결하여 지원할 수 있어요.

선생님은 지속적이고 장기적으로 아이들이 일상과 지역사회에서 자신과 타인의 역할을 이해하고 수용하며 성장할 수 있도록 사회적 지지자의 역할을 해 주세요.

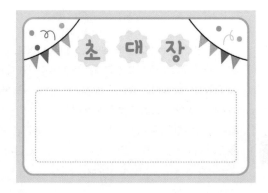

생일파티에서 경험한 사회적 역할에 따라 파티 준비부터 마무리까지 활동실 밖에서 실행해 보는 과정이 필요합니다.

아이들이 파티 계획하기, 공간 꾸미기, 주인공이 좋아하는 선물 고르기, 포장하기, 생일상 차리기의 경험과 축하하기, 감사하기, 선물 주고받기, 배려하기, 위로하기, 사과하기의 소통의 과정은 사회적 역할을 이해하고 그에 맞는 행동을 판단하고 실행하는 값진 경험입니다. 내 생일날 우리 집에 친구 초대하기, 부모님 생일파티를 해 주기, 친한 이웃의 생일파티 참석하기 등 일상과 연계해 보세요. 이 경험을 통해 아이들은 다양한 문화적 상황과 사회적 역할을 이해하며 사람들과 우호적인 태도를 형성하고 관계 맺을 수 있을 거예요.

## 20단계 **SUM** CHECK

| 사전 준비/환경 구성하기 | ✔ Check | 🖊 Memo |
|---|---|---|
| • 사회적인 태도를 익힐 수 있는 친숙한 공간을 마련하였나요? | | |
| • 사회적 태도를 일반화할 수 있는 새로운 공간을 준비하였나요? | | |
| • 문화적 상황이 잘 드러난 그림이나 소품을 준비하였나요? | | |
| • 사회적 태도를 익히거나, 강화하는 데 도움이 되는 교구를 준비하였나요? | | |
| • 사회적 태도에 대한 에피소드가 잘 드러나는 시각자료를 준비하였나요? | | |

| 치료사 태도 CHECK | ✔ Check | 🖊 Memo |
|---|---|---|
| • 아이가 상황, 장소, 사람에 따라 달라지는 사회적 역할을 이해하고 행동하는지 살펴보았나요? | | |
| • 아이들이 가지는 착함과 좋음의 기준이 다를 수 있음을 수용하였나요? | | |
| • 개개인의 기능적/환경적 요인을 고려하여 다양한 문화적 상황을 제시하였나요? | | |
| • 다양한 사회적 역할을 이해하여 스스로 상황을 해결해 볼 수 있도록 충분한 시간과 기회를 주었나요? | | |
| • 다양한 문화적 상황을 경험해 볼 수 있는 기회를 제공하였나요? | | |
| • 다양한 사회적 역할에 따른 경험을 제공하고 활동실 밖의 상황과 연결할 수 있도록 지원하였나요? | | |
| • 아이의 태도형성과 성장을 위해 장기적 관점에서 접근하였나요? | | |
| • 인정, 사랑, 존중의 긍정적 자원을 제공하는 사회적 지지자로서의 역할을 해 주었나요? | | |
| • 각 가정에서 특별한 문화차이가 있었다면 무엇이었나요? | | |

| 아이와의 SUM CHECK | ✔ Check | 🖊 Memo |
|---|---|---|
| • 상황, 장소, 대상에 따라 달라지는 상황의 맥락과 사회적 역할을 이해하는 정도는 어떠하였나요? 실제 행동과는 차이가 있었나요? | | |
| • 사회적 상황과 관련된 자신의 입장을 어떻게 표현하였나요? | | |
| • 아이는 또래의 사회적 태도에 대해 어떻게 반응하나요? | | |
| • 아이가 특별히 익히기 어려워하는 사회적 태도(인사하기, 경청하기, 위로하기, 양보하기, 사과하기, 칭찬하기, 약속 지키기 등)는 무엇인가요? | | |

SUM
20단계

| • 아이가 사회적 역할을 수행할 때, 선생님과 또래의 긍정적인 반응을 인식하고 행동을 조절하였나요? | | |
|---|---|---|
| • 다양한/새로운 문화적 상황을 경험했을 때, 아이들의 반응은 어떠하였나요? | | |
| SUM PLUS 되새기기 | ✔ Check | ✏ Memo |
| • 아이가 사회적 태도를 연습하거나 시도할 수 있는 장소나 상황들을 양육자와 상의하고 제안에 봅시다. | | |
| • 가정에서 아이가 사회적 태도를 형성하는 데 어떤 어려움이 있는지 이야기 나누어 봅시다. | | |
| • 가정에서 공동활동의 참여 및 유지에 도움이 될 수 있는 사회적 태도의 지도 방안에 대해 이야기 나누어 봅시다. | | |

**< 사회적 태도 Q & A | 고민을 함께 해결해 보아요.**    Q :

친구들하고 어울릴 때, 사과하거나 고맙다고 말해야 하는 걸 알고 있지만 막상 그 상황에서는 행동하지 않아요. 어떻게 해야 할까요?

**인지 지은샘**: 아이가 상황에 어울리는 사회적 태도가 무엇인지 알고 있다면 조급하게 다그치거나 강압적으로 요구하기보다는 천천히 아이의 입장이나 마음 상태를 먼저 확인해 주세요. 아이들은 기질에 따라 성격이 모두 다르기 때문에 상대방과의 친밀도에 따라 자신의 마음이나 입장을 서툴게 표현할 수 있어요. 아이의 특성이나 기질을 고려하여 다양한 표현 방법으로 사회적 태도를 갖출 수 있도록 도와주세요.

**감통 미선샘**: 아이가 그 상황에서 행동을 하지 못하는 이유를 알 필요가 있습니다. 상황을 인식하지 못한 것인지, 말을 하는 것을 어려워하는 것인지 등 정확한 이유를 알아서 그에 따른 개입을 할 필요가 있습니다. 상황을 인식하지 못한다면 인식하지 못하는 이유를 파악하여 개입하여야 합니다. 아이가 파악할 수 있도록 힌트를 줄 수 있고 말을 하는 것을 어려워한다면 말이 아닌 다른 신호나 힌트를 주어 말을 하는 것이 도움이 될 수 있습니다.

**언어 지현샘**: 상황이 끝난 뒤 왜 어려운지를 한번쯤 물어보는 것도 필요해요. 대답하는 데 언어적 표현에 제한이 있다면 몇 가지의 보기를 들어 가까운 것을 선택해 보도록 도와주세요.

선생님이나 친구들한테 과하게 사과, 배려나 도움을 요구하지만 아이는 친구에게 그런 태도를 표현하지 않으려고 해요. 어떻게 지도해야 할까요?

**인지 지은샘**: 아이가 상대방의 입장에서 마음을 헤아릴 수 있도록 도와주세요. 이 시기에 유아들은 자기중심성에서 완전히 벗어나지 못하기 때문에 자신의 입장에서 상대방에게 친절과 배려를 당당히 요구하지만, 친구의 입장에서는 생각하고 행동하는 것이 다소 어려울 수 있어요~ 아이와 유사한 상황의 지난 경험을 함께 회상해 보거나, '○○가 만약에~' 등 상황을 가정해서 생각해 보는 활동을 통해서 또래의 입장이나 마음을 헤아려 볼 수 있도록 지도해 주세요.

SUM
20단계

**감통 미선샘**: 아이들은 자신이 받은 도움과 주는 도움을 등가교환해서 생각하지 않을 수 있어요. 아이에게 활동시간에 익혀야 하는 도움 주기, 양보하기, 칭찬하기 등의 사회적 태도를 목표로 제시하는 것도 방법이 될 수 있어요. 예를 들어, 아이의 동기 부여를 위해서 횟수를 제시하거나 시각적인 부여를 위한 칭찬나무 등을 사용할 수 있어요.

**인지 희정샘**: 우선 가정에서 양육자가 아이를 대하는 태도를 확인해 보세요. 양육자가 아이의 뜻에 맞춰서만 대해 주는 경우 아이는 상대를 고려할 수 있는 경험을 하기 어려우니 가정과 연계하여 선생님과 양육자의 일관성 있는 방법을 함께 진행하세요. 활동실 안에서는 마니토나 ○×판을 활용하여 퀴즈 풀기, 그림책 보고 간단한 역할극 등의 활동을 활용해 볼 수 있습니다. 활동실 내 공동의 태도 규칙을 정해서 그 행동을 보이는 친구에게 그날의 왕으로 선정하여 왕관을 쓰기 등의 방법도 활용해 보세요.

자신이 경험했던 것만 생각하고 고집을 부려서 친구들과 자주 다툼이 생겨요. 어떻게 해야 다른 사람의 생각이나 경험도 인정해 주면서 잘 지낼 수 있을까요?

**인지 지은샘**: 유아들은 자신이 경험한 것을 위주로 판단하고 행동할 수 있어요. 아이가 직접 경험한 것뿐만 아니라, 자연스러운 일상 속에서 이야기책, 인형극, 만화 등을 통해 생활동화나 인성동화를 접할 수 있도록 도와주세요. 아이는 흥미로운 이야기 상황에서 다양한 사회적 태도와 반응, 행동에 따른 결과들을 살펴보면서 또래 아이들이 어떻게 생각하고, 행동하는지를 이해하며 재미있게 사회적 태도를 배워 나갈 수 있을 거예요.

**언어 지현샘**: 부정적인 감정을 가지고 있는 상태에서는 다른 사람의 감정과 상황이 더 잘 이해되지 않을 수 있어요. 감정이 약간 소강된 상태에서 다른 사람의 생각을 수용하고 받아들이는 표현을 시도해 본다면 점차 그 시간 간격을 줄여 갈 수 있을 거예요.

활동실에서는 잘 해내는 것을 유치원이나 어린이집에서는 일반화되지 않아요. 어떻게 도움을 줄 수 있을까요?

**언어 지현샘**: 상황은 언제나 유동적이고 눈에 보이는 정확한 형태가 있는 것이 아니기 때문에 이에 맞는 말과 행동에 대한 습득이 훨씬 더 오래 걸릴 수 있다는 것을 기억해야 해요. "미안한 상황, 고마운 상황, 축하해야 하는 상황이다."라고 상황에 대해 명명해 주는 것이 도움이 될 수 있어요. 상황과 관련된 감정표현을 많이 들어 보고 이해하는 것도 좋은 방법이 될 수 있답니다.

**감통 미선샘**: 바로 큰 변화가 보이지 않을 수도 있고 환경적인 요인이 아이의 일반화에 영향을 줄 수도 있어요. 큰 변화에 초점을 맞추기보다 긍정적으로 변화한 아이들의 작은 변화를 찾아보고 칭찬/강화해 주는 것이 아이들의 일반화에 도움이 될 수 있습니다.

 평소에는 친구에게 사과하거나 고맙다고 잘하는 아이인데 조금만 상황이 새로워지거나 상대가 다른 반응을 보여도 어떻게 행동해야 할지 어려워해요. 어떻게 지도하면 좋을까요?

**인지 희정샘**: 아이가 경험하는 문화적 상황의 주제, 내용을 이해해야 하고 이에 따른 맥락을 알아야 합니다. 연습과 반복으로 자신이 맡은 역할을 외워서 수행할 수도 있어요. 문화적 상황에 대한 주제 활동을 함께하면서 서로의 역할을 바꿔 보는 경험을 시켜 주세요.

## SUM 21단계: 사회적 자기관리 상황해결

### 들어가기

유아들은 가정에서 양육자의 지도에 따라 일상생활의 태도, 사회적 관계, 청결과 위생과 관련된 기본 생활 습관을 올바르게 형성함으로써 개인적인 자기관리 기술들을 습득하게 됩니다. 그리고 이후에는 보육/교육기관 및 지역사회에서 또래들과 함께하며 다양한 시간과 장소, 상황에 따라 유연하게 적응하며 살아갈 수 있는 사회적 자기관리 기술을 배우게 됩니다.

자기관리란 아이가 일상생활 및 사회적 관계를 유지하기 위해서 시간, 장소, 청결과 위생, 외모, 자신의 수행 등을 스스로 점검하고 관리하려는 능력을 말합니다. 아이들은 일상생활의 기본 생활 습관을 내재화하는 과정에서 통제력과 자기조절능력을 키워 나가며 자신의 역할이나 수행을 스스로 관리할 수 있게 됩니다. 또한 아이들은 처음에는 타인의 지도에 따라 일상생활 속에서 자신의 행동을 관찰하고 조절해 나가지만, 점차 독립적으로 사회적 관계에서 자신과 타인의 역할을 이해하고 수용하며 자기관리 기술을 수행해 나가게 됩니다.

아이들은 자기관리 기술을 배워 나가는 과정에서 기질과 성격에 따라 기본 생활 습관 형성과 관련된 이해도와 숙련도에서 차이를 나타낼 수 있습니다. 또한 아이들마다 자신의 외모나 행동에 주의를 기울이며 상황에 맞게 주변의 환경이나 자신의 상태를 조절하는 능력이 다를 수 있습니다. 그리고 때때로 아이들은 사회적 관계에서 타인이 느낄 수 있는 불쾌감 등의 정서를 공감하는 능력이 부족하며, 또래들과 우호적인 사회적 관계를 유지하고 건강한 기본 생활 습관을 만드는 데 있어 자기관리의 중요성을 인지하지 못하기 때문에 자기관리 기술을 배우고 익히는 데 힘이 들 수 있습니다. 자기관리의 중요함과 이점을 강조하며 다음과 같은 도움을 지원해 봅시다.

선생님은 아이들이 기본 생활 습관을 바르게 형성할 수 있도록 정기적인 준비/정리 및 평가 활동의 루틴을 만들어 개인적/사회적인 자기관리를 해 나갈 수 있도록 지원할 수 있습니다. 이러한 꾸준하고 반복적인 연습을 통해 아이들은 자기관리 기술을 습관화하며 자연스럽게 자기관리의 필요성과 이점을 깨닫게 될 수 있습니다. 아이들이 자신을 스스로 관리할 수 있기 위해서 선생님은 구체적인 시범을 제공하고, 서툴더라도 혼자의 힘으로 자기관리 행동을 시도할 수 있도록 충분한 연습의 기회를 제공해야 합니다. 반복적인 경험을 통해 아이는 달라진 자신의 모습을 확인하며 올바른 습관들을 만들어 나갈 수 있게 됩니다. 아이가 자신의 모습이나 수행을 쉽게 확인하거나, 점검할 수 있도록 목표행동을 게시하거나, 필요한 교구를 적절히 배치하여 활용하는 것도 도움이 될 수 있습니다. 또한 다양한 사회적 상황에서 필요한 자기관리 기술의 내용과 방법을 상황 그림 자료나 스크립트 등을 활용하여 지도해 봅시다.

아이들은 자기관리 기술을 습득하면서 또래집단 안에서 자신의 역할과 수행을 점검하고 평가를 하게 되며, 나아가 다양한 환경과 상황에서도 자신의 역할을 수용하며 적응하는 능력을 키워 나가게 됩니다. 아이는 자기관리를 통해 올바른 생활 습관들을 자연스럽게 형성하게 되고, 향후 학교생활과 사회 적응에도 긍정적인 영향을 미칠 수 있습니다.

## 목표

1. 자기관리의 필요성과 중요성을 이해할 수 있도록 돕는다.
2. 상황(시간, 장소, 타인)에 맞게 자신의 수행을 점검할 수 있도록 돕는다.
3. 자신의 수행을 점검하여 스스로 자기관리를 할 수 있도록 돕는다.
4. 독립적인 자기관리를 통해 바른 생활 습관을 기를 수 있도록 돕는다.

## 준비

〈공간〉
• 자기관리 행동을 익히고 일반화할 수 있는 공간 마련하기

〈교재 및 교구〉

- 자신의 수행을 확인하거나 점검하는 데 도움이 되는 교구(예: 토큰, 약속판, 활동 사진, 세부적인 스크립트 내용의 시각자료 등) 준비하기
- 위생과 청결관리를 지원할 수 있는 교구(예: 거울, 물티슈, 소독제, 청소도구, 시계, 빗, 머리끈 등) 준비하기
- 물건의 소유를 확인하거나 정리하는 데 도움이 되는 교구(예: 바구니, 사물함, 이름표 등) 준비하기

## 치료사 태도

| | |
|---|---|
| 민감성 | • 상황에 따라 자기관리의 필요성이나 중요성을 이해하고 행동하는지 살펴보기<br>• 아이가 자기관리 행동을 할 때 계획, 실행, 점검에서 어떤 어려움이 있는지 파악하기<br>• 아이가 자기관리 행동을 할 때 행동에 목적이나 계획이 있는지 살펴보기 |
| 수용성 | • 자기관리 행동의 수행 방법과 정확도가 다르더라도 다양성을 존중하기<br>• 자기관리 행동을 배우는 인내의 과정을 공감하고 지지하기 |
| 유연성 | • 또래 간 자기관리와 관련하여 수행에 차이가 나더라도 여유 있게 지원하기<br>• 자기관리 행동의 시행착오를 해결할 수 있는 다양한 경험과 기회를 제공하기 |
| 확장성 | • 자기관리를 할 수 있는 다양한 방법과 해결책이 있음을 안내하기<br>• 아이가 스스로 관리할 수 있는 영역을 확장시키기 |
| 인권감수성 | • 주체적으로 자신의 생활을 계획하고 관리하는 개인의 성장을 지지하기<br>• 나와 타인의 안전, 건강, 행복을 위한 권리를 이해하며 지킬 수 있도록 돕기 |

## 아이와 함께 이렇게 해 볼 수 있어요

### 시간관리

아이들은 보육/교육기관에서 단체 생활을 시작하면서 자연스럽게 시간에 대한 개념을 배우며, 시간관리의 중요성과 필요성에 대해 알게 돼요. 유아기에 시간 개념을 익히고 관리하는 습관은 유아기 이후의 삶에도 영향을 미치는 만큼 매우 중요해요. 아이들이 시간관리 활동을 학습으로 어렵게 받아들이지 않도록 생활 속에서 자연스럽게 지도하는 것이 좋아요.

일상생활에서 하게 되는 행동들이 어떠한 순서대로 일어나는지, 그리고 그 지속시간의 길고 짧음, 빠르고 느림에 대한 직관인인 인식을 할 수 있도록 도움을 주어 자신의 행동을 시간에 따라 조절할 수 있도록 도와주세요.

시간 개념을 알고 관리하는 능력은 아이들 각자의 환경과 이해 정도에 따라 발달 정도나 양상이 다를 수 있어요. 유아기에는 숫자에서부터 시작되는 아이의 호기심을 잘 관찰하고 상호작용해 주어 올바른 습관을 기를 수 있게 도와주는 것이 필요해요.

또한 시간개념과 관리 능력은 유아기 때 천천히 발달하기 때문에 반복적인 일상의 경험을 통하여 정기적이며 반복적인 지원을 제공하는 것이 바람직해요. 선생님은 아이가 직관적으로 시간 개념을 알고 관리하는 것에서 나아가 7세 이후에는 시계나 달력을 활용하여 과거, 현재, 미래의 자신의 계획이나 일정을 알고 능동적으로 행동할 수 있도록 지원해 주세요.

선생님의 이러한 지도를 통해 유아들은 성장하면서 시간을 소중하게 여기게 되고, 자신과의 약속, 타인과의 약속을 중요하게 생각하며 잘 지켜 나가는 바른 습관을 기를 수 있을 거예요.

**A** 약속 행동을 통해 시간 관리 지도하기

시계를 보는 것이 어려운 아이들이 시간의 개념을 알고 행동할 수 있도록 약속 행동을 통해 지도할 수 있어요.

예를 들어, "10분 동안 놀이하고 정리할 거예요." 대신 "선생님이 책상 위에 종을 치면 놀이를 정리할 거예요." 등의 방법으로 지도할 수 있어요.

**B** 스스로 자신의 시간 계획 세우기

구체적인 계획표를 세우지 않더라도 아이 혼자 힘으로 시간을 정하며 행동할 수 있도록 지원해 주세요. 아이가 그룹 안에서 또래들과 함께 자신의 계획대로 활동을 이끌며 수행했을 때, 자신의 역할이나 능력에 대한 자신감을 가질 수 있어요.

**C** 다양한 교구(스톱워치, 모래시계, 타임타이머, 알람시계, 달력 등) 사용하기

시간이 지나거나 줄어드는 것을 아이가 눈으로 확인할 수 있도록 다양한 교구를 사용할 수 있어요. 이러한 교구를 통해 시간의 흐름을 스스로 가늠하며 활동할 수 있을 거예요.

**D** 예측 가능한 일정/활동 반복하기

일반적인 시간 개념뿐만 아니라, 계절이나 특정 기념일, 특정 활동(간식 시간/쉬는 시간) 등을 챙기면서 아이가 다양한 역할을 이해하며 준비할 수 있도록 지도해 주세요. 이러한 활동을 통해 아이들은 자신의 역할뿐만 아니라 상대방의 역할에도 관심을 가지며 수용할 수 있을 거예요.

**E** 시간 관리의 중요성과 필요성 지도하기

선생님은 아이들이 시간 관리의 중요성과 이점에 대해 쉽게 이해할 수 있도록 지도하는 것이 필요해요. 수행 결과를 확인하거나 지난 경험을 회상하면서 시간 관리의 중요성에 대해 알 수 있을 거예요. 아이들은 시간을 관리하는 행동을 통해 해야 하는 일을 효율적으로 수행할 수 있으며, 다양한 상황에 따라 자신의 요구나 선호를 조절하는 것도 자연스럽게 배울 수 있어요.

**F** 사진이나 영상을 활용하여 순서 지도하기

아이들은 사진이나 영상을 통해 시간의 흐름을 쉽게 이해하며 자신이 수행해야 하는 행동에 대해서 인지하고 행동할 수 있어요. 또한 시간에 따라 자신의 행동을 주체적으로 계획하고 행동할 수 있도록 다양한 시각적 자료를 활용할 수 있어요.

## 장소관리  정리정돈, 공간관리

아이들이 주로 지내거나 이용하게 되는 장소와 공간에서 아이 스스로 관리할 수 있는 능력은 매우 중요해요.

가정과 교육기관에서는 장소에 따라 아이가 스스로 정리정돈을 할 수 있도록 가르칩니다. 물건에 대한 자신의 소유 외에 타인, 공용 물건을 구별하여 각각의 쓰임과 장소에 맞게 정리할 수 있도록 선생님은 도와줄 수 있어요. 더불어 장소에 따른 목적을 통해 아이들은 준비물을 확인할 수 있고 필요한 복장을 입을 수 있어요.

또한 아이들은 가정, 교실 등에서 세부적인 공간을 인식하여 그 공간의 용도에 맞게 이용할 수 있어야 해요. 자신의 행동에 따라 공간을 어떻게 이용해야 하는지 경험을 쌓는 것이 중요해요. 다양한 공간에서 아이들은 충동적이고 즉흥적인 행동을 보일 수도 있어요. 하지만 아이의 행동에 어떤 목적이나 계획이 있는지 먼저 확인하고 이에 따라 공간의 용도에 맞게 이용할 수 있는 방법을 함께 고민해 주세요. 이를 통해 아이가 다양한 공간에서 자신의 행동을 스스로 관리할 수 있는 영역을 확장시킬 수 있도록 도와주세요.

**A** 정리정돈의 중요성과 필요성 안내하기

정리정돈은 활동의 마무리를 알리는 행위이기도 합니다. 다음 차시 활동에서 같은 물건을 쉽게 찾을 수 있는 편의성을 아이들이 이해하고 경험할 수 있게 해 주세요.

**B** 물건의 소유 여부, 장소에 따라 정리할 수 있도록 안내하기

아이들이 공용 물건, 자신과 타인의 물건을 구별할 수 있도록 자신의 물건을 소개하는 시간과 각각의 자리를 서로 확인할 수 있게 해 주세요.

**C** 다양한 시각적 자료를 활용하여 스스로 정리할 수 있도록 구성하기

정리를 하기 위해 간단한 스크립트를 만들어 아이들과 순서를 정해 볼 수 있어요. 정리물건의 소유(나, 친구, 공용)를 확인하고 소유에 따라 정리하는 방법을 세분화하여 알려 주는 거예요. 공용 물건을 사용하는 경우, 소유나 자리를 확인할 수 있는 글자 및 사진을 찾아서 정리하고, 친구의 물건일 경우, 선생님이나 친구들에게 물어볼 수 있도록 시범을 보여 주세요. 지속적으로 아이가 스스로 할 수 있도록 환경과 자리 배치를 조정하거나 힌트를 주어 스스로 정리할 수 있는 기회를 주세요.

**D** 장소, 공간에 대한 인식과 용도 이해하기

아이들이 자주 지내고 이용하는 공간에 대해 함께 이야기를 나눠 주세요. 예를 들어, 가정에서 안방, 작은방, 베란다, 다용도실, 화장실, 거실 등 각각의 공간에 놓인 물건들을 통해 어떤 용도의 공간인지 유추해 볼 수 있어요. 또한 활동실이나 마트, 병원, 교회 등 장소의 공간들을 구분하고, 물건의 종류와 위치 등을 살펴보면서 용도를 구분해 보는 활동을 해 보세요.

**E** 자신의 목적에 맞게 공간을 적절히 이용할 수 있도록 지원하기

공간의 용도를 알게 되었다면 아이는 충분히 자신의 목적에 맞게 공간을 이용할 수 있어요. 아이들은 활동실에 왔을 때 겉옷을 어디에 정리해야 하는지, 식당 이용 시 신발을 벗고 들어가야 하는 곳일 때 신발장의 위치를 확인하기 위해 자신의 행동을 확인할 거예요. 가정, 활동실을 비롯하여 아이들이 자주 이용하는 공간에서 자신의 행동을 점검하고 수행할 수 있도록 지원해 주세요.

수행관리

아이들이 자기관리와 관련된 수행을 하는 과정을 돕기 위해 선생님은 아이들의 개개인의 능력과 특성을 알아야 해요. 아이의 인지능력, 대동작능력/소동작능력/언어능력 혹은 정서적인 특성에 따라 아이의 수행의 과정을 예측할 수 있어야 하고, 그에 따라 아이들이 성공할 수 있는 여러 방법을 생각해 볼 수 있어야 해요.

자기관리는 아이들이 세상에 적응하는 방법이기도 하지만 자신의 개성을 드러내는 방법이기도 해요. 선생님은 획일적인 방법으로 아이들을 지도하기보다 그 속에서 아이가 자신의 개성을 드러낼 수 있도록 돕는 것이 필요해요. 자신의 개성을 표현한다면 아이는 분명히 결과를 확인하고 성취를 느낄 수 있을 거예요.

아이들이 자기관리를 처음 익힐 때 선생님은 단계를 세세하게 조정해 줄 필요가 있어요. 아이들이 쉬운 단계 혹은 순서의 처음 단계부터 수행해 낼 수 있도록 돕고 과정의 오류들을 확인하고 수정하도록 지원할 수 있어요.

아이들 스스로 자기관리의 목표를 세우고 점검하고 결과를 확인하는 과정을 수행해 내는 것은 아이가 독립적인 사회 구성원으로서 성장할 수 있는 초석이 되기도 해요. 아이의 수행이 완벽하지 않아도 자기관리를 스스로 수행할 수 있도록 지지해 주어야 해요. 선생님은 아이가 잘 해낸 점을 찾아서 구체적으로 지지해 주고 다른 수행으로 이어질 수 있도록 안내해야 해요.

**A** 구체적 수행의 목적(목표) 설정 지도하기

상황에 맞는 구체적인 목표를 설정할 수 있도록 도울 수 있어요.

예를 들면, 외출준비를 할 경우, 어디 가는지가 중요합니다. 예식장을 가는지, 소풍을 가는지 확인한 후에 특정 상황을 생각하고 필요한 준비물을 나열해 써 보고 준비물을 챙길 수 있도록 도울 수 있어요.

**B** 목적(목표)에 맞는 적절한 방법과 대안을 선택하도록 돕기, 도구를 선택하도록 돕기

아이와 함께 설정한 목표에 맞는 방법과 도구를 선택하도록 도와야 해요.

예를 들면, 작동이 되지 않는 장난감을 고치기 위해 건전지나 드라이버를 사용하는 등의 방법을 생각해 낼 수 있도록 도와줄 수 있어요.

**C** 아이 개인의 능력과 그에 따른 수행의 과정 지도하기

아이에 따라 개인의 수행도와 능력이 다를 수 있어요. 선생님은 아이의 능력을 파악하고 아이가 수행할 수 있는 난이도를 조정해 줄 수 있어야 합니다. 글자를 읽기 어려운 아이는 이미지나 사진을 사용할 수도 있고, 준비물을 기억하기 어려운 아이는 준비물을 써 놓는 칠판을 사용할 수도 있어요.

**D** 수행 과정을 스스로 점검하여 오류를 확인하고 수정할 수 있도록 돕기

선생님은 아이가 수행의 시작-유지-완료하는 과정에서 지속적으로 자신의 수행을 확인할 수 있도록 도와야 해요. 이때 아이가 오류를 알아채기 어려워한다면 처음의 계획을 써 놓거나 그려 놓은 이미지로 도움이 될 수 있어요. 또한 아이가 스스로 점검하고 수정하는 과정들을 구체적으로 강화해 주어 아이의 성취를 도와야 합니다.

**E** 결과를 확인하고 초기 목표와 비교할 수 있게 돕기

아이의 수행 결과를 초기 목표와 비교해 볼 수 있도록 도와요. 아이가 더 잘 해낸 점을 발견한다면 아이가 더 잘 해낼 수 있었던 이유와 방법에 대해서 이야기하고 지지해 주세요.

**F** 아이 스스로 수행의 과정을 해내도록 돕기

선생님은 아이 주변의 환경을 조정해 주고 도움의 양을 조절하여 결과적으로 아이가 스스로 자기관리를 해낼 수 있도록 도와야 해요. 초기의 연습에서는 스티커나 보상이 도움이 될 수 있어요. 이러한 도움을 통해 아이는 스스로 자기관리 기술을 익히고 습관화할 수 있을 거예요. 이때 선생님은 아이가 스스로 해내는 자기관리의 결과들이 다른 성취에도 긍정적인 영향을 미칠 수 있도록 자연스럽게 연결해 주세요.

## 위생과 건강관리

아동기에 형성된 위생과 관련된 기본 생활 습관은 학령기 이후의 삶과 자기관리에 영향을 미치므로 나와 다른 사람의
건강을 위해 올바른 위생 습관을 익히고 실천하는 것은 매우 중요해요.
나와 친구의 안전과 건강을 위해 올바른 가치관을 가질 수 있도록 집단생활을 하는 아이가 위생과 관련된 수행을 중요
하게 생각하도록 이유와 결과를 알려 주고 다양한 수행을 통해 건강을 위한 습관을 형성하고 스스로 조절하며 계획하
여 행동할 수 있도록 돕는 것이 필요합니다.
선생님은 자신과 타인의 안전과 건강을 지킬 수 있도록 다양한 일상생활에서의 중요한 생활 습관을 알려 주어 아이의
사회적 자기관리를 돕도록 해요.

**A** 위생과 관련된 기본 생활 습관의 중요성 안내하기

질병과 생활 습관을 연관 지을 수 있도록 구체적인 설
명을 해야 해요. 나의 건강뿐만 아니라 친구와 가족에
게 어떠한 영향을 미치는지에 대해서도 알려 주도록
해요.

**B** 스스로 내 모습이 청결한지 점검하고 관리하도록
돕기

더럽고 깨끗한 느낌이 자신과 상대에게 어떤 느낌을 전
달하는지 이해할 수 있도록 상황이 발생되면 적절한 감
정을 표현해 주어요. 활동에 따라 수행이 마무리될 때
나의 옷매무새와 청결함을 직접 또는 거울에 비친 모습
으로 확인할 수 있도록 알려 주어요.

**C** 가까이 있는 도구(거울, 물티슈, 손빨래 등)를 사
용하여 위생과 청결을 위한 수행하기

아이가 확인하기 시작한다면 어떻게 처리할 수 있는지
다양한 방법을 시도해 볼 수 있도록 도와요. 아이의 가
까운 곳에 사용할 수 있는 도구들을 준비해 두고 해결
해 보도록 기회를 제공하거나 선생님이 해결하는 모습
을 보여 주거나, 또는 또래들이 해결해 가는 상황을 관
찰해 볼 수 있도록 안내해요.

**D** 나의 건강과 안전을 지키는 옷차림 알기

계절이나 특정 활동(미술과 체육활동 등)을 떠올리며
어떠한 옷차림이 적절한지, 건강과 안전을 보호하는지,
다양한 방법으로 연결 지어 보아요. 사진, 그림, 스티커,
어울리지 않는 옷차림(학교 갈 때에 잠옷 차림이나 겨
울에 얇은 반팔 티셔츠 등)을 찾을 수 있는 시각자료 등
을 사용해 본다면 더욱 재미있을 거예요.

## 21단계 **SUM** CHECK

| 사전 준비/환경 구성하기 | ✔ Check | 🖉 Memo |
|---|---|---|
| • 자기관리 행동을 익히고 일반화할 수 있는 공간을 마련하였나요? | | |
| • 자신의 수행을 확인하거나 점검하는 데 도움이 되는 교구를 준비하였나요? | | |
| • 위생과 청결관리를 지원할 수 있는 교구를 준비하였나요? | | |
| • 물건의 소유를 확인하거나 정리하는 데 도움이 되는 교구를 준비하였나요? | | |
| **치료사 태도 CHECK** | ✔ Check | 🖉 Memo |
| • 상황에 따라 자기관리의 필요성이나 중요성을 이해하고 행동하는지 살펴보았나요? | | |
| • 자기관리 활동을 수행할 때 어떠한 어려움이 있는지 파악해 보았나요? | | |
| • 아이가 자기관리 행동을 할 때 행동에 목적이나 계획이 있는지 살펴보았나요? | | |
| • 자기관리 행동의 수행 방법과 정확도가 다르더라도 다양성을 존중해 주었나요? | | |
| • 자기관리 행동을 배우는 인내의 과정을 공감하고 지지해 주었나요? | | |
| • 아이들의 자기관리와 관련하여 수행에 차이가 나더라도 여유 있게 지원하였나요? | | |
| • 자기관리 행동의 시행착오를 해결할 수 있는 다양한 경험과 기회를 제공하였나요? | | |
| • 자기관리를 할 수 있는 다양한 방법과 해결책이 있음을 안내하였나요? | | |
| • 아이가 스스로 관리할 수 있도록 영역을 확장시켜 주었나요? | | |
| • 주체적으로 자신의 생활을 계획하고 관리하는 개인의 성장을 지지해 주었나요? | | |
| • 나와 타인의 안전, 건강, 행복을 위한 권리를 이해하며 지킬 수 있도록 도와주었나요? | | |
| **또래와의 SUM CHECK** | ✔ Check | 🖉 Memo |
| • 아이는 자기관리의 중요성과 필요성에 대해 이해하고 실제 행동으로 이어졌나요? | | |
| • 아이의 자기관리 기술의 강점과 약점은 무엇이었나요? | | |
| • 아이는 주로 어떤 영역에서 자신을 관리하는 것을 선호하였고 그 이유는 무엇이었나요? | | |
| • 아이가 자기관리를 수행하는 데 있어서 주로 어떤 단서를 사용하였나요? | | |
| • 아이는 주변의 상황(사람/상황/장소 등)에 따라 유연하게 수행을 유지하거나 변경할 수 있었나요? | | |

| | Check | Memo |
|---|---|---|
| • 자기관리의 수행을 통해 아이의 변화된 모습은 무엇이었나요? | | |
| • 아이가 또래를 모델링하여 시도하는 자기관리 기술이 있었나요? | | |
| • 또래의 영향을 받아 자기관리 기술의 습득이나 숙달에 어떠한 변화가 있었나요? | | |
| SUM PLUS 되새기기 | ✔ Check | ✎ Memo |
| • 아이가 활동실과 가정에서의 자기관리 능력 및 수행의 차이를 확인해 보고, 아이에게 영향을 주는 요인과 어려움에 대해 양육자와 이야기해 봅시다. | | |
| • 가정에서 올바른 생활 습관의 형성과 건강한 생활의 유지를 위하여 연계할 수 있는 자기관리 기술의 지도방안에 대해 이야기 나누어 봅시다. | | |
| • 아이가 스스로 자기관리를 하는 것의 의미와 가치에 대해서 보호자와 이야기하고 가정에서 지지할 수 있게 돕습니다. | | |

집에서는 정리정돈도 잘하고, 시간에 맞춰 준비활동도 잘하는데 또래와 함께하는 그룹활동에서는 자기 물건도 잘 못 찾고 정리도 서툴러요. 어떻게 지도하면 좋을까요?

**인지 지은샘**: 정리정돈이나 시간관리와 같은 기본 생활 습관이 길러지기 위해서는 반복된 연습이 필요해요. 우선, 아이가 장소/공간에 대한 인식이나 활동 시간에 대한 인지를 적절히 할 수 있도록 충분한 안내와 시범을 보여 주세요. 또한 아이의 특성에 맞는 시각 단서(시간표, 이름표 등)나 청각적 촉구를 제공하여 다소 서툴고 더디더라도 아이가 자신이 마주한 상황에 맞게 스스로 행동할 수 있도록 여유를 가지고 지도해 주세요.

**언어 지현샘**: 방대한 정보에 대해 어떻게 정리를 어디에서부터 찾아보아야 할지, 머릿속에 상황에서의 객관적인 정보를 정리하고 행동을 계획하고 수행하는 데 어려움이 있을 수 있어요. 어떤 물건은 어디에서부터 찾아보아야 하는지 정리하기 위해서 내가 만진 물건이 무엇인지 떠올려 보기 등의 점검과 계획 단계부터 돕는다면 점차 스스로 생각하여 다양한 방법을 찾아갈 수 있을 거예요.

얼굴이나 옷이 더러워져도 잘 알아채지 못해요. 또래가 얘기를 해 줘도 크게 신경 쓰지 않고요. 또래에 비해 청결이나 위생관념이 너무 부족한 것 같은데 어떻게 지도할 수 있을까요?

**인지 지은샘**: 아이마다 양육환경이나 타고난 기질에 따라 청결이나 위생관념에서 차이를 나타낼 수 있어요. 우선, 자신의 몸과 주변을 깨끗하게 관리해야 하는 이유와 위생관리로 인해 얻게 되는 이점에 대해 아이의 수준에 맞게 잘 안내해 주세요. 이러한 이해를 기반으로 아이가 쉽게 실천할 수 있는 거울보기, 손 씻기 등 작은 행동부터 함께 시작해 주세요. 꾸준한 실천을 통해 아이는 스스로 자신의 건강과 안전을 지키고 관리할 수 있게 될 거예요.

**언어 지현샘**: 어느 정도의 긴장감과 수치심은 발달과정에서 꼭 필요해요. 하지만 이것을 느끼게 되는 정서발달 과정에 어려움이 있는 아이일 수 있어요. 자라면서 다양한 관념을 형성할 때 어느 정도의 긴장감과 수치심을 가지고 행위를 수정하거나 다른 방법으로 해 보는 것은 꼭 필요하답니다. 나의 행동과 모습을 다른 사람이 어떻게 생각하고 받아들일지 지속적으로 안내하고 지도해 보아요.

**감통 미선샘**: 얼굴이나 옷이 더러워지는 것을 모르는 것이 감각적/기질적 특성에 이유가 있는 경우도 있어요. 그런 경우 음식을 먹고 나서 거울을 보는 루틴을 만드는 것이 도움이 될 수 있어요. 위생에 대한 개념을 이해하는 것이 어려운 경우 인과관계(옷이 더러워진 경우→갈아입기/닦기) 등의 개념으로 반복해서 연습하는 것도 도움이 됩니다.

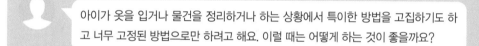

아이가 옷을 입거나 물건을 정리하거나 하는 상황에서 특이한 방법을 고집하기도 하고 너무 고정된 방법으로만 하려고 해요. 이럴 때는 어떻게 하는 것이 좋을까요?

**감통 미선샘**: 고정되고 익숙하게 반복되는 것은 꼭 고쳐야 할 것은 아니에요. 오히려 익숙한 환경에서 루틴하게 하는 자조활동들은 아이가 자조를 익히고 순서를 익히는 데 도움이 됩니다. 하지만 아이가 장소나 주변을 고려하지 않고 방법에 고집을 한다면 익숙한 집과 외부에 개념을 분리해 줄 필요가 있습니다. 장소와 상황의 특성을 인지하게 하고 처음부터 방법을 순서대로 다시 익히게 하는 것이 도움이 될 수 있어요.

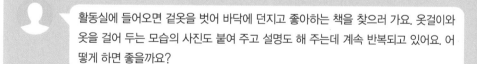

활동실에 들어오면 겉옷을 벗어 바닥에 던지고 좋아하는 책을 찾으러 가요. 옷걸이와 옷을 걸어 두는 모습의 사진도 붙여 주고 설명도 해 주는데 계속 반복되고 있어요. 어떻게 하면 좋을까요?

**감통 미선샘**: 옷을 거는 장소를 잘 보이는 곳이나 문 앞에 마련해 주세요. 시각적인 힌트를 사용해 루틴을 만들어 가정에서 반복하여 연습하게 하는 것이 도움이 될 수 있습니다.

**인지 희정샘**: 아이의 자기관리 행동에서 어떤 목적성을 가져야 하는지 생각해 보게 하는 것이 중요합니다. 활동실에 왔을 때 겉옷을 정리해야 하는 것보단 자신이 좋아하는 책을 먼저 봐야 하는 것이 자신의 목적이 더 크기 때문일 거예요. 장소에 들어서면 먼저 겉옷을 정리하고 그 이후에 편하게 하고 싶은 활동을 하라는 규칙이 어쩌면 아이에게 강요만 되고 있는 상황은 아닌지 고민해 볼 수도 있어요. 그래서 겉옷을 아무 데나 던져 놓고 책만 볼 경우 어떤 일이 발생하는지, 왜 먼저 겉옷을 걸어야 하는지 아이 입장과 보편적인 이유를 함께 이야기 나누고 필요성을 이해하는 과정이 필요해요. 그럼에도 아이가 자꾸 잊어버리는 경우라면 활동실 문 앞에 겉옷을 정리하는 사진이나 응원문구를 붙여서 아이가 스스로 자기관리를 할 수 있도록 도와주세요.

아이가 스스로 자기관리를 해야 것에 대한 중요성을 양육자가 느끼지 못하고 방법을 안내하여도 가정과의 연계가 어려울 때는 어떻게 상담해야 할까요?

**언어 지현샘**: 스스로 해야 하는 것이 이후 기본적인 신체, 인지 발달과 사회적인 성숙에 대한 발달에 어떤 영향을 미칠지에 대해 안내하는 것이 필요합니다. 자기관리가 서툴거나 속도가 너무 느릴 때 또래 집단 안에서 자녀가 느낄 수 있는 다양한 부정적 감정에는 어떤 것이 있는지에 대해 구체적으로 안내해 보도록 해요.

**인지 지은샘**: 우리 아이들은 처음에 자신이 속한 집단에서 부모, 선생님, 또래에게 의존하거나 도움을 받으며 자신의 과업들은 수행해 나가지만, 꾸준한 연습과 정기적인 실천을 통해 자신을 관리하며 스스로 할 수 있는 것이 많아지게 되지요. 이러한 아이들의 가능성과 노력을 믿고 양육자에게 공동체 활동에서의 적응과 또래와의 우호적인 관계형성, 아이 자신의 건강과 주체적인 삶을 위해 아이가 스스로 자신을 돌보며 관리하는 것이 중요함을 안내해 주세요. 또한 가정과 다르게 활동실에서 아이가 스스로 실천하거나 변화된 모습이 있다면 양육자와 적절히 공유하여 가정에서도 쉽게 자기관리 행동을 할 수 있도록 지원해 주세요.

# 부록

아이들의 자기인식, 타인수용, 역할수용을 위한
## 사회성 발달 가이드북
### SUM(Self Us Membership)

## SUM 단계별 치료 영역 목표

## SUM 단계별 치료 영역 목표

| SUM 목표 | 감각통합 | 놀이 | 언어 | 인지 |
|---|---|---|---|---|
| **애착(탐색) 1단계**<br>1. 아이가 새로운 환경에서 적응하는 모습을 파악한다.<br>2. 아이가 선호하는 것을 파악한다.<br>3. 아이가 안정감과 즐거움을 느낄 수 있도록 환경을 조성한다. | • 활동실 안에서 아이의 행동 및 선호를 파악한다.<br>　–감각적 특성(고유수용성감각, 전정감각, 촉각, 시각, 청각)<br>• 아이의 활동에서 발달적 특성을 파악한다.<br>　–수행에 필요한 기능적 요인(대동작/소동작 등) | • 아이의 기질을 파악한다.<br>　–긴장감의 유무와 정도<br>　–사람에 대한 수용도<br>　–새로운 공간에 대한 적응도<br>• 선생님과 친밀감을 형성하고 안정감을 유지할 수 있도록 돕는다. | • 자발적인 언어표현과 비언어적 표현을 관찰한다.<br>• 긴장하거나 안정감을 느낄 때 언어 지시를 받아들이거나 표현하는 양상을 관찰한다. | • 기초인지발달 영역을 점검한다.<br>　–주의집중 및 기억, 시·청·촉각 변별, 개념 인지 등<br>• 아이가 선택한 놀잇감의 종류와 놀이 방법을 관찰한다.<br>• 새로운 공간과 대상에 대해 탐색하는 과정을 살펴본다.<br>　–시야, 반응 양식 |
| **애착(경험) 2단계**<br>1. 아이의 행동과 말에 즉각적으로 반응한다.<br>2. 아이의 선택과 의도를 있는 그대로 수용한다.<br>3. 아이의 새로운 시도를 발견하고 격려한다. | • 아이의 행동을 관찰하고 선호하는 놀잇감을 다양하게 준비한다.<br>• 아이의 각성수준을 파악하고 자극을 조절하여 활동 유지에 도움을 준다. | • 아이의 관심과 정서를 공유하며 상호작용한다.<br>• 사람, 환경, 놀잇감에 대한 아이의 정서적 반응을 살핀다. | • 아이에게 상호작용하고 있는 느낌을 전달하기 위해 아이의 표현에 적극적으로 감탄하고 반응한다.<br>• 아이가 관심을 보이는 것들의 이름과 행동에 대해 자주 표현해 준다. | • 아이가 활동에 참여/선택/유지하는 방식과 반응을 점검한다.<br>　–주의집중/전환<br>　–충동성/반성적<br>　–능동적/수동적<br>• 예측 가능한 환경을 제공하여 아이가 안정감을 느낄 수 있도록 돕는다.<br>• 아이가 선택한 놀이의 의도와 형태를 파악한다.<br>　–공동주의, 공동활동 |
| **자율성(경험) 3단계**<br>1. 아이가 하는 대로 놀이와 행동을 함께한다.<br>2. 아이가 원하는 바를 실행할 수 있도록 지원한다.<br>3. 아이의 새로운 시도가 늘어나도록 지지한다. | • 자신이 하고 싶은 것을 자유롭게 선택할 수 있도록 발달수준과 선호에 맞게 환경을 준비하고 탐색의 기회를 제공한다.<br>• 아이의 동기 및 성취목표를 확인하고 성공할 수 있도록 자연스럽게 돕는다. | • 아이의 현재 놀이 수준을 파악한다.<br>• 아이가 어떤 놀이를 자주 시도하는지 관찰한다.<br>• 자유로운 놀이상황에서 아이가 보이는 행동과 감정을 살펴본다.<br>• 아이가 스스로 놀이를 확장할 수 있는지 살펴본다. | • 아이가 주로 하는 놀이행동에 대해 반복하여 표현해 준다.<br>• 놀이 중 아이의 요구에 빠른 언어적 반응을 보인다.<br>• 아이가 어떤 표현이라도 새롭게 시도할 수 있도록 적극적으로 반응한다. | • 활동에 따라 아이의 수행 수준(개념 인지, 놀이 방법, 참여도)을 파악한다.<br>• 아이가 자기의 욕구/능력에 기초한 선택을 하는지 확인한다. |

| 자율성(모방) 4단계 | 4단계 | 4단계 놀이 | 4단계 언어 | 4단계 인지 |
|---|---|---|---|---|
| 1. 아이를 모방하여 다양한 반응에 관심을 가질 수 있도록 돕는다.<br>2. 아이의 놀이와 행동에 방법을 더하여 재미있게 시범을 보인다.<br>3. 서로 모방하여 아이의 놀이가 유지되거나 확장되도록 지원한다. | • 공간, 사물과 물리-거리적 탐색을 활용하여 놀이 및 활동을 모방할 수 있게 준비한다.<br>• 아이가 선호하는 감각/놀이활동과 유사한 방법의 활동을 보여 주고 모방할 수 있게 유도한다.<br>• 아이의 감각적 특성/기능적인 특성을 파악해 모방 활동의 단계 및 환경을 조정한다. | • 호기심과 기대감을 가지고 선생님을 따라 할 수 있도록 유도한다.<br>• 아이가 선생님에게 관심을 보일 때 어떤 행동을 하는지 살펴본다.<br>• 서로 모방을 하면서 아이에게 공유되는 감정을 살펴본다.<br>• 모방하는 과정에서 상호작용하려는 의도를 파악한다. | • 선생님이 하고 있는 행동에 대해 2어절(주어+서술)로 표현하여 들려 준다.<br>• 아이가 하고 있는 행동에 대해 2어절(아이 주체의 주어+서술)로 표현하여 들려 준다.<br>• 행동을 시도하고 성취한 활동에 대하여 3어절(아이 주체의 주어+목적어+했다)로 표현하여 들려 준다. | • 아이가 선호하는 모방의 내용과 방식을 파악한다.<br>–말놀이, 숫자, 시청각, 움직임<br>• 아이가 상황과 대상에 따라 자신이 원하는 바를 어떻게 표현하는지 확인한다.<br>• 아이가 상황과 대상에 따라 모방하는 정도(정확도/빈도)를 파악한다. |
| 자율성(의도성 발현) 5단계<br>1. 아이의 행동과 말을 주의 깊게 관찰하여 의도를 파악하고 반응한다.<br>2. 아이가 자신의 의도를 확인하고 마음껏 표현할 수 있도록 돕는다.<br>3. 아이가 자신의 의도를 표현하며 수용되는 경험을 할 수 있도록 돕는다. | • 아이의 활동에서 관찰된 의도를 파악하고 비언어적·언어적 표현을 명확히 할 수 있게 돕는다.<br>• 아이의 의도를 확인한 후 아이의 활동요건보다 어려운 활동으로 예측되는 경우 성공을 위해 단계를 조절한다. | • 놀이의 주체자로서 아이들이 자신감을 가질 수 있도록 지지한다.<br>• 아이의 놀이에 대한 다양한 시도를 격려하고 그 과정을 함께 따라가 본다.<br>• 아이 스스로 표현하는 말과 행동에 따르는 감정을 살펴 주된 정서를 파악한다. | • 상황이나 결과에 대해 3어절 이상의 구체적인 표현을 사용하여 들려 준다.<br>• 미래시제 표현을 들려 주어 일어날 일에 대하여 반영해 준다.<br>• 구체적인 표현을 사용하여 서로 도움을 주고받는다. | • 상대방과 상황에 따라 자신의 의사나 요구를 상대방에게 전달(언어적/비언어적)하는지 확인한다.<br>• 아이의 행동과 말의 의미의 관련성을 파악한다.<br>• 자신의 시도에 대한 다양한 결과를 수용하는 과정을 함께한다. |
| 자아개념(경험) 6단계<br>1. 아이가 자신의 신체, 능력, 선호에 대해 스스로 인식하도록 돕는다.<br>2. 구체적인 칭찬과 정보를 제공하여 아이의 자기인식 과정을 돕는다.<br>3. 자신에 대해 새롭게 발견할 수 있는 기회를 제공한다. | • 자신의 선호/비선호 감각자극을 아이가 인식하게 돕는다.<br>• 아이의 신체인식, 사물-사람과의 관계, 공간에 대한 인식을 돕는다.<br>• 아이가 수행하는 움직임과 신체적 특징을 구체적으로 인식하도록 돕는다. | • 아이가 자신의 신체, 능력, 선호를 인식하고 그에 따른 감정이 어떠한지 파악해 본다.<br>• 긍정적인 자아를 경험할 수 있는 기회를 다양하게 제공한다.<br>• 놀이 경험을 통해 아이가 새로운 선호를 발견하도록 돕는다. | • '누구'가 포함된 질문에 적절하게 대답할 수 있도록 유도한다.<br>• '나' '내' '너'가 포함된 상황에 대한 표현을 유도한다.<br>• 신체 세부어휘를 이해하고 표현할 수 있도록 유도한다.<br>• 부정어('안 먹어.' '안 갈 거야.')를 이해하고 표현할 수 있도록 유도한다. | • 자신이 좋아하는 것, 싫어하는 것을 상대방에게 표현하며 활동하는지 확인한다.<br>• 상대방의 칭찬에 주의를 기울이며 반응하는지 확인한다.<br>–주의 환기, 선택적 주의집중<br>• 신체의 명칭과 위치, 기능을 알고 자신의 동작과 능력에 대해 인식하는지 확인한다. |

| SUM 목표 | 감각통합 | 놀이 | 언어 | 인지 |
|---|---|---|---|---|
| 자아개념(모방) 7단계<br>1. 자신의 능력, 선호를 표현할 수 있도록 충분히 시범을 보인다.<br>2. 구체적인 정보를 통해 자신의 특징을 발견할 수 있도록 시범을 보인다.<br>3. 상대방과의 다름을 파악하는 과정을 통해 자신에 대해 인식할 수 있도록 돕는다. | • 아이의 몸을 사용하는 놀이를 통해 몸의 크기, 길이 등을 비교한다.<br>• 활동에 따라 자신의 신체 특성을 활용하여 움직임을 시도 모방하게 한다.<br>• 모방활동을 통해 상대방과 차이점과 같은 점 등을 확인 가능한 감각 정보(시각/청각 등)를 통해 확인/표현하게 한다. | • 놀이를 통해 자신의 특성, 소유, 선호하는 것을 확인할 수 있도록 돕는다.<br>• 선생님을 모방하면서 자신의 새로운 모습을 발견하는 아이의 정서를 확인한다.<br>• 상대방과의 같음과 다름에 대해 어떤 정서를 가지는지 살펴본다. | • 말할 때와 들어야 할 때를 구분하여 차례를 지킬 수 있도록 유도한다.<br>• '더' '다르다' '같다'와 같이 비교하는 말을 사용하도록 유도한다. | • 여러 가지 사물과 대상의 특징을 알고 비교하도록 돕는다.<br>• 상대방과의 유사점과/차이점을 인식하고, 자신의 외모나 신체적인 특징, 선호, 능력에 대해 범주화하는 것을 시범 보인다. |
| 자아개념(의도성 발현) 8단계<br>1. 자신과 관련된 정보를 능동적으로 표현할 수 있도록 돕는다.<br>2. 자신의 선호와 능력 수준을 고려해 활동을 계획하고 수행할 수 있도록 유도한다.<br>3. 자신에 대한 새로운 정보를 다양하게 표현할 수 있도록 지원한다. | • 아이가 자신에 대해 수집한 정보로 작업활동을 예측하고 선택할 수 있게 돕는다.<br>• 아이가 선택한 작업활동(일상생활, 놀이활동 등)을 계획하고 순서화하고 실행하게 돕는다. | • 구체적인 놀잇감으로 역할 놀이를 함께한다.<br>• 아이가 자신의 능력과 선호를 충분히 드러낼 수 있는 환경을 조성한다. | • 소유의 개념을 표현할 수 있도록 유도한다.<br>• 일어난 경험에 대해 '나 ~했다.'라고 표현하도록 유도한다.<br>• 의도에 따라 '나 ~할래.' '나 ~좋아.' '나 ~줘.' '나 ~있어.' '나 ~하자.'와 같은 표현을 다양한 상황에서 사용하도록 유도한다. | • 아이가 자신에 대해 좋아하고 자랑하고 싶은 정보를 표현할 수 있도록 돕는다.<br>• 자신의 선호와 능력수준에 대한 정도를 표현할 수 있도록 돕는다.<br>• 자신의 선호와 능력에 대한 기대와 수준을 맞춰 갈 수 있도록 돕는다.<br>• 자신과 관련된 정보를 활용하여 활동을 계획하고 수행하도록 돕는다. |
| 자기감정(경험) 9단계<br>1. 여러 가지 상황에서 다양한 감정을 파악할 수 있도록 기회를 제공한다.<br>2. 아이의 상태나 상황에 대한 구체적인 정보를 제공하여 자신의 감정을 인식하도록 돕는다.<br>3. 아이가 자신의 감정을 스스로 인식하도록 돕는다. | • 아이의 주변 자극(감각적 자극)에 대한 구체적 감정반응을 확인한다.<br>－민감/회피/추구/저항 반응 등<br>• 아이가 조절을 위한 자신만의 감각 전략을 사용하는지 확인한다.<br>－물건 쥐고 다니기, 쿵쿵 뛰기 | • 표정과 목소리에서 나타난 감정을 파악할 수 있는지를 확인한다.<br>• 사람, 놀잇감, 환경과 관련된 아이의 정서적 반응을 확인한다.<br>• 놀이활동에서 아이의 감정과 그 변화를 읽어 주어 자신의 감정을 인식하도록 돕는다. | • 기분이 좋고 나쁨을 표현하기 위해 어떤 언어적/비언어적 표현을 사용하는지 확인한다.<br>• 일어난 일에 대해 감탄하는 표현이나 감정 상태어를 들려 준다. | • 다양한 감정 단어를 익힐 수 있도록 돕는다.<br>• 아이가 자신의 감정과 관련된 상황을 파악할 수 있도록 지원한다.<br>• 다른 사람의 말과 행동에 관심을 두며, 변화를 알아채는지 확인한다.<br>－얼굴 표정, 목소리의 억양<br>• 다양한 정서와 관련된 경험이나 배경지식이 있는지 확인한다.<br>－예: 사자는 무서워. |

| | | | | |
|---|---|---|---|---|
| **자기감정(모방) 10단계**<br>1. 아이의 감정을 확인하여 표현하는 시범을 보인다.<br>2. 감정을 다양하게 표현하는 시범을 보인다.<br>3. 상대방의 정서반응에 주의를 기울이도록 유도한다. | • 감각적인 자극이나 주변의 변화에 따른 아이의 감정과 각성 수준을 파악한다.<br>• 아이가 감정을 쉽게 모방할 수 있는 제스처 등의 행동적 방법을 사용한다. | • 다양한 놀이 상황에서 감정을 표현하는 방법에 대해 구체적이고 반복적인 시범을 보인다.<br>• 아이가 느끼는 감정과 유사한 감정을 놀이를 통해 인식할 수 있도록 유도한다.<br>• 상대방의 정서에 반응할 수 있도록 시범을 보인다. | • 상황 카드를 보고 적절한 감정 표정 카드를 선택할 수 있는지 확인한다.<br>• 감정 상태어를 모방하여 사용할 수 있도록 표현하며 유도한다.<br>• 어떤 상황에 어떤 감정이 드는지 구체적으로 표현해 준다. | • 상대방의 정서적 표현을 이해하며 주의를 기울이는지 확인한다.<br>• 아이가 상대방과 비슷한 정서를 느끼고 반응하는지 확인한다.<br>• 다양한 감정을 인식하고 표현할 수 있도록 시범 보인다. |
| **자기감정(의도성 발현) 11단계**<br>1. 자신의 감정을 능동적으로 표현할 수 있도록 돕는다.<br>2. 상황에 맞게 자신의 감정을 표현할 수 있도록 돕는다.<br>3. 자신의 감정표현에 대한 상대방의 반응을 인식하도록 돕는다. | • 표출된 감정의 상황적 이유를 시각/행동적 정보로 확인하고 정리하여 표현할 수 있도록 돕는다.<br>• 감정이 표출되는 상황에서 자신의 행동적인 변화에 대해서 확인하도록 돕는다. | • 자신의 감정을 적극적으로 표현할 수 있도록 허용적인 분위기를 조성한다.<br>• 아이가 표현하기 어려워하는 감정을 확인한 뒤, 표현해 볼 수 있는 놀이를 제안한다. | • 타인의 감정을 알아채고 상태에 대한 질문을 해 보도록 유도한다.<br>• 아이가 스스로 자신의 감정을 표현할 수 있도록 돕는다.<br>• 아이가 자신의 감정을 상대방에게 전달할 수 있는지 확인한다. | • 활동 안에서 자신의 느낌을 감정 단어로 표현할 수 있도록 돕는다.<br>• 자신이 느끼는 감정에 대한 이유를 표현하도록 돕는다.<br>• 자신의 감정을 상대방에게 전달하고자 하는 아이의 의도를 확인한다. |
| **주도성(의도성 발현) 12단계**<br>1. 자신이 원하는 것을 하기 위해 계획을 세워 수행하도록 지원한다.<br>2. 선택한 활동을 끝까지 진행하여 마무리해 보도록 지지한다.<br>3. 아이가 주도적인 역할을 하고 있음을 인식할 수 있도록 돕는다. | • 아이가 순서 및 기능 수준에 맞게 활동을 계획하도록 돕는다.<br>　-협응, 공간지각, 신체도식, 시지각 점검 등<br>• 아이의 활동 시작-유지-종료를 점검하고 돕는다.<br>• 아이가 활동을 성공적으로 수행하도록 단계를 세분화하여 돕는다. | • 아이가 스스로 놀이를 시작할 때 개입을 줄이고 아이를 따른다.<br>• 아이가 주도적으로 놀이하는 상황에서 작은 변화들을 알아차리고 아이에게 전달한다.<br>• 쉽게 포기하는 놀이에 대해서는 짧은 시도라도 격려한다. | • 실행을 위해 필요한 도구나 기구를 정확히 명령할 수 있도록 돕는다.<br>• 뭘 하고 싶은지에 대한 명령을 표현할 수 있다.<br>• 아이가 계획과 관련된 스크립트를 표현해 보도록 돕는다.<br>• 활동의 마무리에서 성취된 결과물에 대해 표현해 볼 수 있도록 유도한다. | • 자신의 원하는 바를 스스로 요구하며, 자신의 능력과 선호를 알고 도전하도록 돕는다.<br>• 아이가 원하는 바를 얻기 위하여 계획을 세우거나, 결과를 예상하도록 돕는다.<br>• 기존의 방식에서 새롭게 계획을 세우거나 확장시키려는 시도가 있는지 파악한다. |

| SUM 목표 | 감각통합 | 놀이 | 언어 | 인지 |
|---|---|---|---|---|
| **주도성(의사소통)**<br>**13단계**<br>1. 자신이 하고자 하는 바를 또래에게 제안할 수 있도록 지원한다.<br>2. 서로의 반응을 확인하며 함께 활동할 수 있도록 돕는다.<br>3. 풍부해지는 놀이 경험을 통해 활동에 대한 만족감과 기대감을 가질 수 있도록 돕는다.<br>4. 활동의 과정과 결과에서 서로의 기여를 확인할 수 있도록 돕는다. | • 아이들의 개별적인 감각계 특성을 파악하여 그룹활동에 집중 할 수 있도록 환경을 조정한다.<br>• 아이 개개인의 특성 및 기능을 파악하고 서로 보완하여 공동 과제를 수행을 하도록 돕는다. | • 집단에서 주도성을 발휘하다 발생하는 갈등은 안전하게 표출되도록 돕는다.<br>• 주도적인 역할을 하면서 느낀 만족감은 격려하고, 성장한 변화에 대해 지지한다.<br>• 타인의 의견을 고려하거나 받아들여 상대방에게 긍정적인 영향을 준 것에 대해 반영해 준다. | • 상대방에게 행동을 요청할 때 아이가 구체적(수정 요구, 다른 정보 제시, 반복적 요구)인 표현을 사용하도록 유도한다.<br>• 자신이 선택한 활동 계획과 실행해야 할 것을 전달할 수 있도록 유도한다.<br>• 아이가 타인이 구체적인 정보를 요구하는 질문에 대답할 수 있도록 유도한다. | • 자신이 원하는 바를 실행하기 위해 주변 환경과 대상을 인식할 수 있도록 돕는다.<br>• 주의를 기울여 또래의 수행을 관찰하고, 자신의 수행과 다름을 인식하도록 돕는다.<br>–주제, 방식<br>• 자신이 선택한 활동을 또래와 함께하기 위한 계획을 세울 수 있도록 돕는다.<br>• 결과를 예측하거나 결과에 대한 반응을 함께 공유할 수 있도록 유도한다. |
| **자기조절(의도성 발현)**<br>**14단계**<br>1. 자신의 상태(생각, 감정, 의도)를 상대방에게 표현할 수 있도록 돕는다.<br>2. 자신의 상태에 영향을 미치는 상황변수를 확인하고 조절할 수 있도록 돕는다.<br>3. 상황에 따른 또래의 상태 변화를 확인할 수 있도록 돕는다. | • 아이의 자기조절에 영향을 미치는 감각 이슈를 확인하고 강도/양/지속도에 따라서 자신이 조절할 수 있는 상태를 인식하도록 돕는다.<br>• 아이가 조절을 위해서 사용하고 있는 특정 행동 및 방법을 스스로 인식하고 주변 상황을 파악하도록 돕는다. | • 아이의 요청에 직접 해결을 제시하기보다 아이와 함께 이끌어 조절해 보는 경험을 준다.<br>• 아이가 조절과정을 편안하게 경험할 수 있도록 돕고 아이의 노력을 인정해 준다. | • 자신의 상태에 대해 상대에게 간단하게 설명할 수 있는지 확인한다.<br>• 상황이 일어난 원인에 대해 과거형으로 표현할 수 있는지 확인한다.<br>• 아이가 자신이 한 말에 상대방의 반응과 행동의 변화를 살피도록 돕는다. | • 수행 가능한 과제를 예상하여 선택/실행하고, 결과를 스스로 확인하도록 돕는다.<br>• 지난 수행을 회상하여 결과를 예측하고, 자신의 계획을 수정/조정할 수 있도록 돕는다.<br>• 아이가 자기조절을 할 수 있도록 행위의 강도나 빈도 및 활동의 지속시간을 인식할 수 있는 기회를 점진적으로 제공한다. |
| **자기조절(의사소통)**<br>**15단계**<br>1. 아이가 자기조절기술을 스스로 사용할 수 있도록 돕는다.<br>2. 자기조절기술을 사용한 후의 변화를 스스로 인식할 수 있도록 돕는다.<br>3. 또래와 서로 자기조절을 위한 도움을 주고받을 수 있도록 지원한다. | • 또래와 함께하는 활동에서 아이에게 영향을 주는 감각적 변수들을 확인한다.<br>• 아이의 조절 행동이 또래와의 활동에 방해가 될 경우 대안적인 방법을 찾아본다.<br>• 아이가 자신의 행동을 조절할 수 있는 다양한 방법(환경수정, 심호흡, 기다리기)을 그룹 안에서 시도해 볼 수 있도록 돕는다. | • 또래의 표정이나 감정을 살펴 행동을 조절하는지 관찰한다.<br>• 감정을 조절하려는 행동을 시도할 때 진심어린 격려와 응원으로 반응한다.<br>• 자기조절을 돕기 위해 대안적인 놀이 방법을 제안하여 감정을 해소하게 돕는다.<br>• 또래의 피드백으로 변화된 모습을 구체적으로 반영한다. | • 금지하거나 거절하는 표현을 또래에게 사용할 수 있도록 유도한다.<br>• 목표를 위해 활동할 때 어려움과 해결에 대해 구체적으로 표현하도록 돕는다.<br>• '어떻게'를 포함한 질문을 상대에게 사용할 수 있도록 유도한다. | • 상대방의 상태에 주의를 기울이고 적절히 반응할 수 있도록 돕는다.<br>• 또래의 행동을 보고, 자신의 활동에 반영할 수 있도록 돕는다.<br>• 지난 활동을 돌아보고, 자신의 계획을 또래와 공유할 수 있는 기회를 제공한다. |

| | | | | |
|---|---|---|---|---|
| **사회적 감정(의사소통) 16단계**<br>1. 또래의 감정을 인식할 수 있도록 돕는다.<br>2. 또래의 감정표현에 대해 자신의 생각과 느낌을 표현할 수 있도록 돕는다.<br>3. 감정을 조절하여 또래에게 표현할 수 있도록 돕는다. | • 아이가 또래의 행동이나 감각 자극에 따른 자신의 감정을 확인하고 표현할 수 있도록 돕는다.<br>• 아이가 감정을 표현하는 양식을 파악하고 상황/시간/행동반응을 적응적으로 조절하여 표현하도록 돕는다. | • 동일한 상황에서 아이들이 서로 다른 감정을 느낄 경우 각자의 감정을 인식할 수 있게 돕는다.<br>• 또래에게 감정을 표현하지 못한다면 그 상황에서 느낄 만한 단서를 주어 표현해 볼 수 있게 한다. | • 나의 감정과 상대의 감정을 구분하여 표현할 수 있도록 지원한다.<br>• 또래의 긍정, 부정 감정을 확인하는 질문을 할 수 있도록 유도한다.<br>• 감정을 나타내는 단어를 사용하여 자신과 또래의 감정에 대해 표현해 볼 수 있도록 유도한다. | • 또래의 상태에 주의를 기울이며 감정을 확인할 수 있도록 돕는다.<br>• 또래의 상태와 관련된 행동과 감정을 연결 지어 이해할 수 있도록 돕는다.<br>• 자신과 또래의 감정표현의 차이를 확인하고 이해할 수 있도록 지원한다.<br>• 자신과 또래의 정서를 분리하여 인식하고, 조절할 수 있도록 돕는다. |
| **사회적 감정(공감) 17단계**<br>1. 또래의 감정에 대한 이유를 아이가 이해할 수 있도록 돕는다.<br>2. 또래와 비슷한 경험과 감정을 공유하여 공감할 수 있도록 돕는다.<br>3. 또래의 감정을 이해하여 공감적인 표현과 행동을 할 수 있도록 돕는다. | • 활동에 참여하는 아이들의 선호와 기능을 파악하여 또래와 공감을 형성할 수 있는 활동을 준비한다.<br>• 아이들이 공감하는 상황에 대해서 파악하고 반복, 비슷한 상황을 통해 재시도할 수 있게 돕는다. | • 또래의 영향을 받아 기존과 다른 감정표현 양식(억제/충동/숙고)이 생겼다면 이를 반영한다.<br>• 또래와 서로 비슷한 정서를 확인하도록 표정을 관찰할 수 있게 돕는다.<br>• 감정과 생각을 나누며 조율하는 상황에서 도움되는 말이나 행동을 보인다면 이를 반영한다.<br>• 또래의 감정을 이해하며 표현할 수 있도록 격려하고 촉진한다. | • 또래의 감정에 대해 '왜?'를 포함한 질문을 해 보도록 돕는다.<br>• 또래와 비슷하게 느껴지는 감정에 대해 감정 단어를 사용하여 표현해 보도록 돕는다.<br>• 도움 주기, 사과하기, 함께하기, 배려하기, 달래 주기, 다가가기, 화해하기 등의 상황에서 청유형 문장을 사용하도록 유도한다. | • 또래의 감정표현이 나타난 상황과 이유를 예측할 수 있도록 돕는다.<br>• 또래의 상황과 감정을 이해하여 비슷한 경험을 회상하여 볼 수 있도록 돕는다.<br>• 아이들이 서로의 상황과 감정을 이해하고 배려할 수 있도록 친사회적 행동을 시범보인다.<br>• 아이들이 함께 좋아하는 활동을 기억하고 이어 갈 수 있도록 계획을 세우도록 지원한다. |

| SUM 목표 | 감각통합 | 놀이 | 언어 | 인지 |
|---|---|---|---|---|
| 협력(의사소통, 공감) 18단계<br>1. 공동의 활동임을 인식하고 유지하며 함께 참여할 수 있도록 돕는다.<br>2. 공동의 활동에서의 다양한 역할을 탐색하고 선택할 수 있도록 돕는다.<br>3. 또래와 함께 친사회적 행동을 경험하며 느낌, 생각, 감정을 서로 주고받을 수 있도록 돕는다. | • 함께하는 활동 중 또래의 드러나는 표현 이외에 행동 사인/표정 등을 확인하고 반응할 수 있도록 돕는다.<br>• 활동 중에 필요한 아이들의 강점 및 특성을 파악하여 적절한 역할을 할 수 있게 한다. | • 중재나 개입을 위해 아이들마다 다른 기질적 특성을 미리 파악한다.<br>• 또래와의 친사회적 행동으로 느낀 감정 상태를 아이가 알아차릴 수 있도록 반영한다.<br>• 협력활동에서 다양한 감정을 느껴 보도록 돕고 공감해 준다. | • 공동의 활동을 확인하거나 참여하기 위해 질문을 사용해 보도록 유도한다.<br>• 자신의 역할을 이해하고 표현할 수 있도록 돕는다.<br>• 또래가 제안하는 표현을 포함("기차 할래?" "기차는 안 할래.")하여 수용하거나 거절하는 의사를 표현해 볼 수 있도록 유도한다.<br>• 공동의 활동에서 협조 구하기, 제안하기, 고마움 전달하기 등을 통해 친사회적으로 표현할 수 있도록 돕는다. | • 공동의 활동임을 인식하고 수행할 수 있도록 돕는다.<br>• 서로의 의도, 선호, 능력을 확인하며 함께 활동할 수 있도록 돕는다.<br>• 서로의 역할이나 책임이 무엇인지 확인할 수 있도록 지원한다.<br>• 자신과 또래의 강점과 기여를 확인할 수 있도록 돕는다. |
| 협력(상황해결) 19단계<br>1. 또래와의 공동활동에서 문제를 인식하고 해결 과정을 경험할 수 있도록 돕는다.<br>2. 문제의 결과를 예상하고, 함께 대안을 나누며 해결할 수 있도록 돕는다.<br>3. 또래와 함께 새로운 과업에 같이 도전할 수 있도록 돕는다. | • 작업의 수행 및 결과를 결과물로 확인하고 또래와 해결할 수 있게 돕는다.<br>• 작업 수행의 순서와 세부내용을 기억하고 문제 상황(오류)을 수정해서 계획을 세울 수 있게 돕는다.<br>–힌트 제공: 언어/신체/시각적 힌트, 환경조성 등 | • 아이들이 갈등으로 인해 감정을 소화하기 힘들어하면 마음을 가라앉힐 수 있는 소품이나 방법을 활용하도록 돕는다.<br>–예: 신문지, 촉감 고무공, 마음인형<br>• 또래에게 서툰 방식으로 불편한 마음을 전할 때, 적절한 표현으로 미리 연습할 기회를 제공한다.<br>• 아이들이 협력의 성취감을 느낄 때 그 감정을 상대와 공유할 수 있는 다양한 행동을 시범 보이고 시도해 본다.<br>–예: 하이파이브, 손 맞잡고 깡충깡충 뛰기, 다 같이 손 맞잡고 빙글빙글 돌기 | • 발견한 문제에 대해 표현하고, 상대방에게 해결 방법을 전달할 수 있도록 유도한다.<br>• 문제 해결 과정에서 또래에게 의견을 묻고, 부탁하고, 격려하는 표현을 사용할 수 있게 돕는다.<br>• 어려움이 반복하여 발생할 때 해결에 도움을 줄 수 있는 상대에게 도움을 요청할 수 있도록 돕는다.<br>• 문제 해결 과정에서 또래에게 미리 경고하거나 다음을 기약하는 표현 등을 사용하도록 유도한다.<br>• 문제 상황이 해결된 장면을 또래나 선생님에게 전달할 수 있도록 돕는다. | • 아이들이 서로 협력하여 해결할 수 있는 문제인지 확인하고 도전할 수 있도록 돕는다.<br>• 문제 상황의 원인과 결과를 예측할 수 있도록 돕는다.<br>• 문제 상황의 어려움을 해결할 수 있는 다양한 역할과 방안이 있음을 이해하도록 지원한다.<br>• 공동의 규칙을 이해하고 기억할 수 있도록 돕는다. |

| | | | | |
|---|---|---|---|---|
| 사회적 태도(의사소통, 공감) 20단계<br>1. 상황, 장소, 사람에 따른 역할을 이해할 수 있도록 돕는다(사회적 인식).<br>2. 상황, 장소, 대상을 고려하여 자신의 행동을 조절할 수 있도록 돕는다.<br>3. 다양한 문화적 상황을 이해하며 우호적인 태도를 익힐 수 있도록 돕는다. | • 상황/대상/시간에 대해 인식하고 역할에 맞는 운동기술(자세 유지, 자신, 물체 움직이기, 수행 유지)을 사용할 수 있도록 돕는다.<br>• 상황/대상/시간에 대해 인식하고 역할에 맞는 처리기술(물체 선택, 상호작용하고 수행하는 것과 관련된 기술)을 사용할 수 있도록 돕는다. | • 상대의 감정을 공감할 수 있도록 상황을 읽어 주고 지지하는 표현을 사용하도록 안내한다.<br>• 또래와 발전된 관계를 이루어 갈 수 있도록 친절하고 배려하는 태도를 취하도록 유도한다.<br>• 상대와의 친밀한 정도에 따라 태도가 달라질 수 있음을 안내한다.<br>• 또래의 활동에 참여적인 태도를 보이거나 또래를 자신의 활동으로 참여를 이끌 수 있도록 돕는다. | • 문화적 상황(여행, 초대, 명절, 방학 등)과 관련된 어휘를 정확하게 이해하고 표현할 수 있도록 유도한다.<br>• 조절을 위해 해결적인 표현을 사용해 보도록 유도한다.<br>–예: "다음에는 내가 먼저 할래."<br>• 우리, 같이, 함께와 같은 어휘를 사용해서 또래에게 제안하여 우호적인 태도가 전달되도록 돕는다. | • 상황, 장소, 대상과 관련된 사회적 단서를 익힐 수 있도록 돕는다.<br>• 상황과 장소에 맞는 행동을 알고 수행할 수 있도록 돕는다.<br>–매너, 에티켓 등<br>• 자신과 또래의 역할이나 책임이 무엇인지 알고 행동할 수 있도록 돕는다.<br>• 공동체에서 자주 접하는 문화와 모임을 경험할 수 있도록 돕는다. |
| 사회적 자기관리(상황 해결) 21단계<br>1. 자기관리의 필요성과 중요성을 이해할 수 있도록 돕는다.<br>2. 상황(시간, 장소, 타인)에 맞게 자신의 수행을 점검할 수 있도록 돕는다.<br>3. 자신의 수행을 점검하여 스스로 자기관리를 할 수 있도록 돕는다.<br>4. 독립적인 자기관리를 통해 바른 생활 습관을 기를 수 있도록 돕는다. | • 아이의 자기관리 기술에 영향을 주는 감각적/기능적 특성 및 제약을 파악한 후, 해결을 위한 환경적 개입 또는 난이도 조절을 한다.<br>• 아이 개개인의 운동기능적/감각통합적 특성을 파악하고 적절한 방법(자세, 순서)과 도구를 선택할 수 있게 돕는다. | • 자기관리 수행을 불안하게 만드는 요인(시간, 순서, 도구)을 살펴본다.<br>• 자기관리 수행을 통해 상대가 느끼는 긍정적 정서를 아이가 확인하도록 돕는다.<br>• 자기관리의 수행 과정에서 아이가 스스로 유능감을 느끼는 순간들을 함께한다. | • 자기관리와 관련된 경험을 정확하게 전달할 수 있는지 확인한다.<br>• 과거, 현재, 미래에 대한 시간과 시제를 자유롭게 표현할 수 있는지 확인한다.<br>• 상황과 해결 방법에 대해 시간의 순서대로 표현해 볼 수 있도록 돕는다.<br>• 상황을 해결할 만한 다양한 대안적인 방법을 떠올리고 도움을 요청할 수 있도록 돕는다. | • 시간 개념을 이해하고 전후의 상황을 계획, 예측할 수 있도록 돕는다.<br>• 각 상황에 맞는 옷차림이나 준비물이 무엇인지 알고 준비할 수 있도록 돕는다.<br>• 공용의 물건을 구분하여 사용하고 정리할 수 있도록 돕는다.<br>• 활동의 시간, 장소, 내용, 수행 결과를 스스로 확인할 수 있도록 돕는다.<br>• 청결과 위생의 필요성과 중요성을 이해할 수 있도록 돕는다. |

# 참고문헌

교육부(2019). 2019년 누리과정 개정안.

김경희(2010). 자연적 공간에서의 자유놀이에서 교사와 유아의 상호작용 탐색. 유아교육학회, 9(9), 153-170.

김선의, 김은심(2014). 협동적 동작교육활동이 유아의 친사회적 행동과 역할수용능력에 미치는 영향. 유아
교육·보육복지연구, 18(2), 197-219.

김영태(2014). 아동언어장애의 진단 및 치료(2판). 서울: 학지사.

박순진(2011). 유치원에서의 협력활동 경험이 유아의 또래유능성에 미치는 영향. 한국유아교육연구, 13(2),
87-113.

박창욱, 이성희(2012). 유아를 위한 신체접촉놀이 프로그램의 개발 및 적용 효과; 자아개념, 정서지능, 친사
회적 행동을 중심으로. 열린유아교육연구, 17(5), 325-349.

서울특별시교육청(2023). 긍정적 행동지원 실행자료집.

석경아, 변미선, 강은선(2021). 감각통합놀이. 경기: 소울하우스.

심숙영(2018). 영유아 사회정서 개별화지도(2판). 경기: 교육과학사.

양옥승, 김정림, 양유진(2020). 유아의 자기조절 능력 발달과 교육. 경기: 양서원.

이승은(2011). 유아기 정서표현규칙과 정서인식의 발달에 관한 연구. 한국보육학회, 11(4), 121-142.

이영, 나유미(1999). 유아의 애착 및 어머니-유아 상호작용과 또래 상호작용간의 관계. 한국아동학회, 20(3),
19-32.

이현경(2008). 유아 교사의 자율성 인식 및 실태에 관한 조사연구. 유아교육학논집, 12(5), 179-205.

장혜성 외(2004). 말할 수 있어요. 서울: 서울장애인종합복지관.

정옥분(2019). 발달심리학(3판). 서울: 학지사.

정옥분, 정순화, 임정하(2018). 정서발달과 정서지능(2판). 서울: 학지사.

지민정, 홍상욱(2022). 발달장애 아동. 청소년의 사회성, 정서지능, 자기표현이 또래관계에 미치는 영향. 학

습자중심교과교육연구, 22(6), 531-548.

Arnwine, B. (2006). *Starting sensory integration theory*. Arlington, TX: Future Horizons

Ayres, A. J. (1979). *Sensory integration and the child*. Los Angeles, CA: Western Psychological Services.

Ayres, A. J., & Robbins, J. (2005). *Sensory integration and the child: Understanding hidden sensory challenges*. Torrance, CA: Western Psychological Services

Bambara, L. M., & Kern, L. (2008). 장애 학생을 위한 개별화 행동지원: 긍정적 행동지원의 계획 및 실행. 이소현, 박지연, 박현옥, 윤선아 역. 서울: 학지사.

Bundy, A. C., Lane S. J., & Murray. E. A. (2002). *Sensory integration theory and practice* (2nd ed.). Philadelphia, PA: F. A. Davis.

Case-Smith, J., & O'Brien, J. C. (2020). 아동작업치료학. 최혜숙 외 역. 서울: 한미의학.

Eisenberg, N., Fabes, R. A., Murphy, B., Karbon, M., Smith, M., & Maszk, P. (1996). The relations of children's dispositional empathy-related responding to their emotionality, regulation, and social functioning. *Developmental Psychology, 32*(2), 195-209.

Erikson, E. H. (1963). *Childhood and society* (2nd ed.). New York, NY: Norton.

Gray, C. (2016). 자폐증 · 아스퍼거 증후군 아동을 위한 사회성 이야기 158. 이주현 역. 서울: 학지사.

Kellogg, R. T. (2016). 인지심리학. 박권생 역. 서울: 시그마프레스.

Kostelnik, M. J., Soderman, A. K., Whiren, A., Rupiper, M. L., & Gregory, K. M. (2017). 영유아의 사회정서 발달과 교육(2판). 박경자, 김송이, 신나리, 권연희, 김지현 역. 경기: 교문사.

Kramer, P., Hinojosa, J., & Royeen, C. B. (Ed.) (2003). *Perspectives in human occupation participation in life*. Philadelphia, PA: Lippincott Williams & Wilkins.

Kring, A. M., Smith, D. A., & Neale, J. M. (1994). Individual differences in dispositional expressiveness: Development and validation of the emotional expressivity scale. *Journal of Personality and Social Psychology, 66*(5), 934.

Mahoney, G., & Mahoney, F. (2010). 발달 레인보우: 영유아 발달 프로파일. 김정미 역. 서울: 학지사.

Manolson, A., Ward, B., & Dodington, N. (2007). *You make the difference*. Toronto, Canada: Hanen Centre Publication.

Parke, R. D., Roisman, G. I., & Rose, A. J. (2021). 사회정서발달. 이승연, 송경희, 신희영, 장희순 역. 서울: 학지사.

Pierangelo, R., & Giuliani, G. (2010). 자폐성 장애아동 교육. 곽승철, 강민채, 금미숙, 편도원 역. 서울: 학지사.

Shaffer, D. (2014). 발달심리학. 송길연, 장유경, 이지연, 정윤경 역. 서울: 박영스토리.

Sussman, F. (2006). *Talk ability.* Toronto, Canada: Hanen Centre Publication.

Vygostky, L. S. (1978). *Mind in society.* Cambridge, MA: Harvard Press.

Weikart, D. P., & Schweinhart, L. J. (1991). Disadvantaged children and curriculum effects. *New Directions for Child Development, 53,* 57-64.

Weitzman, E., & Greenberg, J. (2002). *Learning language and loving it* (2nd ed.). Toronto, Canada: Hanen Centre Publication.

## 저자 소개

김지은(Kim Ji Eun)
건양대학교 초등특수교육 전공 학사
단국대학교 학습장애아교육 석사
단국대학교 학습 및 정서행동장애아 교육 박사 수료
17년차 인지학습치료사, 특수교사
난독증 등 학습장애 전문가
초등특수 정교사
현 중앙사이버평생교육원 운영교수

박희정(Park Hee Jeong)
대구사이버대학교 특수교육과 학사
가톨릭대학교 교육대학원 독서교육 석사
20년차 특수교사, 인지학습치료사, RT부모교육 전문가,
　독서교육 전문가
전 나너우리 사회성 연구소 대표
현 모두를 위한 사회성 & 독서 연구소 대표

이지현(Lee Ji Hyeon)
대구대학교 재활공학, 재활심리학, 언어치료학 학사
대구대학교 언어치료학 석사
이화여자대학교 사회적경제학 석사
이화여자대학교 사회적경제학 박사과정
20년차 언어재활사, 임상심리사, 장애인식개선강사
현 양천어린이발달센터 센터장

변미선(Byun Mi Sun)
연세대학교 보건과학대학 작업치료사 학사
연세대학교 생활환경대학원 가족상담 석사
15년차 감각통합치료사, 가족상담 전문가
현 서울특별시교육청 행동중재지원단
　양천어린이발달센터 감각통합치료사
〈저서〉
『감각통합놀이: 3~7세 우리 아이 발달을 자극하는
감각놀이 172』(공저, Soulhouse, 2021)

아이들의 자기인식, 타인수용, 역할수용을 위한

# 사회성 발달 가이드북
## SUM(Self Us Membership)
Guidebook for Sociality Development: SUM

2024년  8월  20일  1판  1쇄  인쇄
2024년  8월  30일  1판  1쇄  발행

지은이 • 김지은 · 이지현 · 박희정 · 변미선
펴낸이 • 김진환
펴낸곳 • ㈜ 학지사

04031 서울특별시 마포구 양화로 15길 20 마인드월드빌딩
대표전화 • 02-330-5114    팩스 • 02-324-2345
등록번호 • 제313-2006-000265호

홈페이지 • http://www.hakjisa.co.kr
인스타그램 • https://www.instagram.com/hakjisabook

ISBN 978-89-997-3155-6  93370

정가 22,000원

출판미디어기업 학지사

간호보건의학출판 학지사메디컬 www.hakjisamd.co.kr
심리검사연구소 인싸이트 www.inpsyt.co.kr
학술논문서비스 뉴논문 www.newnonmun.com
교육연수원 카운피아 www.counpia.com
대학교재전자책플랫폼 캠퍼스북 www.campusbook.co.kr